これ1冊でわかる 契約書の読み方・つくり方

小坂英雄

あさ出版

はじめに

みなさんの中で、次のような方はいらっしゃいませんか？
- 「取引先ともめてから初めて契約書の中味を熟読した」
- 「上司から契約書を精査するように言われたが、誤字脱字のチェックだけをして済ませてしまった」
- 「契約書の条項すべてを読んだことは一度もない」
- 「自分は営業マンなので、契約書は取引先の印鑑だけもらえばよい」
- 「契約書は社内のひな型があるので、常にそれを使用すればよい」
- 「契約書作成は、すべて外部の専門家にお任せしている」

もし1つでも該当するのであれば、「少々危険です」と言わざるを得ません。契約書について、知っていただく必要があります。

なぜ、契約書について学ばなければならないのか。そう思う人も多いでしょう。しかし、それには理由があるのです。

例えば営業マンの方。みなさんは、契約の最前線にいます。営業マンの交渉の結果が最終的に契約書となりますし、取引先の承認の印鑑をもらうのも営業マンです。つまり、営業マンは、契約内容について話し合うときも成立のときも関わっているということです。したがって、相手先から質問を受けたり、トラブルが起きたりしたときに、まず、対応するのも営業マンとなります。それにはやはり、契約書の知識が必要となるでしょう。

また、総務・法務担当者は、業務で契約書のチェックを行います。会社によっては、経営者、管理者が行うこともあるでしょう。ここで、しっかり内容を詰めておかなければ自社を不幸に導くことになりかねません。契約書の内容を精査するためには、法律や契約書に関する知識が必要です。たくさんの契約書を取り扱う会社や部署であればなおさら、契約書作成と読解のポイントやコツも知っておいたほうがよいでしょう。

私の事務所では年間100件以上の契約書に触れています。契約書を作成す

ることもあれば、チェックの依頼を受けることもあります。単にトラブルを防ぐだけではなく、相手方との信頼関係を構築できるような、そんな契約書を作成することができるように日々研鑽しています。

　本書では、そのような中で蓄えてきた事務所のノウハウを掲載しました。掲載しているチェックシートや条項例のストック、ひな型などには、当事務所の契約書作成の土台になっているものも多くありますので、現実の契約締結シーンで活かしていただけることでしょう。

　本書は、「契約書について知る」だけでなく、実際に「契約書を読む」ことと「契約書をつくる」ことができるようなつくりとしています。

◆**契約書を知る**

　そもそも契約、そして契約書とはどういうものなのでしょうか。

　ふだん目にしている、使っているはずなのに、きちんとわかっていない、という人は、多いようです。ですが、わからないままわからないものを使うのはとても危険です。

　本書では、契約とはどういうものか、契約書にはどういう力があるのか、契約書にはどんな種類があるのかなど、契約書に関する基礎知識、そして契約を上手に交わすための方法についてわかりやすく解説しています（第1章、第2章参照）。

◆**契約書を読む**

　契約書を見て「よくわからないなぁ」と感じたことはありませんか。

　契約書を見ても、現実に行われる取引の場面を想像できない。だからよくわからなくて、難しい。読み手がこう感じてしまうのは、契約書の内容が取引の実態と合っていないことも1つの原因ではないかと思われます。そのため、契約書を読むことが億劫になるのです。

　契約書を読む際は、契約書に書かれている事項が、実際の業務の中でどう影響するか、ということを想像しましょう。なかなか状況が思い浮かべられない場合は、契約書のつくられ方に問題があることも考えられますので検討が

必要です。

ただし、契約書には法律や業界特有の言い回しが使われますので、ある程度は難しい表現を知っていなければ、契約書をすらすらと読むことはできません。特に自社に関係する法律用語や業界用語は、しっかり身につけておきましょう。

本書では、契約書によく使われる言葉や条項についてポイントを絞って解説していますので、これを参考にしながら読むとよいでしょう。また、漏れがあるかどうかを確認できるチェックシートも掲載していますので、ぜひ、活用してください（第3章、第4章、第5章参照）。

◆契約書をつくる

契約書は、契約当事者間のやりとりを正確に記し、互いの認識を確認するためにつくるものです。

もちろん「契約書をつくっておけば絶対にトラブルが起こらない」などということはありません。しかし、お互いの合意内容が正しく契約書に反映されていないと、「契約トラブル」が発生します。「もめたときに初めて契約書を読み、そこでひどい契約書になっていたことを知った」という体験をしたことがある方も多いのではないでしょうか。こういったトラブルを避けるために、契約書をしっかりと作成することが必要です。

契約書には、商品・役務や取引の対価、期日等に加え、後日「こんなことが起こったら困る」と考えていることを入れて作成します。

本書は、契約書を一度もつくったことがない方でも、順を追って作成できるように解説しています。契約書に使用する条項の例や漏れがないかを確認するチェックシート、主な契約書の作成例を掲載していますので、適宜変更して利用してください。

契約書が取引の実態を正確に表現していて、双方が容易に理解できる内容になっている契約書こそが、「わかりやすい、よい契約書」です。「正確さ」と「平易さ」の2つを兼ね備えた契約書は、担当者が交代したときでも理解できるので、とても使いやすいものとなるでしょう。

実際には、ひな型があっても「原型をとどめない」くらい手を入れること

が多いので、ひな型をそのまま使用することは避けてください。面倒ですが、条文1つひとつを自社の実態に合わせて変更し、使用してください。

契約トラブルは、双方にとって多大なコストと時間を要することになるので、できれば避けたいものです。お互いに納得して契約書を交わすよう、全力を尽くしましょう（第6章、第Ⅱ編参照）。

本書が少しでもみなさまの業務のお役に立てればと思いながら執筆いたしました。
「契約書なんて難しくて読めない。読むものではない」と感じている方が、契約書に親しみを持ち、自信を持って契約書業務に取り組んでくださされば、著者として、これ以上の喜びはありません。

最後に、本書の出版にあたり、銀行勤務時代に契約書の重要性と面白さを教えてくださった戸田覚様、執筆の補助をしてくれたスタッフの濱口篤君、執筆中、全面的にバックアップしてくれた妻、そして、拙い原稿を根気強く編集していただいたあさ出版の星野美紀さんに、感謝の意を述べさせていただきます。

2007年2月

小坂 英雄

はじめに ———————— 2

第Ⅰ編　契約書のすべて

第1章　契約とは何か？

1 契約って何？ ———————————— 14
約束事に法的効果がある

2 契約書の定義 ———————————— 15
約束したことを形にする

3 契約自由の原則 ——————————— 18
契約はどんな内容でもどんな形でもよい

4 契約書の種類 ———————————— 23
契約書の4つのグループを知ろう

5 契約の成立と不成立 ————————— 26
いつの時点で成立するのか

6 契約の終了 —————————————— 28
いつの時点で終わるのか

7 契約の解除 —————————————— 30
どうすれば解除できるのか

　コラム1　なぜリフォーム工事でトラブルが多いのか？ ——— 34

第2章　契約締結のポイントと基礎知識をおさえておこう

1 契約締結時に注意すべきこと ————— 36
契約書の3大注意点

2 契約を上手に交わす方法① ————— 39
相手先と自社の立場を見極めること

3	契約を上手に交わす方法②	42
	書面にするか、口頭での契約にするか	
4	契約を上手に交わす方法③	45
	トラブルが起こりやすい電子メールでの契約	
5	契約を上手に交わす方法④	47
	履行させるための工夫	
6	契約に付随する知識① 印紙税	49
	印紙税は税務署調査の対象となる	
7	契約に付随する知識② 公正証書	55
	公正証書を有効に使う	
8	契約に付随する知識③ 確定日付	59
	確定日付は文書が存在していた証明	
9	契約に付随する知識④ 電子認証	61
	電子データのやりとりに使われる電子認証	
10	契約に付随する知識⑤ 内容証明郵便	62
	送付した事実だけでなく内容も証明する内容証明郵便	
11	契約に付随する知識⑥ 印鑑	63
	印鑑は本人であることを補強する手段	

コラム2 印鑑を押し間違えてしまったら ——— 66

第3章 契約書の読み方Ⅰ
～主要条項＆ボイラープレート～

1	契約書は内容と形式をチェックしよう	68
	定型条項と非定型条項で契約書は構成される	
2	主要条項　①目的	70
	どんな目的でこの契約を締結するのか？	
3	主要条項　②定義	71
	使用する語句の意味はあらかじめ決めておこう	
4	主要条項　③期間	72
	いったいいつまで続くのか	
5	主要条項　④価格	73
	予定していた金額と違う!?	

6	主要条項	⑤通知方法	74

やりとりするのはいったい誰なのか

| 7 | 主要条項 | ⑥支払方法 | 75 |

手数料はどっちが持つのか

| 8 | 主要条項 | ⑦商品・役務の内容 | 76 |

契約内容をきっちりおさえる

| 9 | 主要条項 | ⑧権利・義務 | 77 |

権利と義務は表裏一体

| 10 | 主要条項 | ⑨債務不履行 | 78 |

やるべきことをやらなかった

| 11 | 主要条項 | ⑩損害賠償 | 80 |

よりよい契約関係を築くための罰則

| 12 | 主要条項 | ⑪契約の終了 | 81 |

スタートからエンディングまで

| 13 | 主要条項 | ⑫中途解約 | 83 |

契約を解除したペナルティ

| 14 | ボイラープレート | ⑬権利放棄 | 84 |

放棄するまで保証される

| 15 | ボイラープレート | ⑭期限の利益喪失 | 85 |

いつまで待ってもらえるのか

| 16 | ボイラープレート | ⑮クロスデフォルト | 86 |

1つがダメならみんなダメ？

| 17 | ボイラープレート | ⑯権利の譲渡・質入 | 87 |

契約上の権利を誰かに譲ることはできるのか

| 18 | ボイラープレート | ⑰不可抗力 | 88 |

気をつけていても起きてしまうこと

| 19 | ボイラープレート | ⑱裁判管轄 | 89 |

裁判所はどこか

| 20 | ボイラープレート | ⑲準拠法 | 90 |

どの法律に頼ればいいのか

第4章 契約書の読み方 II
～非定型条項～

1 契約の実態に合わせて用意される非定型条項 ―― 92
自社に適合するように加工しよう

2 非定型条項 ⑳引渡し方法 ―― 94
これで終わりではない

3 非定型条項 ㉑瑕疵担保 ―― 96
欠陥が判明した場合の対応

4 非定型条項 ㉒知的財産権 ―― 98
デリケートな取扱いが必要

5 非定型条項 ㉓秘密保持 ―― 100
誰が秘密を持ち出すか

6 非定型条項 ㉔違約金 ―― 102
あらかじめ定めておくペナルティ

7 非定型条項 ㉕保証金 ―― 104
返還されるかどうかは契約内容しだい

8 非定型条項 ㉖保証人 ―― 105
立場と役割をしっかりと確認する

9 非定型条項 ㉗付保 ―― 106
損害が出てからでは遅い

10 非定型条項 ㉘個人情報保護 ―― 107
いかに対応すべきか。注意深さが大切

11 非定型条項 ㉙第三者に与えた損害 ―― 109
相手方の向こう側に誰がいる？

12 非定型条項 ㉚製造物責任 ―― 110
誰がどこまで責任を負うか

13 非定型条項 ㉛免責 ―― 111
責任を負わなくてもいい場合がある

14 非定型条項 ㉜クーリングオフ ―― 112
消費者による無条件解約

15 非定型条項 ㉝危険負担 ―― 113
どこにリスクが潜んでいるのか

| 16 | 非定型条項 | ㉞契約費用 | 114 |

その印紙はどちらの負担ですか？

| 17 | 非定型条項 | ㉟下請・再下請 | 115 |

責任の所在は明確にしよう

| 18 | 非定型条項 | ㊱完全合意 | 116 |

あいまいな約束事をすべて排除する

第5章　実際の契約書を読む

1　契約書に目を通す ——————— 118
まずは契約書をひととおり読んでみる

2　問題点を探す ——————— 122
気になる部分を書き出そう

3　条項チェックをする ——————— 123
事例の問題点を解説

4　契約書に記載されていない事項のチェック ——————— 131
契約書を読むうえでいちばん難しいこと

コラム3　契約書アレルギーをなくす方法 ——————— 138

第6章　契約書のつくり方

1　契約書の基本構造 ——————— 140
骨格となるひな型を決める

2　取引のねらいを反映 ——————— 141
相手に対する要求を整理する

3　条項に漏れがないかチェック ——————— 145
チェックシートを使って全体に目を通そう

4　適用法の調査 ——————— 146
コンプライアンスができているか

5　最終確認 ——————— 148
形式チェック・スペルチェック・外部チェック

コラム4　契約書をどのタイミングで作成するか？ ——————— 149

第Ⅱ編　よく使われる契約書ひな型40

1. 土地売買契約書 ——————————————————— 152
2. 商品売買基本契約書 ————————————————— 156
3. 販売代理店契約書 —————————————————— 160
4. 金銭消費貸借契約書 ————————————————— 166
5. 金銭消費貸借抵当権設定契約書 ———————————— 170
6. 債務承認契約書 ——————————————————— 174
7. 使用貸借契約書 ——————————————————— 177
8. 土地賃貸借契約書 —————————————————— 180
9. 建物賃貸借契約書 —————————————————— 184
10. リース契約書 ———————————————————— 190
11. 労働条件通知書 ——————————————————— 196
12. 短期パート労働条件通知書 —————————————— 202
13. 雇用契約書 ————————————————————— 208
14. 短期パートタイマー雇用契約書 ———————————— 210
15. 誓約書 ——————————————————————— 212
16. 秘密保持に関する誓約書（入社時）——————————— 214
17. 身元保証書 ————————————————————— 216
18. 製造委託契約書 ——————————————————— 219
19. 債権譲渡契約書 ——————————————————— 224
20. 債権譲渡通知書（内容証明郵便）——————————— 229
21. 事業譲渡契約書 ——————————————————— 231
22. 合併契約書 ————————————————————— 236
23. 特許権等譲渡契約書（職務発明）——————————— 241
24. 特許権専用実施権売買契約書 ————————————— 244
25. 特許権通常実施権設定契約書 ————————————— 246
26. 実用新案権専用実施権設定契約書 ——————————— 252

Contents　11

27．実用新案権通常実施権設定契約書 ——————————— 258
28．OEM基本契約書 ——————————————————— 264
29．販売提携契約書 ——————————————————— 270
30．技術提携契約書 ——————————————————— 274
31．業務提携基本契約書 ————————————————— 279
32．請負秘密保持契約書 ————————————————— 283
33．秘密保持契約書（ライセンス契約）—————————— 286
34．個人情報適正管理規程 ———————————————— 289
35．労働者派遣契約書 —————————————————— 291
36．プライバシー・ポリシー（個人情報保護方針）———— 295
37．オンラインショップ利用規約 ————————————— 298
38．特定商取引に関する法律に基づく表示 ———————— 302
39．ホームページ制作契約書 —————————————— 304
40．フリーソフト利用規約 ———————————————— 310

- ●CD-ROMご利用上の注意点 —————————————— 314
- ●索引 ————————————————————————— 316
- ●参考文献一覧 ————————————————————— 323

第Ⅰ編

契約書のすべて

第1章

契約とは何か？

　本章では、契約とは何か、契約のルール、契約書の種類など、契約書を理解するうえで必要な契約の基本について解説していきます。
　難しいと思われがちな「契約」について理解するコツは、できるだけ自社の現状に置き換えて考えること。「こうしたらどうなるか」「こういう場合はどうしたらよいだろうか」など、具体的な場面を思い描くとよりわかりやすくなります。
　契約実務の現場では、その「考える力」「想像力」を活かすことが大切なのです。

1 契約って何？
約束事に法的効果がある

「契約」は、一般的に次のように定義されています。

> 「契約」とは、申込と承諾により、複数の当事者が法的効果を生じるような約束をすること

「契約を交わすことにより、何らかの権利または義務が発生する」と解釈すればよいでしょう。契約によって、単に権利だけを得る場合もあれば、権利と義務の両方が発生する場合もあります。

例えばインターネットが閲覧できる通信回線の利用契約をプロバイダと締結した場合、利用者は、通信回線を利用してインターネットが閲覧できる権利が発生します。

ただし、通信回線を利用させてもらう代わりに、月額の料金を支払うという義務も同時に生じます。これを支払わないと、契約解除され、通信回線が利用できなくなってしまいます。義務を履行しないと、権利がなくなってしまうというわけです。

この権利と義務のバランスにより、取引の対価が定められます。したがって、たいていの場合、無料で利用できるサービスは、対価の支払いという義務がない分、権利も小さくなります。

このように契約とは、複数の当事者が持つ権利と義務についての取決めをすることにより、何らかの法的効果を発生させる行為です。何やら難しく思えますが、簡単に言えば「約束事」ということになります。

なお、内容や形式などについては、自由に設定することができます（「契約自由の原則」）。契約当事者は二者でも三者でもよいですし、口頭でも問題ありません。

② 契約書の定義
約束したことを形にする

1．定義
「契約書」は、一般的に次のように定義されています。

> 「契約書」とは、申込と承諾により、複数の当事者が法的効果を生じるような約束をし、それを文書にしたもの

合意された契約内容を文書にしたものが、「契約書」です。契約書を作成することによって、関係者すべてが内容について同じ解釈を持つことができます。

2．契約書の種類
「契約書」と一言で言っても、その様式は様々です。

よく見る文書の種類をざっと挙げると、17ページのとおりです。他にも「証」や「申込書」「預り証」などのタイトルで文書が作成されます。

ちなみに、実際は文書に「○○契約書」と書かれていなくても、合意事項が本文内に記載されていれば、契約書となります。

会社でよく見られる以下の2つの状況について見てみましょう。

（例1）署名した見積書
「下記金額のとおりで修理をご依頼されるのであれば、お客さまの署名押印のうえ、弊社宛にFAXにてお送りください」
という見積書に署名押印してFAXしました。

（例2）手書きの借用書
A4コピー用紙にて、借用書を手書きで作成しました。
「10万円お借りしました。平成○○年末迄に返済いたします」
と記載し、署名しました。印鑑は押していません。

（例1）（例2）は、いずれも契約書です。合意内容が文書になっており、

申込と承諾がなされているからです。
　Bでは、印鑑を押していませんが、印鑑を押さなくても、署名があれば契約書になります。ただ、これを確実にするために印鑑が広く使用されているというわけなのです。
　「契約書」と銘打たなくても「内容次第で、文書は契約書となりうる」ことを、覚えておきましょう。

3．契約書の書式

　通常、契約書は次のような書式で作成されます。

- **タイトル**……契約書の見出し。単に「契約書」でもかまわない
- **前文**……第1条より前の部分のこと。契約当事者の説明などを記載
- **本文**……契約書の核となる部分。契約内容によって分量も変化する
- **後文**……「本契約の成立を証するため本書2通を作成し、各1通を保有する」などと記載する
- **署名**……契約書の末尾、添付資料の前に署名欄を設ける
- **別紙資料**……契約に使用する注文書などの様式や料金表、図面その他を添付する
- **印紙**……印紙が必要かどうか困ったときは、税務署で確認すること

　「契約書」を作成することは決して簡単ではありません。
　しかし、ある約束事に対して起こりうる将来のトラブルを回避、うまく対処するためにも、契約書にきちんと合意内容が反映されれば、安心して取引を進めていくことができます。
　そのためには口約束だけではなく、やはり「契約書」を作成しておくことがとても大切なのです。

●契約書一覧

見出しタイトル	説　明
①契約書	一般的な合意文書を指す
②念書	相手方に特定の法律行為を約することを宣言する文書で、一方的に差入を求められることが多い
③覚書	契約交渉の途中で、一部の合意事項を文書にしたもの。本契約を後日締結することになる
④仮契約書	諸条件が整う前段階で締結される契約書。この仮契約書をもって許可申請をしたり、融資の申込をしたりすることがある
⑤変更契約証書	ある特定の契約を指定して、その内容の一部を変更するために締結するもの
⑥注文書	「申込」を行うための文書。注文書の内容を承諾するのが、次の「注文請書」
⑦注文請書	注文書の内容を受けて、「承諾」を行うための文書。注文書とセットで契約を成立させる
⑧見積書	受託者や請負者が商品や業務にかかる代金を事前に提示したもので、通常片方の印のみ
⑨請求書	納品完了、業務の終了に際して発行される文書。請求書自体は契約書ではないが、契約の流れの中で必要となることも多い
⑩協定書	ある条件を複数当事者間で決定したときなどに使用される
⑪示談書	主にトラブル解決を目的として使用される
⑫借用書	金銭消費貸借契約書、つまり借金の際に使用する文書
⑬約款	定型的な内容を多数の相手方に適用するために設けられた規定。保険契約等でよく見られる
⑭約定書	取引の根幹となる決まりを定めた文書。通常は約定書に加えて、個別契約を締結することになる
⑮別紙	契約本文と区別して表示することが望ましい内容につき、別紙を使用することがある。価格一覧や報告書様式、不動産図面などがある

3 契約自由の原則
契約はどんな内容でもどんな形でもよい

1．4つの自由

私たちは、契約を自由に締結することができます。これは憲法第13条に由来する原則（「契約自由の原則」）と言われ、次の4つの自由が定められています。

> （1）契約締結の自由　　（2）相手方選択の自由
> （3）契約内容の自由　　（4）契約方法の自由

ただし、いずれも法律や契約内容により制限を受ける場合があります。いつでも自由というわけではないので、注意が必要です。

（1）契約締結の自由

私たちは、契約を締結するかどうかの自由を権利として保有しています。契約を締結するのも自由、締結しないのも自由という原則です。

これには、申込をするかどうかの自由も含まれます。申込を相手方や第三者に強制されることなく、自らの意思で自由に決定できるということです。また、申込に対する承諾も同じです。

（2）相手方選択の自由

契約の相手方を、自由に選択することができるという原則です。

職業選択の自由もこの原則に当てはまります。勤め先を自由に選択することができる、つまり労働契約の相手方を自由に選択できるというわけです。

ただし、相手方選択の自由は、契約上制限されることがあります。

例えば、販売代理店契約で販売地域を限定されている場合、日本の輸入総代理店であっても海外への販売が禁止されている契約であれば、取引の相手方（販売先）を自由に選択することが制限されます。これに違反すると、何らかのペナルティが課されることになります。有名ブランドショップでは、他社商品を陳列することを禁止しています。これは、取引の相手方（仕入先）

の制限が存在するからです。

このように、原則として、誰もが相手方選択の自由を権利として持っていても、契約によっては縛られることがあります。もしそれを破ってしまったら、話合いや裁判で解決を図ることとなりますので、そうなる前に十分、契約書をチェックするよう、気をつけましょう。

(3) 契約内容の自由

誰でも当事者間の契約内容を自由に選択することができるという原則です。契約書に記載する条項、契約期間や業務内容、報酬、支払方法、その他すべてを自由に設定できます。

契約期間であれば、1年でも3年でも、また期限を自動延長するかどうかについても、原則として自由に選ぶことができます。

(4) 契約方法の自由

契約締結を、どのような方法・形式で行ってもよいという原則です。書面でも口頭でも、また対面ではなく郵送でも電話でもインターネット上でもかまいません。

また、契約書の言語は日本語でも英語でもその他の言語でもかまいませんし、お互いが代理人を選任して契約してもかまわないということです。

取引の内容によって、最もふさわしい方法で契約を締結しましょう。以下に4つの締結方式を挙げますので、参考にしてください。

①口約束

最も軽い契約方式です。金額が些少であるなど、法律効果がそれほど重大でない場合はこの形態となることが多いでしょう。ただし、「言った、言わない」のトラブルになりやすいので、契約の相手方に対して不信感を持っている場合は、契約書（書面）を作成しておくほうがよいでしょう。

②契約書（書面）

契約内容をまとめて書面にしたものです。契約当事者がそれぞれ署名・押印します。二者間での契約であれば、2通作成してそれぞれが1通ずつ保管するのが一般的です。

通常、当事者の権利・義務が明確に記載されており、取引のルールを定める道具として使われます。

三者間契約（クレジット付の商品売買契約）や差入形式（念書や身元保証書など）の契約書もあります。

③オンライン契約

近年急増してきた契約方式です。ドメインの取得やサーバをレンタルする場合に、オンライン契約を行うことが多いでしょう。

なお、IDとパスワードを使用することになるので、セキュリティの管理が必要となります。また、後日トラブルとならないよう、申し込む側は、あらかじめ変更と解除の方法を理解しておくこと、規約をきちんと読んでおくことなどが必要です。

④電磁的記録媒体を使用した契約

電子証明書を取得して身元を特定し、電磁的記録に双方署名する契約方式です。契約書の内容をPDF形式のファイルにして、そこに電子署名する方法などがあります。

今後、法改正があるかもしれませんが、現在は印紙税が不要なので、使い勝手がよい方式と言えるでしょう。

2．「契約自由の原則」の例外

「契約自由の原則」の例外とは、上記で説明した4つの自由、契約締結の自由、相手方選択の自由、契約内容の自由、契約方法の自由が制限されるケースを指します。

具体的には、次のような取引において見られます。

（1）定期借地権

定期借地権は、有効期間を50年以上に設定しなければなりません。つまり、「期間が3年で満了する」などと定めることができないということです。また、自動延長はされません。

このことは借地借家法という法律によって定められています。

> 存続期間を五十年以上として借地権を設定する場合においては、第九条及び第十六条の規定にかかわらず、契約の更新（更新の請求及び土地の使用の継続によるものを含む。）及び建物の築造による存続期間の延長がなく、並びに第十三条の規定による買取りの請求をしないこととする旨を定めることができる。この場合においては、その特約は、公正証書による等書面によってしなければならない。（借地借家法第22条）

不動産を貸す側からすれば、いつ返してもらえるかわからないよりも、更地にして将来返してもらえることを事前に取決めできるほうが安心です。そこで、平成4年に上記のとおり条文を設けて、一定のルールを定め、契約内容の自由を制限することになりました。

(2) 免許が必要なもの

「酒販が自由化されたと聞き店舗で酒を売ったのだが、これはいけないのだろうか？」という相談をよく受けますが、これはもちろんいけません。酒類販売（酒販）には免許が必要です。

お酒の他にも、タバコ販売、医薬品販売、運送サービス、訴訟代理業務などがあります。

(3) 法律による形式制限

上記（1）（2）は、ともに法律による契約「内容」の制限ですが、業務内容、商品・サービスの種類によって、法律による契約「形式」の制限を受けることもあります。

形式制限で多いのは、事業者と消費者間の契約において、消費者への説明義務を課すものです。

22ページに主なものを挙げていますので、参考にしてください。

契約方法が原則自由であるとはいえ、上記のように制限されることがあります。ですから、契約書を作成する場合は、進めていこうとしている事業にどんな制約があるかについて、事前に調べておかなければなりません。

また、主に取引の相手方、特に消費者を保護する観点から、販売者側に書面交付などの特別な義務が課されていることがあります。販売者と購入者で知識の格差が大きい商品・サービス、例えば金融商品や不動産の販売取引等に関する契約も、法律による制約の対象となっています。関係法律については必ず参照しましょう。

携わる業務にどんな制約があるかを調べたいときは、インターネットで「事業の名称」と「法律」、「許可」、「制限」などの言葉を組み合わせて検索すると、簡単に調べられます。法律名や行政の担当窓口がわかったら、事前に綿密な調査を行いましょう。

●法律により契約自由が制限されているもの

業務内容等	関連法	契約方法の自由の制限例
不動産仲介	宅地建物取引業法	業として不動産売買の仲介等を行う者は、免許を取得しなければならない。他、書面交付を伴う重要事項説明義務など
電話勧誘販売・訪問販売	特定商取引に関する法律（特定商取引法）	指定商品・サービスの販売をする場合に、クーリングオフ期間を設け、その書面も交付しなければならない
金融商品販売	金融商品の販売等に関する法律	金融商品販売者は説明義務を負う
中古品買取り	古物営業法	買取りに際し、相手方の住所、氏名、職業および年齢を確認することなど、本人確認の措置をとらなければならない
建設工事	建設業法	一括下請は、原則禁止。ただし、あらかじめ書面で発注者から合意を得ていれば可能
フランチャイズ展開	中小小売商業振興法	フランチャイザーは「特定連鎖化事業」として、法定開示書面の事前交付ならびに説明義務を負う

4 契約書の種類
契約書の4つのグループを知ろう

契約は、形式によって大きく次の4つに分類できます。

```
1. 典型契約・非典型契約    2. 有償契約・無償契約
3. 双務契約・片務契約      4. 要物契約・諾成契約
```

以下、それぞれについて説明していきましょう。

1．典型契約・非典型契約

契約についての基本ルールを定めているのは民法です。民法第549条以下に明記された13の類型に該当しているものを「典型契約」、そうではないものを「非典型契約」と言います。

典型契約は25ページに挙げている13種になります。

非典型契約には、出版契約やリース契約、フランチャイズ契約、芸能プロダクション所属契約、技術開発提携契約などがあります。

また、複数の典型契約の要素が含まれていたり、典型契約とその他の契約が混合していたりする場合も、非典型契約となります。例えば製造物供給契約は、売買契約と請負契約の混合型なので、非典型契約です。

なお、当然ながら民法だけでは世の中の商取引に対応できません。そのため、商法をはじめ他の法律でたくさんの取決めがされていますし、判例でも契約のルールがつくられています。

2．有償契約・無償契約

「有償契約」とは、契約当事者が互いに対価の給付義務を持つ契約です。一方「無償契約」とは、契約当事者が互いに対価の給付義務を持たない契約です。

例えば住宅の売買契約は、代金を支払って、住宅を購入しますので、有償契約です。

一方、無料で事務所を提供するときの使用貸借契約は、無償契約です。使用貸借契約は、賃貸借契約と違い、対価の授受が行われません。

3．双務契約・片務契約

「双務契約」とは、契約当事者が互いに債権を持ち、債務を負っている契約です。現実の企業間取引では、双務契約が大半です。

例えば売買契約は、売り手が「代金を得る」という債権と「商品を納入する」という義務を負います。買い手はその逆で、「代金を支払う」債務と「商品を受け取る」権利を保有します。

一方、「片務契約」とは、契約当事者の片方だけが相手方に債務を負う契約です。

例えば、贈与者は対象物を相手方に引渡しする義務を負うが、受贈者には何の義務も持たない（ただし負担付贈与を除く）という贈与契約のようなものです。

4．要物契約・諾成契約

「要物契約」とは、契約当事者の合意だけでは足りず、目的物の交付がなされて成立する契約です。

金銭消費貸借契約（お金の貸し借り）がその1つです。「お金」という目的物の交付がなされて初めて契約が有効に成立します（金銭消費貸借契約書ひな型第1条参照）。

一方、「諾成契約」とは、契約当事者の合意だけで成立し、契約目的物の交付を必要としない契約です。

以上、分類方法を4種類紹介しました。

みなさんの会社の取引がどのように分類されるのか、考えてみてください。

これから締結する契約が典型契約でなければ、民法上に明確なルールが定められていることが少ないと考えられるため、書面できちんと取決めをしておくべき事項が多いことがわかります。

こんなふうに4つの分類方法を活用し、実務上に役立てることができます。

ちなみに、ビルの一室にオフィスを借りる賃貸借契約であれば「典型契約」で「有償契約」、そして「双務契約」、「諾成契約」となります。

●典型契約一覧

典型契約	説明（民法より）
贈与 （第549条）	贈与は、当事者の一方が自己の財産を無償で相手方に与える意思を表示し、相手方が受諾をすることによって、その効力を生ずる
売買 （第555条）	売買は、当事者の一方がある財産権を相手方に移転することを約し、相手方がこれに対してその代金を支払うことを約することによって、その効力を生ずる
交換 （第586条）	交換は、当事者が互いに金銭の所有権以外の財産権を移転することを約することによって、その効力を生ずる
消費貸借 （第587条）	消費貸借は、当事者の一方が種類、品質及び数量の同じ物をもって返還をすることを約して相手方から金銭その他の物を受け取ることによって、その効力を生ずる
使用貸借 （第593条）	使用貸借は、当事者の一方が無償で使用及び収益をした後に返還をすることを約して相手方からある物を受け取ることによって、その効力を生ずる
賃貸借 （第601条）	賃貸借は、当事者の一方がある物の使用及び収益を相手方にさせることを約し、相手方がこれに対してその賃料を支払うことを約することによって、その効力を生ずる
雇用 （第623条）	雇用は、当事者の一方が相手方に対して労働に従事することを約し、相手方がこれに対してその報酬を与えることを約することによって、その効力を生ずる
請負 （第632条）	請負は、当事者の一方がある仕事を完成することを約し、相手方がその仕事の結果に対してその報酬を支払うことを約することによって、その効力を生ずる
委任 （第643条）	委任は、当事者の一方が法律行為をすることを相手方に委託し、相手方がこれを承諾することによって、その効力を生ずる
寄託 （第657条）	寄託は、当事者の一方が相手方のために保管をすることを約してある物を受け取ることによって、その効力を生ずる
組合 （第667条）	組合契約は、各当事者が出資をして共同の事業を営むことを約することによって、その効力を生ずる
終身定期金 （第689条）	終身定期金契約は、当事者の一方が、自己、相手方又は第三者の死亡に至るまで、定期に金銭その他の物を相手方又は第三者に給付することを約することによって、その効力を生ずる
和解 （第695条）	和解は、当事者が互いに譲歩をしてその間に存する争いをやめることを約することによって、その効力を生ずる

5 契約の成立と不成立
いつの時点で成立するのか

1．契約の成立

　契約は「申込」と「承諾」によって成立します。「承諾」のあった時点で契約が有効に成立します。

　なお、申込に対して、そのまま承諾するのではなく、取引条件を変更したものを提案する場合もあります。これは、契約がいったん不成立に終わってしまいますが、申し込まれた側から「新たな申込」がなされたと考えられます。いわゆるカウンターオファー（再提案）です。

　例えば「弊社は月額2万円ではなく、1万円の支払でしたらこの契約を締結してもよいのですが」と、逆提案がなされた場合、当初「申込」した側が「承諾」した時点で、契約成立となります。

　次の4つの事例について、契約成立時期を見ていきましょう。

（例1）金融機関へ行き、法人の普通預金口座を開設した

　この場合、口座を開設できた時点で、契約は成立します。書面に必要事項を記入し、普通預金口座の利用に関する約款をもらうと、契約を締結したことが実感できるでしょう。

（例2）1本1万円のコピートナーを2本持参するよう、電話で業者に注文した

　この場合、書面ではなく電話で依頼していますので、この段階では、契約締結は確定ではありません。相手方である業者が承諾して初めて契約成立となります。注文しただけで業者が持参することを約していなければ、契約は成立しないわけです。注文した電話で「かしこまりました。1万円のトナー2本ですね。それでは明日貴社宛に発送いたします」などと返答を受けていれば、承諾が行われたことになり、契約成立となります。

　なお、「言った・言わない」のトラブルを避けるため、FAXで注文を行うこともあるでしょう。その場合は、相手から確認の電話なりFAXなりがあった時点で「承諾」となります。

(例3) 生産技術の提携をするため、A社と会議を行った

　この場合は、会議を行っただけなので何の契約も成立していません。
　しかし、その会議の冒頭に「今からお話しする内容について、秘密を厳守してください」「はい、承知しました」という会話がなされたとすれば、これは契約が成立しています。秘密保持契約です。重要な機密事項を話さなければならないときは、会議の前に書面を交わしたほうがよいでしょう。

(例4) コンピュータの修理が完了し、請求書を顧客に発送した

　この場合は、この時点で契約が成立したわけではありません。すでにコンピュータ修理の契約は締結されており、業務が完了したので請求書を発送したわけです。この契約は、顧客がコンピュータ修理を依頼した後、業者が了解の旨を返事した時点で成立しています。
　なおコンピュータ修理は、原則として請負契約となりますので、仕事が完了してから料金の支払を行うのが通常です。

2．主な契約成立の形式

　契約は「申込」と「承諾」によって成立しますが、前にお話したとおりその形式は様々です（19ページ参照）。印鑑を押さなくても、契約は成立してしまいます。
　当事者の一方が「まだ契約は成立していない」と思っていても、相手方は「もう契約は成立した」と解釈している可能性もあります。双方が誤解せずに取引を進められるように、確認する作業が必要となる場面も多いでしょう。
　契約が成立したか、不成立の状態なのか、また、一部だけ成立しているのかが明確ではない場合、「契約書はあるのですか？」などと聞いてみることで、無用なトラブルを防ぐことができるでしょう。
　このようなあいまいな状況を防ぐために契約書が存在します。契約書を作成することで、契約が成立となったことをお互い理解できるだけでなく、成立した契約内容についてもお互いが知るところとなります。
　契約書の作成が難しい場合は、FAX、電子メール等で契約内容の確認をしておきましょう。

6 契約の終了
いつの時点で終わるのか

　契約は、契約期限の到来により自動的に終了することもあれば、終了の意思表示をしないと終了しないこともあります。また、契約自体は終了しても、条項の一部が終了後も効力を持つ場合があります。
　以下、契約が終了するケースと終了時の取扱いについて説明します。

1．契約期限

　原則として、契約上定めた期限が到来すると契約は終了します。1回限りの取引であれば、そのつど契約は終了します。
　例えば、次のような条項を置くことで、契約を終了させることができます。

> 本契約の期限は平成××年12月末とする。

　ただし、この記載がある場合は、必ずこの日付で終了するかというと、そうではない事例もあります。
　例えば、多額の負担をしてFC（フランチャイズ）に加盟し、販売店として活動を始めた場合です。設備投資をしたものの、営業成績が悪いとして1年で販売店の資格を失ってしまい、そのうえ加盟金が返還されないとなると、あまりに販売店にとって酷です。したがって、1年経過しても契約終了とならないとされた例もあります（昭和62.9.30札幌高決、判時1258号76頁）。

2．自動更新

　自動更新とは、契約期限が到来しても、自動的に引き続き一定期間契約が延長されるものです。契約書に自動更新の文言を入れると、原則として、当事者の申し出がないと終了できなくなります。
　次の文言はよくある自動更新の条項です。

> 　本契約の契約期限は、契約日より1年間とし、契約期限の3か月前までに甲乙双方より特段の意思表示がないときは、自動的に1年間更新されるもの

とする。

　相手方と条件交渉をしたいときは、自動更新にしないほうがいいでしょう。
　逆に、自社にとって現時点の契約内容が好条件だと感じる場合は、自動更新にしておくほうがよいかもしれません。既得権として、次年度も同じ条件が適用される可能性が高くなります。

3．法定の終了事由

　法定の終了事由とは、法律で定められている契約の終了事由のことです。
　例えば、委任契約（25ページ参照）の終了については、民法で次のように定められています。

> 委任は、次に掲げる事由によって終了する。
> 　一　委任者又は受任者の死亡
> 　二　委任者又は受任者が破産手続開始の決定を受けたこと
> 　三　受任者が後見開始の審判を受けたこと　　　　　　　（民法第653条）

　このように法律で契約上のルールが定められている場合もありますが、お互いが同じ解釈をするために、確認の意味を含めて、あえて契約書上に明記することがあります。
　契約書を作成する目的は、将来発生するトラブルを防ぐことですから、たとえ一方が「そんな当たり前のことなんて、書く必要はない」と思っていても、できるだけ解釈の相違で争うことのないよう記載しておくとよいでしょう。

4．終了時の取扱い

　契約終了時によく問題になるのは、営業機密やノウハウ、個人情報の取扱いについてです。現代では書面だけではなくデジタルデータで情報を相手方に渡していることが多々あるため、契約終了後、どのように二次利用・複製を防ぐかが問題となります。資料の返還や、特定地域での数年間の営業禁止規定など、必要に応じて定めておくことも必要です。
　契約をスタートするときに、契約終了方法や契約終了後の取扱いを定めることは非常に重要です。最初は良好な関係で取引をスタートできますが、終了時にスムーズな処理ができるよう、あらかじめ取り決めておきましょう。

7 契約の解除
どうすれば解除できるのか

1．契約解除の種類

契約期間中であっても、場合によっては契約解除をすることができます。契約の解除の方法は、大きく分けると次の3つになります。

（1）法定解除権に基づく解除　　（2）約定解除権に基づく解除
（3）合意解除

（1）法定解除権に基づく契約解除

法定解除権とは、法律の規定に基づき契約を解除する権利のことです。民法の債務不履行が典型です。消費者向けに商品を販売する会社は、特定商取引に関する法律（以下、特定商取引法）や消費者契約法などの消費者各法の適用を受ける場合があります。

（2）約定解除権に基づく契約解除

約定解除権とは、契約上の諸条件に従い発生する解除の権利のことです。

契約の中でも契約解除の条項は重要な規定です。自社が将来契約を解除したいときに解除できない契約となっていると、契約期限まで債務を負担しなければならないといった状況に陥ってしまう可能性もありうるからです。

例えば、事務所を借りるにあたり3年契約をしたとします。期限まで解除できないとしたら、借り手は事務所から撤退もしくは移転したくても、3年間契約解除できないため、賃料を3年間支払い続けなければなりません。これでは、借り手にとって不利になってしまいます。

約定解除手続については、契約で定められた方法に従って行われます。

なお、次のような条項を事前に設けることにより、不測の事態に備えておくことができます。

第○条【契約解除】
　甲及び乙は、契約期間中であっても、3か月前に相手方に書面で通知することによ

> り、本契約を解除することができる。
> 2　甲及び乙は、相手方が次各号に該当することとなったときは、相手方に通知することなく即時に本契約を解除することができる。
> 　一　相手方が差押え、仮差押え、仮処分、租税滞納処分、その他公権力の処分を受け、または整理、会社更生手続の開始、破産もしくは競売を申し立てられ、または自ら、整理、会社更生手続の開始もしくは破産申立てをしたとき
> 　二　相手方が監督官庁より営業停止もしくは営業免許もしくは営業登録の取消の処分を受けたとき
> 　三　相手方が資本減少、営業の廃止もしくは変更、または解散の決議をしたとき
> 　四　相手方が自ら振出もしくは引き受けた手形もしくは小切手につき不渡り処分を受ける等支払停止状態に至ったとき
> 　五　その他相手方の財産状況が悪化し、またはそのおそれがあると認められる相当の事由があるとき

　第1項は非常に「軽い」解除方法です。解除したい日の3か月前に相手方に通知すれば契約解除が可能となっています。

　第2項は即時解除についてです。履行不能となる可能性が極めて高い事態をあらかじめ想定して、明文化しています。

　上記の例は、双方が対等な関係で契約解除できるような設定となっているため良心的な契約だと言えますが、この契約解除方法においてお互いが対等になっていない場合は、他の条項も注意して読み、確認することが必要です。全体において一方が不利になっている契約である可能性が高いでしょう。

　契約解除については、「自分（自社）側から契約解除できるか」ということをしっかり確認しておきましょう。契約解除の結果、どのような損失が発生するかを契約書から読み取り、後日トラブルとならないように事前に相手方と話し合うことが必要です。

(3) 合意解除

　契約当事者が「契約を解除する」ことに合意してなされる解除です。

　合意の方法は、口頭でも文書でもかまいませんが、終了に合意した旨の文書を残しておくのが安全です。後日、相手方に「まだこの契約は有効だ」と主張されることのないようにするため、例えば、次のような様式で合意解除の旨を定めてもよいでしょう。また、必要に応じて、終了時の機密情報の取扱いや精算方法などを盛り込んでください。

```
              合 意 書

  甲及び乙は、平成○○年1月1日付売買基本契約書(以下「契約
 書」)につき、平成××年6月末日をもって終了することにつき合
 意した。
  平成××年6月1日

    甲  住所
       氏名              印

    乙  住所
       氏名              印
```

2．解除の行使方法

法定解除権と約定解除権の行使方法については、民法に規定されています。

> 契約又は法律の規定により当事者の一方が解除権を有するときは、その解除は、相手方に対する意思表示によってする。
> 2　前項の意思表示は、撤回することができない。　　　　　　（民法第540条）

契約解除の意思表示は、口頭でも書面でもよいというのが原則ですが、第2項で、その意思表示が撤回できない旨が定められています。

3．履行遅滞による契約解除

民法では、履行遅滞で契約解除をする場合、相当の期間を定めて履行の催告をしてからでないと契約の解除ができないと定められています。

ただし、相当の期間がどの程度であるかは、事案によって判断され、特に法律上明記されていません。

> 当事者の一方がその債務を履行しない場合において、相手方が相当の期間を定めてその履行の催告をし、その期間内に履行がないときは、相手方は、契約の解除をすることができる。（民法第541条）

4. 特殊な事情による即時契約解除

履行遅滞が起こったときに、催告なしですぐさま契約解除できる場合もあります。これは定期行為の履行遅滞による解除権で、法定解除権の1つです。

> 契約の性質又は当事者の意思表示により、特定の日時又は一定の期間内に履行をしなければ契約をした目的を達することができない場合において、当事者の一方が履行をしないでその時期を経過したときは、相手方は、前条の催告をすることなく、直ちにその契約の解除をすることができる。（民法第542条）

即時解除と言うと非情に感じるかもしれませんが、結婚式の場合で考えてみましょう。結婚式場はカップルの依頼を受け、定められた日時に挙式を行います。これが当日履行されないとなるとどうでしょうか。式の当日になって「申し訳ありません。他のカップルとダブルブッキングしてしまいまして」などと言われ、披露宴が翌日となってしまったら、本来参加できたはずの親族が参加できなくなるなど、様々な問題が発生する可能性があります。こういう場合は、催告を要せず、直ちに契約解除をすることができるのです。

さらに、損害賠償の義務を負う可能性も高いでしょう。

5. 契約解除の効果

契約当事者は、契約解除をする際、原状回復義務を負います。原状回復とは、最初の状態に戻すということです。代金を受領していた場合は、相手方に返還し、権利の移転登記をしていた場合は、登記を元の状態に戻します。また、損害賠償の義務を負うこともあります。

> 当事者の一方がその解除権を行使したときは、各当事者は、その相手方を原状に復させる義務を負う。ただし、第三者の権利を害することはできない。
> 2　前項本文の場合において、金銭を返還するときは、その受領の時から利息を付さなければならない。
> 3　解除権の行使は、損害賠償の請求を妨げない。　　　　　　　　（民法第545条）

コラム 1

なぜリフォーム工事でトラブルが多いのか？

　ここ近年、リフォーム工事におけるトラブルが増えているようです。「悪徳業者がお年寄りをだまして……」などというニュースが頻発している時期もありました。

　なぜ、このようなトラブルが多いのでしょうか。それは、工事内容が明確ではないからです。私もこれまで、多くのリフォーム契約書を目にしてきましたが、工事内容は実に簡単に記載されています。
　例えば、次のような記載となっています。

> ●外壁工事　（注）外壁に、何を施すのか？
> ●水まわり　（注）水まわりを、どうするのか？

「○○工事」とすら書かれていないものも多く見かけます。材料に何を使用し、何人でどのように工事を行うかも不明確。契約に際して、合意がなされていない事項が多いのです。

　また、もう1つの原因は、依頼者と請負人間の知識の差、情報格差が大きいことです。
　私も含めてたいていの人は、あまり住宅に関する知識がありません。毎日家で生活（使用）しているにもかかわらず、住宅のことを知りません。だから訪問販売や電話勧誘などで不安を煽られると、リフォームの効果がはっきりわからないまま大金を支払ってしまい、トラブルが起きてしまうのです。
　私は、契約書を作成するとき、特急扱いでない限り「一晩寝かせる」ことにしています。翌日改めて冷静な目で書面を見ることにより、契約書の不備を発見することがあるからです。これは、考える時間を得ることによる効果でもあります。
　住宅リフォームなど、高価な商品・サービスの契約を締結するときは、その場で即断せず、慎重にない内容について検討してから、決断されることを強くオススメします。

第Ⅰ編

契約書のすべて

第2章

契約締結のポイントと基礎知識をおさえておこう

　契約書は一度「締結」すると、簡単に変更することができません。したがって、契約の締結は注意深く慎重に行わなければなりません。
　本章では、契約書を締結するにあたって必要な知識やそのポイントについてお話していきます。

1 契約締結時に注意すべきこと
契約書の3大注意点

契約を締結する際の注意点は、次の3つです。

1．合意していることが文書になっているか

まず、契約当事者がお互いに「契約書に書かれている内容について合意しているか」ということに注意しましょう。お互いが合意もしくは納得できていない状況で締結される契約は、後で不幸な結果となる可能性が高いからです。「書面ではこうなっていますけど、実際はそうではないですからね」という口約束でも、書面に署名押印してしまったら、書面の内容を承諾したという意味になります。録音でもしていない限り、証拠としては書面しか残らず、口頭で決めたはずの内容については「言った、言わない」の争いとなります。

また、「今日はここにサインするだけで結構です。正式な契約書にはなりませんから」と言われることがあります。しかし、印鑑は押していなくても、車を購入するという契約書にサインをしたら契約は成立してしまいます。

「とりあえずサインだけはしておこう」というのは大変危険です。必ず記載内容に納得したうえで、記入しましょう。

2．法律による制限はないか

前述したとおり、契約内容が法律によって制限されることがあります。契約書が法律違反では話になりませんので注意が必要です。

宅地建物取引業法、特定商取引法、古物営業法、金融商品の販売等に関する法律、建設業法などで、締結する契約内容、締結方法のルールが定められています。契約書を準備するときには、法律による制限を必ず確認しましょう。

3．形式はあっているか

契約書の形式は実に様々です。書面の場合もあれば、データで管理する場合もあります。

その他、部数、製本方法等も状況に合わせて変化しますので、対応できるよう、右の表を参考に基本的なことをおさえておきましょう。

●契約書の形式

検討事項	方法	説明
作成部数	1通	差入方式の念書や身元保証書などは1通で可
	2通	一般的な形式。二者がお互いに署名捺印し、それぞれが1通ずつ保管する
	3通	三者間契約、連帯保証人が含まれているケース。連帯保証人には書面が交付されない場合もあり、注意が必要
製本方法	ホッチキス	各ページに当事者の契印をすること
	袋とじ	前後の綴じた部分に割印をすること
署名者	代表者	法人であれば代表取締役、代表社員。個人であれば、屋号＋（プラス）個人名で署名するのが一般的
	代理人	営業部長名や代理人名で署名することもある。正当な権限を保有しているかどうかの確認が必要
印紙	貼付し割印	契約の内容によって、収入印紙が必要となる場合がある。印紙税額については、見出しにかかわらず、内容によって税務署が判断する。間違えて貼ってしまっても、還付の請求が可能
書面ではない場合	口約束	証拠として残す必要、重要性があるかどうかを判断し、不要であれば口約束でも問題ない
	オンライン契約	セキュリティが問題。クレジットカード情報等重要な情報を送信するときは、通信する情報が暗号化されるかどうかを調べることが必要
	電磁的記録媒体	CDやFDなどで保存する契約。電子署名などで当事者であることを証明する。契約事項が膨大になり、または隔地間の契約となる場合に使われており、今後広がってくる可能性はある。ただし、複製が容易など、管理面の問題もある
	電子メール	オンライン契約は、確認メールをもって請求書に代えることもなされている。契約締結の確認などに活用されているが、本人確認の方法が問題

検討事項	方法	説明
言語	当事者居住国言語	国内の契約であれば、日本語を使用することが大半
	複数言語	互いに矛盾した意味となったときに、いずれを優先するかを定めておくことが必要（日本語の契約書に英語の訳文をつけた場合、原文と訳文の解釈が異なることがあるため、そのときは「原文である日本語を優先する」と決めておくなど）。通貨の表記も注意が必要（「ドル」と言っても、US＄だけではなくA＄、NZ＄などがあるため）
参照文書	別紙	仕様書、取引を進めるために使用する書面などを添付。契約書と一緒に契印をしておくのが無難。「別紙」の内容が重要となる場合もあるので注意が必要
	変更契約	元の契約の一部分を変更する場合に締結する。〇〇年〇月〇日「請負契約書」の第〇条を、次のとおり変更する、などと記載し、契約当事者が署名捺印

2 契約を上手に交わす方法①
相手先と自社の立場を見極めること

　本来であれば、契約書はしっかり隅々まで読むのが基本ですが、限られた時間で内容を判断しなければならないこともあるでしょう。ポイントをおさえさえすれば、契約書をさっと見るだけで、ある程度内容を判断することができます。そんなときは次の3つの条項を探してください。

> 1. 契約解除条項
> 2. 損害賠償条項
> 3. 自社の権利と義務

　この3つをおさえることで、契約書の全体がどちらに有利かどうかを把握することができます。
　それでは、順に説明していきましょう。

1．契約解除条項

　最も端的に契約書を作成した側の意向が現れてくるのが、契約解除条項です。
　まずは以下の条項をチェックしてみましょう。ここでは、「自社の側から解除できるかどうか」に注目してください。相手方からは簡単に解除できるが、自社からはできない場合、次のような条項となっています。
　相手方は甲、自社は乙となります（以下同じ）。

> 第○条【契約解除】
> 　甲は、乙が本契約の各条項に違反したとき、乙に書面で通知することにより、本契約を解除することができる。
> 　2　甲は、乙が次各号に該当することとなったときは、乙に通知することなく即時に本契約を解除することができる。
> 　　一　差押え、仮差押え、仮処分、租税滞納処分、その他公権力の処分を受け、または整理、会社更生手続の開始、破産もしくは競売を申し立てられ、または自ら、整理、会社更生手続の開始もしくは破産申立てをしたとき
> （以下略）

これは自社である乙には、約定解除権がないという一方的な条項です。なお、甲からの解除権と乙からの解除権が別の場所に記載されていることもありますので、「自社から解除できるのか、その場合はどのようにするのか」ということを注意して探してみてください。
　契約解除に関する条項がない場合、契約当事者が債務不履行などの法定解除権を行使するか、合意解除することにより契約が解除されます。
　ちなみに、次のようにすれば、甲と乙が対等の関係になります。企業間同士の契約であれば、契約解除の条項を対等にするよう交渉することは非常に重要です。

> 第○条【契約解除】
> 　甲及び乙は、相手方が本契約の各条項に違反したとき、相手方に書面で通知することにより、本契約を解除することができる。
> 2　甲及び乙は、相手方が次各号に該当することとなったときは、相手方に通知することなく即時に本契約を解除することができる。
> 　一　相手方が差押え、仮差押え、仮処分、租税滞納処分、その他公権力の処分を受け、または整理、会社更生手続の開始、破産もしくは競売を申し立てられ、または自ら、整理、会社更生手続の開始もしくは破産申立てをしたとき
> （以下略）

2．損害賠償条項

　何かトラブルが起きたときに必ず出てくるのが、損害賠償の問題です。
　ここでは、「自社のみに違約金の義務がないか」「相手が契約に違反したときに自社から損害請求ができるか」に関する記載があるかどうかに注目してください。
　損害賠償の規定は、通常債務不履行や契約解除付近に記載されています。契約書の各条項に違反した場合に損害賠償できるのか、どんな場合に自社および相手方がペナルティを受けるのかなどが、契約書上でどう定められているのかを確認し、有事の自社の立場をおさえておきましょう。

3．自社の権利と義務

　これは契約書全体を見ることによってわかります。
　「自社はこの取引において何ができるのか」「報酬をどれだけもらえるのか」

「期限をいつまでもらえるのか」という権利をまず確認します。

続いて、「どんな義務を負うのか」「相手方に提供しなければならないサービスは何か」「禁止事項として定められていることは何か」という義務を確認します。

自社の権利と義務は、相手方から見れば表裏一体で義務と権利となりますので、これらを明確にするために、権利部分には「○」、義務の部分には「×」、どちらも関係ないものには「△」を、条文番号の前に付けてみるとよいでしょう。

もし、「×」ばかりになったら、自社に極めて不利な契約書である可能性があります。

相手方が契約書を用意したとき、上記3つの条項を見れば、相手方のスタンスが見えてきます。

自社と共に繁栄したいのか、相手方だけリスクを最小限にしたいのか、非常にハッキリ表れてくるのが、この3つの条項だからです。

その他、国際契約であれば裁判管轄（89ページ）と準拠法（90ページ）が大きな問題となります。この2つは、通常、作成者側の管轄が記載されます。ですから、その後の契約交渉の中でどのようにするかによって、相手方の意図を見極めることができるでしょう。

逆に自社が契約書を用意する場合は、これらの条項を慎重に検討しなければならないということです。

「何が何でも自社に有利になるようにしたい」と思って契約書をつくると、一方的な契約内容となってしまい、その契約書を見た相手が怒ってしまうこともあります。場合によっては、契約自体が流れてしまうおそれもあります。

このあたりは駆け引きになりますが、相手のことも配慮した文面であることが望ましいでしょう。

3 契約を上手に交わす方法②
書面にするか、口頭での契約にするか

　契約を必ず書面にすることがよいとは限りません。取引を迅速に行うために、書面までは必要がないと判断する場合もあります。
　例えば、スーパーなどで低価格の商品を売買するときに契約書を作成するのは手間ばかりかかってしまうため行われませんが、自動車や不動産のような高額商品は、契約書を作成することがほとんどです。多少の手間がかかっても契約書を作成する意味があるということなのです。

1．書面にするかどうかの基準
　契約内容を書面にするかどうかは、次の3つの基準に従って判断しましょう。

(1) 法律で義務づけられているかどうか
　契約書の中には、定期借地権の契約、特定商取引法で定められた消費者契約、不動産取引その他の法律で、書面での契約または書面交付を義務づけられているものもあります。これらは、法律で義務づけられている条件に従って書面を作成しなければ、取引自体が有効性を失う可能性があります。
　また、不動産の所有権を登記する場合など、登記の原因証書として必要となるケースもあります。

(2) 後日もめごとが起こる可能性が高いか
　相手方が契約内容に合意しているかどうかが、極めて疑問である場合は、書面にしたほうがよいでしょう。
　例えば、業績不振の企業に3か月以内に返済するという条件で数百万円を一時的に貸すことになったとします。相手先は「わかった、わかった」と言っていますが、支払期限に代金を返済してもらえるか、口約束だけでは不安を感じることでしょう。
　このように不安や疑問を感じる場合は、やはり書面にしておきます。

●公正証書を作成する場合に必要なもの
（本人が役場に出向く場合）

1. 当事者が個人の場合　①②③④のうちのいずれかを持参
   - ①運転免許証と認印
   - ②パスポートと認印
   - ③住民基本台帳カード（顔写真付き）と認印
   - ④印鑑証明書（作成後3か月以内）と実印
2. 当事者が法人の場合　①②のうちのいずれかを持参
   - ①代表者の資格証明書と代表者印およびその印鑑証明書（作成後3か月以内）
   - ②法人の登記簿謄本と代表者印およびその印鑑証明書（作成後3か月以内）

●公正証書を作成する場合に必要なもの
（代理人が役場に出向く場合　以下の①②③すべてを持参）

①本人作成の委任状
　　委任状には本人の実印(法人の場合は代表者印)を押します。委任状には、契約内容が記載されていることが必要です。
②本人の印鑑証明書は、その書面を添付して契印します。白紙委任状は認められません。
　　委任状に押された印が実印であるかを示すものです。なお、法人の場合は、代表者の資格証明書か法人の登記簿謄本を添えます。
③代理人は、代理人自身の一～四のうちのいずれかを持参します。
　　一　運転免許証と認印
　　二　パスポートと認印
　　三　住民基本台帳カード（顔写真付き）と認印
　　四　印鑑証明書と実印

（3）金額や権利義務が大きいかどうか

　契約上の金額が自社にとって大きい場合も書面にしたほうがよいでしょう。金銭の動きはそれほどではなくても、権利・義務が大きい場合はやはり書面にしておきます。

　例えば、1000万円相当の動産を等価交換する場合、金銭の動きはありませんが、大きな金額の取引です。何が起こるかわかりませんから、取引の安全上、書面での合意が望ましいでしょう。その場合、いずれかに瑕疵（欠陥）があったとき、どう対応するかがわかるようにしておいてください。

2．単なる書面では心配な場合

　書面でも不安な場合は、公正証書にしておきましょう。

　公正証書とは、公証人が公証人法・民法などの法律に従って作成する公文書です。

　公正証書は公証役場で作成することができます。強制執行できる旨を記載することによって、相手方が債務の履行（支払）を怠ったときに裁判手続をすることなく、直ちに強制執行手続に入ることができます。したがって、契約書を公正証書にしておけば、相手が「強制執行されるのがイヤだから」という理由で、抱えている他の債務よりも優先的に返済してくれるかもしれません。

　作成のために必要な証明書等は43ページのとおりです。詳細は各公証役場に確認してください。

3．その他書面にするケース

　他には、書面が残っていないと税務署に経費として認められないことや、行政の営業許可および認可を取得するために書面での契約書が必要となることがあります。形式的な要件を満たすために、契約内容を書面にする場合も多くあります。

　このように、契約・取引の際は、その内容を書面にしなければならない場合、書面にしたほうがよい場合、口頭での契約でもかまわない場合があります。相手方に債務の履行を強く要求したいときは公正証書という形式を選択するなど、必要に応じて使い分けましょう。

4 契約を上手に交わす方法③
トラブルが起こりやすい電子メールでの契約

　口約束でも契約が成立するくらいですから、電子メールでも契約は成立します。ただし、電子メールでの契約の場合、トラブルが起こりやすいという一面があります。そのため、リスクを少しでも減らす努力が必要になります。
　例えば、ネットショッピングをすると、多くのショップは「確認メール」を送ってくれます。注文した内容を確認するためのメールを送ることにより、販売者は、少しでも取引のリスクを軽減する努力をしているのです。

　電子メールでのやりとりについて、1つ例を見てみましょう。以下は実際にあった隔地間の取引のお話しです。

　遠隔地の法人A社の従業員Xと名乗る人が、ある日B社の商品を継続的に購入したいと電子メールを送付してきました。B社としては販路拡大のチャンスになるので、電子メールと電話で商談を進め、販売条件を詰めて、契約書締結の運びとなりました。
　しかし、B社の社長は考えました。
「相手は当社に来ていないし、本当に契約して大丈夫だろうか？」
　そこで、X氏が本当にA社の代理権、権限を持っているかどうかを確かめる方法を知りたいと、私のところに相談にいらしたのです。
　私は、契約書（売買基本契約書）に、法人A社の印鑑証明書を添付してもらうように依頼してはどうかと提案しました。もちろん、契約書に押す印鑑も、法人の実印です。印鑑証明書と、同じものを押していただくのです。
　なぜこうしたことが必要なのでしょうか。
　法人の印鑑証明書は、管轄の法務局で取得できるのですが、このとき、印鑑カードの提示や代表者生年月日の記入、その他法人で権限を与えられた者でないと証明書が取得できない仕組みになっています。つまり、そこで相手方の状況が見えてくるのです。

　B社の社長は、さっそくX氏にその旨を依頼しました。
　送付した2通の契約書はいつまで経っても返送されることはなく、契約は成立しませんでした。そうです。X氏は権限を持っていなかったのです。印

> 鑑証明書を取得する権限もなく、法人の実印を押すことも、それを押してもらうよう代表者に依頼することも、できなかったのです。
> こうして、B社は危険な取引をせずにすみました。
>
> この契約書をB社の担当者と一緒に作成するとき、契約内容について時間をかけて議論を重ね、安全かつ双方にメリットがあるような内容にしました。そして、最後に署名欄の使用方法を確認して契約締結のアドバイスをさせていただいたのですが、この署名欄が決め手となったわけです。契約書の押印を実印でなく、認印でもかまわないとしていたら、印鑑証明書で本人の確認がとれませんので、危険な取引を開始していたかもしれません。

　電子メールでの契約は、相手の顔が見えません。相手が確かに存在するのかどうか、申込どおりの氏名かどうかを調べる手段を用意しておかなければなりません。
　電子メールでの取引の際は、次のような点に注意しましょう。

問題点	対策
相手方の本人性確認	印鑑証明書を送付してもらう クレジット決済を利用する
代金決済が不確実	前払いにする（振込・クレジットカード） 代金引換（代引）にする
メールがきちんと届いているかどうか不明確	申込に対し、確認メールを送付する オートレスポンダー（自動送信メール）利用

　これらの問題点を解決することにより、取引の安全性を高めることができます。
　電子メール、ネット上でのやりとりは24時間可能なので便利ですが、大きな落とし穴もあるので十分注意してください。

5 契約を上手に交わす方法④
履行させるための工夫

　合意した内容をきちんと相手に履行してもらわなければ、契約の意味がありません。以下に相手を動かすためのテクニックを紹介しますので、ぜひ参考にしてください。

1．公正証書を利用する

　公正証書という形で契約書を作成した場合、いざというときに強制執行できる文言（「強制執行認諾文言」）を付すことができます。しかし、これはあくまで事後的な処置です。いざ強制執行する段階になったときには、すでに差し押さえる資産が存在しないかもしれません。

　公正証書の効果は「抑止力」があることです。公正証書を交わした相手方も、強制執行されるのが嫌だという理由で、公正証書に記載された債務を他の債務より優先的に返済してくれることもありえるからです。

　ちなみに、強制執行認諾文言を付する公正証書を作成するときの委任状には、単に公正証書作成の委任だけでなく、以下の強制執行認諾文言を付することについても言及することが必要です。

（参考）強制執行認諾文言

> 乙は本契約による債務を履行しないときは、直ちに強制執行に服する旨陳述した。

2．条項の解釈を確認する

　契約書上の条項の解釈が理解できないときは、必ず相手の担当者にその意味を確認しましょう。即答してもらえないときは、後日回答してもらいます。

　確認方法は、口頭、電子メール、電話、文書などいろいろありますが、できれば証拠として残る方法で回答をもらいます。そうすることで回答に関与した人は、回答内容を遵守する努力をしてくれるでしょう。

　可能な場合は、その解釈をきちんと反映した契約書を再作成すると、さらによいでしょう。将来のトラブルは、ぐっと減るはずです。

3．手書きで追記し、押印してもらう

　契約書の中で、次のような「〇〇字抹消、〇〇字追加」などという表記を見たことがあるかもしれません。

```
（欄外）　3字抹消、3字追加　　⑰甲印　　⑰乙印
　　　　　　　　　　　　　　　　　　　　6か月
第10条　甲及び乙は、本契約を解除する場合、 ~~3~~か月前までに書
留郵便にて相手方に通知しなければならない。
```

　これは、契約書の余白に契約当事者が変更内容を記載し、押印する方法です。金額などの重要な条件を変更する場合は、書面を再作成することが望ましいですが、軽微な訂正であれば、上記のように訂正印で対応すればよいでしょう。

4．話し合った内容、解釈を文書にして送る

　自分の解釈を文書にして相手に送付することにより、お互いが同じ内容を考えているかどうかを確認します。主に、契約締結前に使用されることが多い方法です。

　例えば、「次の1～10までの検討事項を貴社でお考えください。この提出を受けましたら、企画書を作成します」と電子メールで送付したとします。すると、相手方は、検討事項を回答しないと、企画書の提出を受けられないことを明確に認識し、対応するのです。

　文書化は、契約に際して非常に重要な行為です。したがって、後々のトラブルを防ぐために、時間を割いてでも行う価値はあるでしょう。

　スムーズに作成するには、契約に関して会議で話し合った内容は議事録にし、その都度相手方だけでなく、自社でもその内容を確認することが重要です。

　また、そのうえでできあがった契約書を、議事録と違う点がないかどうか、チェックすることができます。話合いに関する文書が何もなければ、個人的なメモ程度しか参考になるものがありませんので、契約書の各条項を精査することが困難になってしまいます。契約についての解釈が人によって異なるようでは、将来トラブルが発生する可能性が高くなるでしょう。

　取引を安全に行うため、ぜひ日頃から「文書化」を心がけてください。

6 契約に付随する知識① 印紙税
印紙税は税務署調査の対象となる

　契約の際には様々な知識が必要です。
　契約書の各条項については、次章から説明していきますが、それ以外に知っておいたほうがよいものを、ここからは紹介していきます。

1．印紙税とは
　文書には、印紙税が課税されることがあります。3万円以上の領収証に印紙を貼ってあるのを見たことがあるでしょう。ついつい軽視しがちですが、貼付しないとペナルティが課されてしまうので、注意が必要です。
　印紙税は、法人税や所得税同様、税務署調査の対象となりますので、きちんと知識を身につけておきましょう。
　印紙税は50ページの一覧表のとおり、課税金額が定められています。

2．コピーにも印紙が必要
　契約書をコピーして保管する場合があります。
　印紙代がもったいないので、契約当事者が署名をして印紙を貼ったほうの1通を当方で保管、相手方にはそのコピーを渡している方もいるかもしれません。
　しかし、これは間違いです。コピーした書面であっても印紙税の課税対象となります。
　ただし、文書に署名が入っていない場合は、印紙貼付は不要となります。54ページに国税庁の質疑応答事例を掲載していますので、確認してください。

3．印紙が不要となる文書
　多くの場合、委任契約書には、印紙貼付が不要です。
　ただし、あくまでも内容次第です。
　タイトルが「委任状」や「委任契約書」となっていても、契約に「請負」となるような取引が含まれていれば、課税文書となります。心配なときは、管轄税務署に書面を持参して事前に確認しておくとよいでしょう。

●印紙税額一覧表（国税庁HPより）

番号	文書の種類	印紙税額(1通又は1冊につき)		主な非課税文書
1	1.〔不動産、鉱業権、無体財産権、船舶、航空機又は営業の譲渡に関する契約書〕 **不動産売買契約書、不動産交換契約書、不動産売渡証書など** （注）無体財産権とは、特許権、実用新案権、商標権、意匠権、回路配置利用権、商号および著作権をいいます。 2.〔地上権又は土地の賃借権の設定又は譲渡に関する契約書〕 **土地賃貸借契約書、賃料変更契約書など** 3.〔消費貸借に関する契約書〕 **金銭借用証書、金銭消費貸借契約書など** 4.〔運送に関する契約書（用船契約書を含む。）〕 **運送契約書、貨物運送引受書など** （注）運送に関する契約書には、乗車券、乗船券、航空券および運送状は含まれません。	記載された契約金額が1万円未満 〃 10万円以下 〃 10万円を超え50万円以下 〃 50万円を超え100万円以下 〃 100万円を超え500万円以下 〃 500万円を超え1千万円以下 〃 1千万円を超え5千万円以下 〃 5千万円を超え1億円以下 〃 1億円を超え5億円以下 〃 5億円を超え10億円以下 〃 10億円を超え50億円以下 〃 50億円を超えるもの 　 契約金額の記載のないもの	非課税 200円 400円 1千円 2千円 1万円 2万円 6万円 10万円 20万円 40万円 60万円 200円	記載された契約金額が1万円未満
	上記1のうち、不動産の譲渡に関する契約書で、記載された契約金額が1千万円を超え、かつ、平成9年4月1日から平成19年3月31日までの間に作成されるもの	記載された契約金額が 〃 1千万円を超え5千万円以下 〃 5千万円を超え1億円以下 〃 1億円を超え5億円以下 〃 5億円を超え10億円以下 〃 10億円を超え50億円以下 〃 50億円を超えるもの	 1万5千円 4万5千円 8万円 18万円 36万円 54万円	
2	〔請負に関する契約書〕 **工事請負契約書、工事注文請書、物品加工注文請書、広告契約書、映画俳優専属契約書、請負金額変更契約書など** （注）請負には、職業野球の選手、映画の俳優、その他これらに類する者で特定のものの役務の提供を約することを内容とする契約を含みます。	記載された契約金額が1万円未満 〃 100万円以下 〃 100万円を超え200万円以下 〃 200万円を超え300万円以下 〃 300万円を超え500万円以下 〃 500万円を超え1千万円以下 〃 1千万円を超え5千万円以下 〃 5千万円を超え1億円以下 〃 1億円を超え5億円以下 〃 5億円を超え10億円以下 〃 10億円を超え50億円以下 〃 50億円を超えるもの 　 契約金額の記載のないもの	非課税 200円 400円 1千円 2千円 1万円 2万円 6万円 10万円 20万円 40万円 60万円 200円	記載された契約金額が1万円未満

番号	文書の種類	印紙税額(1通又は1冊につき)		主な非課税文書
2	上記のうち、建設業法第2条第1項に規定する建設工事の請負に係る契約に基づき作成される契約書で、記載された契約金額が1千万円を超え、かつ、平成9年4月1日から平成19年3月31日までの間に作成されるもの	記載された契約金額が 1千万円を超え5千万円以下 5千万円を超え1億円以下 1億円を超え5億円以下 5億円を超え10億円以下 10億円を超え50億円以下 50億円を超えるもの	1万5千円 4万5千円 8万円 18万円 36万円 54万円	記載された契約金額が1万円未満
3	〔約束手形又は為替手形〕 (注) 1．手形金額の記載のない手形は非課税となりますが、金額を補充したときは、その補充をした人がその手形を作成したものとみなされ、納税義務者となります。 2．振出人の署名のない白地手形(手形金額の記載のないものは除かれます)で、引受人やその他の手形当事者の署名のあるものは引受人やその他の手形当事者がその手形を作成したことになります。 3．日本銀行が社債等を担保として買い入れる為替手形については、一定の要件を満たすものに限ります。	記載された契約金額が 　100万円以下 　100万円を超え200万円以下 　200万円を超え300万円以下 　300万円を超え500万円以下 　500万円を超え1千万円以下 　1千万円を超え2千万円以下 　2千万円を超え3千万円以下 　3千万円を超え5千万円以下 　5千万円を超え1億円以下 　1億円を超え2億円以下 　2億円を超え3億円以下 　3億円を超え5億円以下 　5億円を超え10億円以下 　10億円を超えるもの 　日本銀行が社債等を担保として買い入れる為替手形	非課税 200円 400円 600円 1千円 2千円 4千円 6千円 1万円 2万円 4万円 6万円 10万円 15万円 20万円 200円	1．記載された手形金額が10万円未満のもの 2．手形金額の記載のないもの 3．手形の複本又は謄本
	上記のうち、 ①一覧払のもの ②金融機関相互間のもの ③外国通貨で金額を表示したもの ④非居住者円表示のもの ⑤円建銀行引受手形表示のもの	記載された手形金額が10万円未満 　10万円以上	非課税 200円	
4	〔株券、出資証券若しくは社債券又は投資信託、貸付信託若しくは特定目的信託の受益証券〕	記載された手形金額が10万円未満 　500万円を超え1千万円以下 　1千万円を超え5千万円以下 　5千万円を超え1億円以下 　1億円を超えるもの	200円 1千円 2千円 1万円 2万円	1．日本銀行その他特定の法人の作成する出資証券 2．譲渡が禁止されている特定の受益証券 3．一定の要件を満たしている株式分割、一単位の株式の数の変更に伴い平成19年3月31日までの間に新たに作成する株券

第2章　契約締結のポイントと基礎知識をおさえておこう　51

番号	文書の種類	印紙税額(1通又は1冊につき)	主な非課税文書
5	〔合併契約書又は分割契約書若しくは分割計画書〕	4万円	
6	〔定款（原本に限る。）〕	4万円	株式会社、有限会社又は相互会社の定款のうち公証人法の規定により公証人の保存するもの以外のもの
7	〔継続的取引の基本となる契約書（契約期間が3か月以内で、更新の定めがないものは除く。）〕 売買取引基本契約書、特約店契約書、代理店契約書、業務委託契約書、銀行取引約定書など	4万円	
8	〔預金証書、貯金証書〕	200円	信用金庫その他特定の金融機関の作成するもので記載された預入額が1万円未満のもの
9	〔貨物引換証、倉庫証券、船荷証券〕		船荷証券の謄本
10	〔保険証券〕		
11	〔信用状〕		
12	〔信託行為に関する契約書（信託証書を含む。）〕		
13	〔債務の保証に関する契約書（主たる債務の契約書に併記するものは除く。）〕		身元保証ニ関スル法律に定める身元保証に関する契約書
14	〔金銭又は有価証券の寄託に関する契約書〕 株券預り証など		

番号	文書の種類	印紙税額(1通又は1冊につき)		主な非課税文書
15	〔金銭又は有価証券の寄託に関する契約書〕**株券預り証など**	記載された契約金額が1万円未満 〃 1万円以上 契約金額の記載のないもの	非課税 200円 200円	記載された契約金額が1万円未満のもの
16	〔配当金領収証、配当金振込通知書〕	記載された配当金額が3千円未満 〃 3千円以上 配当金額の記載のないもの	非課税 200円 200円	記載された配当金額が3千円未満のもの
17	1.〔売上代金に係る金銭又は有価証券の受取書〕**商品販売代金の受取書、不動産の賃貸料の受取書、請負代金の受取書、広告料の受取書など** (注)売上代金とは、資産を譲渡することによる対価、資産を使用させること(当該資産に係る権利を設定することを含む。)による対価および役務を提供することによる対価をいいます。	記載された配当金額が3千円未満 〃 100万円以下 〃 100万円を超え200万円以下 〃 200万円を超え300万円以下 〃 300万円を超え500万円以下 〃 500万円を超え1千万円以下 〃 1千万円を超え2千万円以下 〃 2千万円を超え3千万円以下 〃 3千万円を超え5千万円以下 〃 5千万円を超え1億円以下 〃 1億円を超え2億円以下 〃 2億円を超え3億円以下 〃 3億円を超え5億円以下 〃 5億円を超え10億円以下 〃 10億円を超えるもの 受取金額の記載のないもの 営業に関しないもの	非課税 200円 400円 600円 1千円 2千円 4千円 6千円 1万円 2万円 4万円 6万円 10万円 15万円 20万円 200円 非課税	1.記載された受取金額が3万円未満のもの 2.営業に関しないもの 3.有価証券、預貯金証書など特定の文書に追記した受取書
	2.〔売上代金以外の金銭又は有価証券の受取書〕	記載された受取金額が3万円未満 〃 3万円以上 配当金額の記載のないもの 営業に関しないもの	非課税 200円 200円 非課税	
18	〔預金通帳、貯金通帳、信託通帳、掛金通帳、保険料通帳〕	1年ごとに 200円		1.信用金庫など特定の金融機関の作成する預貯金通帳 2.利子に係る所得税が非課税となる普通預金通帳など 3.納税準備預金通帳
19	〔請負通帳、有価証券の預り通帳、金銭の受取通帳など〕	1年ごとに 400円		
20	〔判取帳〕	1年ごとに 4千円		

● 国税庁の質疑応答（国税庁HPより）

<写、副本、謄本等と表示された契約書の取扱い>
【照会要旨】
　一つの契約について契約書を正副2通作った場合には、そのうち正本だけに印紙をはればよいのですか。それとも正副の2通とも印紙をはらなければならないのですか。また、副本としないで写しとした場合はどうなりますか。

【回答要旨】
　単なる控えとするための写、副本、謄本等は、原則として課税文書にはなりませんが、写、副本、謄本等であっても、契約当事者の双方又は相手方の署名押印があるなど、契約の成立を証明する目的で作成されたことが文書上明らかである場合には、課税文書になります。
　すなわち、印紙税は、契約が成立したという事実を課税対象とするのではなく、契約の成立を証明する目的で作成された文書を課税対象とするものですから、一つの契約について2通以上の文書が作成された場合であっても、その2通以上の文書がそれぞれ契約の成立を証明する目的で作成されたものであるならば、すべて印紙税の課税対象になります。
　つまり、契約当事者の一方が所持するものには正本又は原本と表示し、他方が所持するものには、写し、副本、謄本などという表示をしても、それが契約の成立を証明する目的で作成されたものであるならば、正本又は原本と同様に印紙税の課税対象になります。

<仮契約書・仮文書等の取扱い>
【照会要旨】
　不動産の売買に当たって、当初仮契約を締結し、その後本契約を締結することとしていますが、当初作成する「仮契約書」の取扱いについて説明してください。

【回答要旨】
　後日、正式文書を作成することとしている場合において、一時的にこれに代わるものとして作成する仮契約書・仮文書等であっても、その文書が課税事項を証明する目的で作成されたものであるときは課税文書になります（基通58）。
【関係法令通達】
　印紙税法基本通達第58条

（国税庁注記）
　平成18年5月1日現在の法令・通達等に基づいて作成しています。
　この質疑事例は、照会に係る事実関係を前提とした一般的な回答であり、必ずしも事案の内容の全部を表現したものではありませんから、納税者の方々が行う具体的な取引等に適用する場合においては、この回答内容と異なる課税関係が生ずることがあることにご注意ください。

7 契約に付随する知識② 公正証書
公正証書を有効に使う

1．公正証書とは

「公正証書」とは、法律の専門家である公証人が、公証人法・民法などの法律に従って作成する公文書です。公文書ですから高い証明力があり、債務者が債務の履行を怠ると、裁判所の判決などを待たないで直ちに強制執行手続きに移行することができます（強制執行認諾文言を付けた場合）。

通常、金銭の貸借や養育費の支払など金銭の支払を内容とする契約の場合、債務者が支払をしないときには、裁判を起こして裁判所の判決等を得なければ強制執行をすることができません。しかし、公正証書を作成しておけば、すぐに、執行手続に入ることができるのです。

2．どんな契約書を公正証書にするのか

契約書はそれ自身で効力を持ちますが、場合によっては、高い証明力等を持つ公正証書を作成しておいたほうがよいことがあります。

公正証書にするとよいものの代表例として、以下に5つの類型を紹介します。なお、このうち「遺言」は契約書ではありませんが、他の4つは契約書です。

(1) 遺言

「遺言」とは、遺言者が生前に自身の財産について、どのように分配・処分してほしいかを文書にしたものです。

公証役場で作成する遺言は、「公正証書遺言」と呼ばれます。公証役場で作成しないと「自筆証書遺言」となり、これは家庭裁判所での検認手続を必要とします。公正証書遺言であれば検認手続を必要としないため、遺族の事務的な苦労を削減することができます。

公正証書遺言は、遺言者が公証人の前で口述し、書面の内容を確認することにより作成されます。

(2) 任意後見契約書

　平成12年4月1日からスタートした成年後見制度の1つです。成年後見制度とは、成年者であるが判断能力の不十分な人について後見人等を選任し、その人を保護しようとする制度です。

　その中でも、裁判所によらず、当事者間の契約によって後見人を選ぶのが「任意後見制度」です。任意後見は、判断能力が正常である人や、衰えたとしてもその程度が軽く自ら後見人を選ぶ能力を持っている人が利用する制度です。この任意後見契約については、「任意後見契約に関する法律」により、公正証書にする必要があります。

　任意後見契約書とは、上記のように後見人を選任するための契約書です。内容については、法に反しない限り自由に決めることができます。

　具体的には、次のような内容を契約書に記載します。

```
●不動産や預貯金等の管理
●年金の管理税金や公共料金の支払い
●要介護認定の申請等に関する諸手続
●介護サービス提供契約の締結
●介護費用の支払い
●医療契約の締結
●入院の手続
●入院費用の支払い
●生活費を送金する行為
●老人ホームへの入居契約を締結する行為
```

(3) 金銭消費貸借契約書

「金銭消費貸借契約書」とは、いわゆる金銭の貸し借りで使われる契約書で、俗に「借用書」と呼ばれています。

　貸した金銭を回収するのは多大な労力を必要とします。しかし、強制執行認諾文言付の公正証書にしておくことで、裁判での判決を待つことなく、債務不履行時の強制執行が可能となります。

　注意点は、「金銭の授受がなされた証拠」が必要であることです（このように目的物の授受が必要な契約を「要物契約」と言う）。金銭の交付と受領があってはじめて金銭消費貸借契約が成立するため、「受領書」などを徴求

●利息制限法の規定

　金銭を目的とする消費貸借上の利息の契約は、その利息が左の利率により計算した金額をこえるときは、その超過部分につき無効とする。

元本が十万円未満の場合　　　　　　　　年二割
元本が十万円以上百万円未満の場合　　　年一割八分
元本が百万円以上の場合　　　　　　　　年一割五分

（利息制限法第1条）

●消費者契約法の規定

　次の各号に掲げる消費者契約の条項は、当該各号に定める部分について、無効とする。
一　当該消費者契約の解除に伴う損害賠償の額を予定し、又は違約金を定める条項であって、これらを合算した額が、当該条項において設定された解除の事由、時期等の区分に応じ、当該消費者契約と同種の消費者契約の解除に伴い当該事業者に生ずべき平均的な損害の額を超えるもの　当該超える部分
二　当該消費者契約に基づき支払うべき金銭の全部又は一部を消費者が支払期日（支払回数が二以上である場合には、それぞれの支払期日。以下この号において同じ。）までに支払わない場合における損害賠償の額を予定し、又は違約金を定める条項であって、これらを合算した額が、支払期日の翌日からその支払をする日までの期間について、その日数に応じ、当該支払期日に支払うべき額から当該支払期日に支払うべき額のうちすでに支払われた額を控除した額に年十四・六パーセントの割合を乗じて計算した額を超えるもの　当該超える部分

（消費者契約法第9条）

することで貸し主はリスクを軽減します。

　また、金銭貸借の際にかかる金利についても注意が必要です。57ページのとおり、利息制限法や消費者契約法で上限金利が定められています。

　公証人は、無効な法律行為が定められた契約書を作成することが禁止されています。したがって、法定の上限金利を超える条項が含まれた契約書は、修正を受けたうえで公正証書にされます。

（4）土地建物賃貸借契約書

　「土地建物賃貸借契約書」とは、いわゆる不動産の賃貸借契約書です。アパートを貸借したり、土地の賃貸借をしたりする際に使用するものです。

　そのうちの1つである定期建物賃貸借契約において、期限が到来しても更新しない旨を定めたいときは、公正証書にしておく必要があります（ただし、法律上は「公正証書による等書面」となっている）。

（5）離婚協議書

　「離婚協議書」は、離婚後の慰謝料や養育費について定める書類です。

　口頭での合意は言うまでもありませんが、書面での合意であっても、支払われる側にとっては、将来支払を受けられるかが不安となります。

　したがって、公正証書にしておき、いざというときに強制執行できるようにしておくとよいでしょう。

　公正証書は、法律で作成する旨定められている取引の他、相手方に債務の履行を強く促したいときに使用します。

　しかし、強制執行が容易になるとは言え、書面を交わすだけで安心していてはいけません。なぜなら、強制執行の際は、相手の不動産や預金、給与などを差押えすることになるので、相手方の財産状況を把握しておかなければ、強制執行しても何も得られないなど、効果が半減してしまうからです。

　事前に相手のことをよく調べてから、こうした行為には及んだほうがよいでしょう。

8 契約に付随する知識③ 確定日付
確定日付は文書が存在していた証明

1．確定日付とは

「確定日付」とは、公証人によって付与される、「変更不可の確定した日付」のことです。ただし、当該日付にその文書が存在していたことを証明するもので、文書の有効性や真実性まで証明するものではありません。

確定日付の付与は、公証役場に出向いて手続をすることができます。手数料は1件につき700円です（2007年1月現在）。

2．なぜ確定日付を付与するのか

債権譲渡契約において、指名債権譲渡の通知および承諾は、「確定日付のある証書をもってしなければ、債務者以外の第三者に対抗することができない」（民法467条第2項）と定められています。このとき、確定日付が利用されることがあります（内容証明郵便も確定日付と同じ効果がある）。

また、ある特定の文書等が当該日に存在したことを公的に示すことにもなるため、自身の作品等に付与してもらうケースもあります。

写真やデザインなどの場合は、これらを台紙に貼り、必要な事項を記入することにより確定日付を取ることが可能です。

3．確定日付を付与する文書の条件

確定日付の付与を受ける文書は、私文書で、文字等により意見や意味が表示されていることが条件となっています。さらに、作成者の記名押印を要します。

公証人連合会に明記されている、確定日付を付与する文書の条件は、60ページのとおりです。

●確定日付を付与する文書の条件（日本公証人連合会HPより）

①**私文書に限られます。**
　　官公署又は官公吏がその権限に基づき作成する文書は、その日付が確定日付となりますので、公証人は確定日付を付することはできません。
　　例えば、不動産登記簿謄本は、公務員である登記官がその権限に基づいて作成するものですから、その謄本に記載された作成日付が確定日付となり、公証人はこれに確定日付を付することはできません。

②**私文書は、文字その他の記号により、意見、観念または思想的意味を表示しているものであることが必要です。**
　ｉ　図面または写真は、それ自体としては、意見、観念等を表示しているとはいえませんので、それ自体に確定日付を付することはできません。しかし、例えば、写真を台紙に貼って割印し、台紙に撮影の日時、場所等のデータを記入した証明文を記載して記名押印する方法で私署証書とした場合には、これに確定日付を付与することができます。
　ｉｉ　文書のコピー自体には、確定日付を付与することはできません。そのコピー上に写しを作成した旨付記するか、または、同様の説明文言を表示する証書を添付するなどして割り印し、それらの説明文書に確定日付を付与することになります。
　ｉｉｉ　内容の違法な文書、無効な法律行為を記載した文書であることが明らかなものは、確定日付を付与することはできません。
　ｉｖ　作成年月日の記載を欠いたものは、公証人が確定日付を付与した後にその作成年月日を補充することにより混乱が生ずるのを防止するため、作成年月日欄に棒線を引いてもらうか、空欄である旨付記した上で確定日付を付与する取り扱いにしています。
　ｖ　後日の記入を前提とするような、形式上未完成な文書は、そのままでは確定日付を付与することはできません。

③**作成者の署名又は記名押印のあるものでなければなりません。**
　ｉ　記名はあるが押印を欠くもの、押印はあるが作成者名称を欠くものは補充を求めたうえ、確定日付を付与する取り扱いをしています。
　ｉｉ　署名又は記名は、氏名をフルネームで記載する必要はなく、氏又は名のみでもよく、通称、商号、雅号、仮名でも差し支えありません。

　　　　　　　　　　　　　　　　　　　　　（2007年1月現在）

9 契約に付随する知識④ 電子認証
電子データのやりとりに使われる電子認証

1．電子認証とは

　電子認証とは、紙ではなく、電子データとして保存された文書に対し、指定公証人が認証する制度です。公正証書や確定日付と同じく、公証役場での認証となります。電子文書なので、第三者による改竄を防止することができ、さらに、その旨を公証人に証明してもらうことができます。

　公証役場での電子認証は、自動的に確定日付も付与されます。ただし、金銭の貸借、土地・建物の賃貸借等の契約や遺言書等の公正証書については、現在は制度上認められていません。

　新規に会社設立をする場合、定款電子認証がよく行われています。電子認証により、4万円の印紙税が不要になるという大きなメリットがあります。

2．電子認証の料金

　電子認証に関する料金は、次のとおりです。

```
①確定日付の付与              700円
②電磁的記録の認証
   私署証書の認証           11,000円（原則）
   定款の認証              50,000円（印紙税40,000円は不要）
③電磁的記録の保存             300円
④情報の同一性に関する証明      700円
⑤同一の情報の提供             700円（書面による交付の場合は、1枚につき20円加算）
```

（2007年1月現在）

　電子認証により、特定日付での企業ノウハウやデータの証拠保全をすることができます。ただし、電子文書の形式等には制限があります（「個人の場合ファイルは、PDF形式」「容量は1件800キロバイト以下」等）。

　なお、電子認証の利用に際し、プラグインソフトや電子証明書の購入が必要となるので注意が必要です。この導入コストの敷居が低くなれば、今後広く利用される可能性があるでしょう。

10 契約に付随する知識⑤ 内容証明郵便
送付した事実だけでなく内容も証明する内容証明郵便

1．内容証明郵便とは

　「内容証明郵便」とは、差出人が、「いつ」「誰に」「どのような内容の」文章を発送したかを総務省が証明してくれるものです。

　逆に言えば、「いつ」「誰に」「どのような内容の」文章を発送したかを残しておく必要があるときは、内容証明郵便を利用することになります。

2．内容証明郵便はどんなときに使うか

　債権譲渡契約に付随する通知・承諾には確定日付が必要であると前述しましたが、内容証明郵便でも確定日付が付与されます。

　内容証明郵便には、主に次のような使用目的があります。

> ①時効の中断
> ②契約解除・クーリングオフ通知
> ③債権譲渡通知
> ④裁判などの証拠書類
> ⑤損害賠償請求

3．内容証明郵便の作成方法

　内容証明郵便は、次のとおり作成します（電子内容証明郵便は除く）。

> ①市販の内容証明用紙もしくはそれ以外の用紙でコピーにより作成する
> ②同一内容の文書を3通作成し、郵便局の窓口へ出す
> ③字数・行数は1行20字以内、1枚26行以内（例外あり）

　点「、」や丸「。」のような記号も1字と数えます。したがって、1マスに文字と記号を一緒に入れることはできません。

　実務上は、重ならないように文章を調整します。用紙が複数枚にわたる場合は、ページ間に契印を押します。特に送付日が重要となる場合は、事前に窓口の取扱時間を確認しておきましょう。1日の違いで時効が成立してしまったりクーリングオフができなくなったりすることもありますので気をつけてください。

11 契約に付随する知識⑥ 印鑑
印鑑は本人であることを補強する手段

1．印鑑とは

「印鑑」とは、木・石・角・牙・ゴム・金属などの材料に文字や模様または記章・絵図などを彫刻もしくは鋳込み、これに朱肉・墨色その他の色料をつけ、必要な場所に押し写して、個人・団体・機関などを示す表章として、発行を証明する手段として用いられるものです。

印鑑は、各種契約の場面で使用するのはもちろん、見積書や請求書、小切手や手形に使用することもあります。欧米ではこのようなときサインを使用するのが一般的ですが、日本では印鑑が使われています。

個人の印鑑は実印として市町村役場に、法人の印鑑は法務局に登録されているため、本人であることを補強する手段として印鑑が使われます。

2．印鑑の種類

それでは、一般的に使用されている印鑑の種類を見てみましょう。

①実印

●個人の場合

居住地の市町村長に印鑑届をした、印鑑証明の交付を求めることのできる印章です。契約などに押印するときは、認め印を使用しても法律上の効果に違いはないですが、偽造や盗印を避け、証書の信用を高めようとするときに必要とされます。実印は1人1個に限られ、公正証書の作成や不動産の処分登記の際に印鑑証明とともに求められます。

●法人の場合

所在地の法務局に届出した印鑑です。支店開設などにより複数の印鑑を登録することもできますが、対外的な契約書締結の際は、支店長等の使用人ではなく、代表者の印を使用するのが一般的です。

②銀行印

銀行取引に使用する印鑑で、実印とは別に用意している方も少なくありません。実印と比べて取引頻度が多く、通帳と一緒に保管するのは避けたほうがよいでしょう。現在では銀行のシステムに印鑑が登録され、通帳に貼付し

なくても取引店以外の支店から現金引出が可能になっています。

③認め印

特に定義はなく、一般的には「実印以外」の印鑑を指します。企業の担当者を明確にしたいとき、社内の文書、個人では宅配便の受領などによく使用します。

④落款印

あまり聞かない名前ですが、書道の作品などに自分の作品であることを示すために使用する印です。石に篆刻するのが一般的です。

⑤役職印

「○○株式会社（外郭）代表取締役印（中央）」と記載することが多く、通常、これを法人の実印とします。偽造を防ぐため、代表取締役の氏名を入れることもあるようです。支店登記した場合は、「○○株式会社　名古屋支店長××」などとして、法務局に届出することになります。

⑥角印

領収証や手形小切手の追加的な印として使用します。

⑦割印

主に印紙と契約書類の文書を一体にするために使用されます。領収証に押されたものをよく見かけます。

⑧契印

実印での契印、認め印での契印などを総称します。「印鑑で紙と紙の間を割るように押印する行為」を指すことが多いのですが、契印専用の縦長の丸みを帯びた印を言います。

3．印鑑の効力

認め印であるため効力がなく、実印を押したために責任が強いといった区別はありません。

ただし、実印でなく認め印の場合は、相手が自分の印鑑ではないとか、自分が押したものではないと主張する可能性もあります。その点、実印は印鑑証明により、本人の真正な印であることが立証されることに特徴があります。

証書に印鑑を押すことは、その証書に記載されていることが法律的に成立したことの強力な証拠となるので、印鑑の使用は慎重を期さなければなりません。「家族が勝手に押した」ことを理由に契約の無効を主張しても、「実印

の場所を知っており、家族に印鑑の使用を許容していた」と相手方に主張されることもありますので、管理は厳重に行いましょう。

4．印鑑のトラブル
　印鑑に関するトラブルは、大小かかわらず後を絶ちません。その中でもよくあるトラブル例を見ていきましょう。

(1) 代表権を持っていない
　代表取締役ならば、代表権を持つことは明らかです。取締役も、外見上代表権を持つと考えられることもあります（民法上の表見代理）。
　しかし、「営業部長」はどうでしょうか。商社等ではよくこうした肩書きの人が代表権を持っていることがあります。もし、相手先の営業部長が取引の権限を委譲されているのであれば、当該会社のどのような決裁権限を持っているのかを知る必要があります。取引を確実に行うためには、代表者印であることを確認しなければなりません。代表権がない者と取引したということで、相手方から契約の無効を主張されることもありますので注意しましょう。

(2) 偽造
　手形や小切手の印鑑を偽造する事件は、少なくありません。印鑑の管理は厳重に行いましょう。
　角印と銀行印を併用して手形・小切手を発行するなど、複数の印鑑を使用することにより、偽造のリスクを減らします。

(3) 代表者役名、代表者名の記載（ゴム版）
　取引をするときに、役名は必ず確認しましょう。よく見たら「名古屋支店長」や「営業課長」で取引権限がなかった、などということがないように注意してください。

　印鑑をチェックするときは、押印された印鑑だけでなく、ゴム版の会社名、代表者名、役名、個人であれば住所、氏名を確認する必要があります。初めての取引で、相手方と確実な契約を締結したいのであれば、印鑑が真正であるかどうか、印鑑証明書との照合により確認するのが望ましいでしょう。

コラム 2

印鑑を押し間違えてしまったら

　みなさんは、印鑑を押し間違えたり、押したけれどかすれてしまったりしたことはありませんか？　おそらくほとんどの人が経験しているのではないでしょうか。

　大事な書類であるときほど、失敗してしまうこともあります。

　こんなときは、どうすればいいかお話しましょう。

1．押し直し可のケース

　これは、通常の場合です。契約書も印鑑が重ならないように横にきれいに押印すれば問題ありません。たいていのものは押し直しすれば足ります。

　不動産の賃貸借契約書や商品売買契約は、印鑑の押し直しがそれほど大きな問題とはならないでしょう。

2．押し直し不可のケース

　不正防止の観点から、押し直しできないものもあります。

　銀行の印鑑届や、法務局に届け出る法人の印鑑届書などは、押し直しできません。この場合は、再度書類を作成しなければなりません。

　もし仮に銀行の届出印を押し直し可としてしまうと、銀行の内部の人が勝手に違う印鑑を横に押し直して、現金を引き出すことができるかもしれません。怖い話ですね！　多少面倒くさくてもこのような事態になるよりは、契約書を作成し直したほうがいいような気がしませんか？

　私は以前、銀行に勤めていたのですが、業務で「印鑑の押し直しがきかない」書類を扱うことが多々ありました。

　その時気をつけていたのは、①丁寧に押印すること、そして②多めに書類を用意することです。

　どんなに気をつけても誰しも失敗してしまうことがありますから、失敗してもあわてなくてすむ②の方法は、結構オススメですよ。

第Ⅰ編

契約書のすべて

第3章

契約書の読み方Ⅰ
～主要条項＆ボイラープレート～

　第3章、第4章では、契約書の読み方について説明します。
　契約書を読もうと思ってもそこに並んでいる難しい言葉を見ただけで、苦痛を感じる人は少なくないでしょう。この苦痛が契約書を読むうえで大きな障害となります。また、文書になったものは完全なものであるという錯覚も、同じです。
　契約書は、1つずつ読み込んでいけば、実はそれほど難しくありません。
　契約書を目にしたときに、どこに重点を置いて読めばよいのかを理解するために必要なポイントを紹介していきますので、しっかりおさえてください。

1 契約書は内容と形式をチェックしよう
定型条項と非定型条項で契約書は構成される

　契約書を読むときは、そこに書かれている内容のチェックはもちろんですが、形式のチェックも必要です。

　書かれている内容は正しくても、それ以外の部分で不備があれば、それは正しい契約書とは言えません。契約書を読むときは、契約当事者が正しく表記されているか、甲乙が逆になっていないか、誤字脱字がないか、署名欄にきちんと氏名が記載されているか、印鑑が押されているか、契約日付は正しいかなど、体裁が整っているか、必ず確認しましょう。

　正しい契約書にするためには、契約書を構成する要素（「条項」）についてある程度の知識が必要です。

　本書では、契約書の条項を「定型条項」と「非定型条項」の2つに分類しています。

　第3章では定型条項について説明します。定型条項とは、契約書で頻繁に登場する条項です。本書ではさらに、「主要条項」と「ボイラープレート」に分けています（69ページ一覧参照）。

　「主要条項」は、契約内容に従って作成・変更される主要な条項です。契約期間や取引金額など、多くの契約形態で使用されます。

　「ボイラープレート」は、アメリカの法律用語で、準拠法"Governing Law"や裁判管轄"Jurisdiction"、放棄"Waiver"、譲渡"Assignment"などに該当するものを言います。契約書上によく現れ（レギュラーメンバーのような存在）、型にはめられているような条項です。形式的に用意されることが多い条項なので、大半は似たような言い回しになりますが、いざというときに効果を発揮します。

　条項の種類に関しては数多くの分類方法がありますが、本書ではこの分類方法に従って進めていきます。それぞれの条項のチェックポイント、そして、条項例文を挙げていますので、実際に契約書を作成する際にも活かしてください。

● 定型条項一覧
● **主要条項（契約内容に従って作成・変更される主要な条項）**

```
①目的       どのような目的でこの契約を締結するのか
②定義       2回以上使用する言葉や、疑義を生む可能性が高い言葉の使い方
③期間       契約期間や自動延長の有無について
④価格       通貨と金額。外国通貨の場合はいつの為替相場を使用するのかなど
⑤通知方法    誰が誰に通知するか、口頭、FAX、書留郵便などの手段も
⑥支払方法    振込か現金かなど。振込なら手数料はいずれが負担するか
⑦商品・役務の内容   具体的な内容（別紙で詳細説明や写真などを添付）
⑧権利・義務   具体的な権利・義務の内容
⑨債務不履行   債務不履行の際の規定
⑩損害賠償    損害をカバーするための主に金銭による賠償等の内容
⑪契約の終了   契約終了時の取扱い方法
⑫中途解約    中途解約の可否および解約の方法
```

● **ボイラープレート（契約書上によく現れ形式的に用意されることが多い条項）**

```
⑬権利放棄    権利放棄となる場合を明確に記載
⑭期限の利益喪失    支払を期限まで待ってもらえる権利が失われること
⑮クロスデフォルト    他契約の債務不履行に伴い当該契約も解除できる規定
⑯権利の譲渡・質入    契約上の権利譲渡および質入は可能か禁止か
⑰不可抗力    天災や争乱等、不測の事態の際の規定
⑱裁判管轄    もめごとが起こった際の管轄裁判所
⑲準拠法     契約上適用される法律
```

2 主要条項 ①目的
どんな目的でこの契約を締結するのか？

　双方の利害関係が一致したうえで、似たような価値観を持って取引をすることができると、素晴らしい関係を築くことができます。
　しかし、世の中そういうことばかりではありません。実際は当事者それぞれが「できるだけ自社に有利な条件にしよう」と考えるため、様々な交渉が行われます。そして、お互いが妥協のうえであったとしても取引の条件が決定し、1つの方向性を持つことによって、前向きに契約を捉えることができるようになります。そのための指標が、ここで言う「目的」なのです。

　目的を表わす際によく使われる文言として、「互いの発展を目的として」「相互の利益を拡大するため」などがありますが、これは書いても書かなくても、取引条件には影響しないでしょう。
　目的条項は、当事者の経営理念が反映される部分でもあります。特に初めて契約する相手と契約書を交わす場合、ここをまず確認してみるといいでしょう。せっかくご縁があって取引するのですから、金銭面だけでなく、経営理念が素晴らしいと思える会社とお付き合いしたいものです。

●目的に関する条項の例

（例1）医療に関する技術提携契約

　本契約は、我が国の医療技術の安全に貢献しつつ、甲乙相互の交流による医療技術の高度化並びに永続的な発展、有効な提携関係を構築することを目的とする。

（例2）販売代理店契約

　本契約は、甲の特許技術を活用した商品の販売拡大と、甲乙相互の発展を目的とする。

3 主要条項 ②定義
使用する語句の意味はあらかじめ決めておこう

　ここで言う「定義」とは、契約書上で使用する言葉の意味を定めることを言います。2回以上使用する言葉や、疑義を生むおそれのある言葉については、その意味・使い方を定義しておくことで、余計な誤解を避けることができます。特に技術的な文言を多く使用する場合、定義条項は必須です。

　例えば、「ホームページ制作業務」という言葉が契約書で使用されているとします。この「ホームページ」という言葉、みなさんはどのように考えるでしょうか。

　一般的には、インターネット上で表示される「ウェブサイト」を想定するでしょう。しかし、ウェブサイトのトップページである「ホーム」のことかもしれません。ウェブサイト上で「ホームへ戻る」などという表現がよく使われています。もしくは、ウェブサイト構築全般で「10ページ制作したその全体」を想定しているかもしれません。場合によっては、そのためのドメイン取得やレンタルサーバ契約も含んでいると考えているかもしれません。

　このような認識のズレを起こさないために、定義条項を用意するのです。

●定義に関する条項の例

　　　　　（例1）ホームページ制作契約の定義条項

> 本契約において使用する用語を次のとおり定義する。
> 一　ホームページ
> 　　テキストデータ、CGI、PHPなどのインターネット上で動作するプログラム、画像、音楽、動画など、HTML等の言語を用いてレイアウトされたものの集合体
> 二　（以下略）

　上記の例では、少なくとも「ホームページ」が「トップページだけ」ではないことが、明らかになります。

　このように、お互いに誤解がないように表記できればよいでしょう。
　大企業同士の取引で、担当者が頻繁に代わるような場合は、誰が見ても一定の解釈となるような定義をしておくことが重要です。

4 主要条項 ③期間
いったいいつまで続くのか

　契約を結ぶ場合は、契約期限の設定、自動延長の有無を記載することが必要です。これらを定めないと後々もめることになるため、重要な条項です。

　例えば、あなたとA社の間で1年間の契約を締結したとします。このとき、本来であれば月額報酬28万円もらいたかったところを、今回は妥協して20万円としていたとしたら、受託側であるあなたとしては、契約が切れる1年後に報酬額の見直しをしたいと考えるのではないでしょうか。

　それには、契約期間を1年として自動更新はしない、もしくは自動更新を定めたとしても、「第○条の報酬を契約期限の○か月前までに話合いにより見直す」などと明記し、変更の余地を残しておくことが必要です。

　期間の設定で、契約を有利にすることも不利にしてしまうこともあります。将来を予測しながら、期間条項の文言はチェックしましょう。

●期間に関する条項の例

（例1）自動更新あり

　本契約の契約期限は、契約日より1年間とし、契約期限の3か月前までに甲乙双方より特段の意思表示がないときは、自動的に1年間更新されるものとする。

（例2）自動更新なし

　本契約の契約期限は、契約日より1年間とする。

（例3）自動更新なし・再契約の旨を明記

　本契約の契約期限は、契約日より1年間とし、期限延長を希望する場合は、再度契約を締結しなければならない。

（例4）自動更新あり・条件面話合いの旨を明記

　本契約の契約期限は、契約日より1年間とし、契約期限の3か月前までに甲乙双方より特段の意思表示がないときは、自動的に1年間更新されるものとする。ただし、第○条の報酬については、更新時に話し合うことにより見直しを行うものとする。

5 主要条項 ④価格
予定していた金額と違う!?

　契約書に記された金額が、何を表しているのかをきちんと理解することはとても大切です。

　支払いの際の通貨と金額は事前に定め、外国通貨から日本円に換算しなければいけない場合は、いつの為替相場を使用するのかも（例：ロンドン市場の月末仲値ＴＴＭ）記載します。もちろん、日本国内の契約書で他国の通貨を記載することも可能です。その際、通貨単位はきちんと記載します。

　例えば、「＄（ドル）」だけではどこの国の通貨か限定できません。ＵＳＤ（米国ドル）、ＣＡＤ（カナダドル）、ＡＵＤ（オーストラリアドル）、ＮＺＤ（ニュージーランドドル）など誰が見てもわかるように記載しましょう。

　さらに税込価格かどうかなども明記し、価格条項に記載された価格の内容を把握しておいてください。

●配送料、据付、設置代金も含まれているのか
●別途必要となる料金、報酬があるのか
●振込手数料は、どちらの負担となるか
●国際取引にかかる源泉税（WITHHOLDING TAX）が必要か　　　　　　　など

　「売買基本契約書」（156ページ参照）や「販売代理店契約書」（160ページ参照）では、商品の価格は別途定められることが通例です。価格表が販売者から一方的に提示されるのか、それとも別途話し合うことになっているのかについて、契約書に定められているかどうか、必ず確認しましょう。

●価格に関する条項の例

（例1）日本円

　乙は、第○条に定める業務の対価として、金10万円を前月末までに甲に支払うものとする。ただし、振込手数料は乙の負担とする。

（例2）米ドル

　乙は、第○条に定める業務の対価として、ＵＳ＄10,000.50（Say U.S. Dollars Ten Thousand and Fifty Cents only）を前月末までに甲に支払うものとする。ただし、振込手数料は乙の負担とする。

6 主要条項 ⑤通知方法
やりとりするのはいったい誰なのか

　会社同士の契約とは言え、やりとりするのは個人です。例えインターネットや電子メールでのやりとりであったとしても、個人同士が行います。
　そのため、トラブルが起こったときに、誰が誰に連絡するのか、誰と誰がやりとりするのか、連絡手段はＦＡＸなのか書留郵便なのか、契約解除の申入れは、誰がどのように行うかということについても契約書上に記すことが必要です。
　契約解除などといった重要事項の通知は、書留郵便など証拠が残るように定めておくのが望ましいでしょう。逆に、軽微な事項まで書留郵便でなければならないと定めてしまうと、取引が堅苦しく、お互いにとって業務の妨げとなる可能性もあります。
　主要な通知方法としては、口頭・電話・ＦＡＸ・文書・書留郵便・宅配便（クーリエ）・電子メールなどがありますので、お互いにとってよりよい方法を定めておくとよいでしょう。

●通知方法に関する条項の例
　　　　　（例1）ＦＡＸでのやりとりを定めるケース
　甲は、第〇条に定める注文を行う場合、（別紙1）に定める様式を乙の指定した宛先にＦＡＸ送信することによりこれを行うものとする。
2　乙は、前項の注文を受け付けたとき、3営業日以内に注文請書もしくは注文を拒否する文書を甲宛てにＦＡＸ送信しなければならない。

　　　　　（例2）書留郵便に限定する規定
　甲及び乙は、本契約を解除する場合、3か月前までに書留郵便にて相手方に通知しなければならない。

7 主要条項 ⑥支払方法
手数料はどっちが持つのか

　代金の支払方法については、振込か現金かなどを決めるだけでなく、支払いにかかる手数料はいずれの負担かもきちんと定めておくことが必要です。

　手数料は小さい金額かもしれませんが、「振込手数料を差し引きして振り込まれた！」などと、後に取引の枝葉の部分でもめるのは好ましくありませんので、最初に決めておきましょう。これは、先述の価格（報酬）条項に記載される場合と、独立した条項になる場合があります。

　日本ではお金の話はあまりしたくないと思う方が多いのか、交渉の場でもなかなかお金の話題を切り出せないことがしばしば見られます。しかし、相手が話をしにくい部分こそ、後にトラブルの火種となることが多いのです。できるだけ契約書を締結する前に明確にしておきましょう。税金についても、誤解のないように内税か外税かを明確にしておくとよいでしょう。

　また、振込先については金融機関の口座番号を別紙に記載するように定めると、将来振込口座が変更となったときにスムーズに対応できます。

●支払方法に関する条項の例

（例1）振込口座を別途通知する場合

　家賃は次に定める額とし、甲は毎月分を前月末までに乙の指定する方法により支払わなければならない。
　　月額　金15万円（税込）

（この場合、指定口座を乙が別途甲に書面等で通知しなければならない）

（例2）振込口座を契約書に記載し、振込手数料の規定を置く場合

　家賃は月額金15万円（税込）とし、甲は毎月分の家賃を前月末までに下記の指定口座に電信振込により支払わなければならない。

金融機関	○○銀行	支店名	○○支店
口座種類	普通預金	口座番号	９９９９９９９
口座名義	株式会社○○商店		

　2　振込手数料は甲の負担とする。

8 主要条項 ⑦商品・役務の内容
契約内容をきっちりおさえる

　この条項は、できるだけ具体的に記載することが大切です。何を提供してもらい、報酬を支払うのかを文書で明確にしておきましょう。

　商品であれば、型番や写真を掲載したほうが誤解が生じにくく、確実です。

　例えば、中古自動車の売買で「現状渡し」となる場合に写真を貼付しておけば、見た目に関しては、トラブルを未然に防ぐことができるでしょう。

　役務に関しては、合意内容を書面にしておかなかったこと、細かい部分まで明記しておかなかったことにより大きなトラブルに発生する場合が少なくありません。特にリフォーム工事、ホームページ制作、メンテナンスなどといった請負の仕事は、無限の債務を背負うような事態となることがあります。注文者と請負者の力関係次第では、悲劇を生んでしまうこともあるようです。作業を延々とした挙げ句、報酬を支払ってもらえず「タダ働き」になってしまったという事例も頻繁に聞きます。

　商品・役務の内容は、お互いが同じものだと理解していないと、トラブルとなります。どんな内容の契約を結んだのか、両者が同じ見解を持つために重要な条項ですので、しっかり内容を詰めておくことが必要です。

●商品・役務内容に関する条項の例

　　　　　　　　（例1）商品内容を記載
本契約により甲が乙に納品する商品は、次各号のとおりとする。
一　「これ1冊でよくわかる契約書」（××出版）第一巻～第十巻
二　前項に関する講義DVD 2枚（60分×2枚）
三　同、契約書ひな型集（WORD形式、10種類収録CD-ROM）

　　　　　　　　（例2）役務内容を記載
本契約にて甲が乙に提供するサービスは、次各号のとおりとする。
一　各種証憑に基づく月次会計データの会計ソフトへの入力
二　月次試算表の作成及び乙への送付
三　決算書の作成及び税務申告書類の作成、提出代行業務
四　税務調査の立ち会い（別途甲が定める日当が必要）

9 主要条項 ⑧権利・義務
権利と義務は表裏一体

　両者の具体的な権利・義務を記載する重要な事項です。
　権利・義務については、契約書の随所に登場することになり、特に権利・義務の条項として設ける必要はありません。ただし、契約書に定められた義務は、必ず果たさなければなりません。また、権利として契約書に定められていないことは相手方に履行を求めることができません。これらを明記するために、権利・義務の条項を設けることがあります。
　前述したとおり、権利と義務は表裏一体です。
　業務内容を定めた条項は、一方にとっては権利で相手方にとっては義務ですし、報酬の支払いは、支払う側は義務で受領する側は権利です。
　このことから、以下のように、権利・義務を1つの条項にする方法もあります。

●権利・義務に関する条項の例

　　　　　　　　　（例1）義務を明記
　甲は、本契約において次各号に定める事項を遵守しなければならない。
　一　……
　二　……
2　乙は、本契約において次各号に定める事項を遵守しなければならない。
　一　……
　二　……

　　　　　　　　　（例2）権利を明記
　甲は、本契約において次各号に定める事項をいつでも行使することができる。
　一　……
　二　……
2　乙は、本契約において次各号に定める事項をいつでも行使することができる。
　一　……
　二　……

10 主要条項 ⑨債務不履行
やるべきことをやらなかった

　債務不履行とは、契約当事者が、契約上に定められた債務を、定められた期限までに実行しないことです。

　一方が債務不履行を行うことによって、損害賠償請求や契約の終了につながることは少なくありません。多くの場合、債務不履行条項には、契約解除や損害賠償の文言がセットで記載されています。

　債務不履行には大きく次の3種類があります。

①履行遅滞　履行期限を経過しても債務が履行されないこと

　例えば、クリスマスケーキを12月24日に配達すると言いながら、26日にやっと配達された場合です。

②履行不能　契約締結後に債務履行が不可能になること

　例えば、木材を伐採して販売するはずが、山火事になったため、伐採できる木が焼失してしまった場合です。

③不完全履行　債務は履行されたが、履行内容が不完全であること

　例えば、ワインを1万本入荷する契約を締結したが、3000本しか入荷できなかった場合です。

　相手から債務不履行が行われた場合、履行の請求や契約解除、これにあわせて損害賠償請求をすることができます。特に契約上定めがないときは、以下のような民法の規定が適用されます。

　債務者が任意に債務の履行をしないときは、債権者は、その強制履行を裁判所に請求することができる。ただし、債務の性質がこれを許さないときは、この限りでない。

2　債務の性質が強制履行を許さない場合において、その債務が作為を目的とするときは、債権者は、債務者の費用で第三者にこれをさせることを裁判所に請求することができる。ただし、法律行為を目的とする債務については、裁判をもって債務者の意思表示に代えることができる。

3　不作為を目的とする債務については、債務者の費用で、債務者がした行為の結果を除去し、又は将来のため適当な処分をすることを裁判所に請求することができる。

4　前三項の規定は、損害賠償の請求を妨げない。　　　　　（民法第414条）

> 債務者がその債務の本旨に従った履行をしないときは、債権者は、これによって生じた損害の賠償を請求することができる。債務者の責めに帰すべき事由によって履行をすることができなくなったときも、同様とする。（民法第415条）

> 当事者の一方がその債務を履行しない場合において、相手方が相当の期間を定めてその履行の催告をし、その期間内に履行がないときは、相手方は、契約の解除をすることができる。（民法第541条）

債務不履行の裁判では、何をもって債務不履行とするかが争点となります。

特定の商品を納品するだけであれば明らかなのですが、そうでない場合もあります。サービスが気に入らないということも、現実には起こりうる話です。

債務不履行条項を確認する場合は、具体的に「こんなことをされては困る」という事態を想定しておきしましょう。

●債務不履行に関する条項の例

（例1）履行遅滞についての債務不履行＋損害賠償規定

乙は、本業務の目的物の完成または引渡しを遅滞した場合、甲が乙の遅滞のため他の委託業者等に支払った損害金と同額の損害賠償義務を負う。
2　乙は前項に加え、乙の債務不履行によって甲が被った損害の実費を賠償しなければならない。
3　乙は前2項の損害賠償金額に加え、遅延損害金年率10％を加えた額を甲に支払わなければならない。

（例2）双方に適用される債務不履行規定

甲及び乙は、相手方が本契約に違反したときは、書面による通知により本契約を解除することができる。ただし、違反内容に関し相手方に正当な事由がある場合はこの限りでない。

11 主要条項 ⑩損害賠償
よりよい契約関係を築くための罰則

　損害をカバーするための金銭による賠償等の内容についての記載も、契約書には必要です。

　通常は契約解除の違約金として、また、不法行為による損害賠償について定めます。近年では知的財産権の侵害による損害も広がりつつあり、損害賠償の条項を明確に定めておくことが求められています。

　契約に違反したときに、どのようなペナルティを受けるのかをハッキリさせておかないと、契約違反に対する意識を高めることができません。

　㉚製造物責任のように「無過失責任」となる法定責任もありますが、あらかじめ契約書に明記しておけば、双方が罰則についてのルールを意識します。そうすることで、お互いが契約内容を遵守するため、よりよい契約関係が保たれるという一面もあるでしょう。

　また、法律でもそうですが、罰則のないものは実効性を持たないことが多いので、損害賠償の条項を定めておくことは非常に重用だと言えます。

　一方、損害賠償責任を負わない旨を定めることもあります。

　これはソフトウェアの利用規約などでよく見られます。こうした文言はパッケージの裏面に表記されており、開封すると利用規約に同意したものと見なされる方法が広く採用されています。

　ソフトウェアは、動作環境によっては不具合を起こすことがあるため、あらかじめこのような規定を置いておくことが多いのです。

●損害賠償に関する条項の例

（例1）遅延による損害賠償規定

　乙は、引渡しを遅滞した場合、甲に対して損害の実費を賠償する義務を負う。

（例2）双方に適用される損害賠償規定

　甲及び乙は、契約解除等により相手方に対して与えた損害の実費を賠償する義務を負う。

（例3）損害賠償責任を負わない規定

　甲はいかなる場合も本契約によって直接的または間接的に発生した一切の損害について賠償責任を負わないものとする。

12 主要条項 ⑪契約の終了
スタートからエンディングまで

　契約書には、契約終了時のお互いの対応についてもしっかり定めておくことが必要です。「契約期間終了後は何をしてもいい」というわけにはいかないことが往々にしてあるからです。

　お互いがスッキリ気持ちよく契約を終了できるよう、契約終了後のことについてこの条項でしっかりと定めておきましょう。こうすることによって、取引自体をいい形で終えることができます。

　知的財産や営業機密については特に丁寧に記載しておきましょう。きちんとした定めがないと、「契約時は、営業機密の管理者が厳密に情報管理し、無断複製および二次利用不可だったため問題は起きなかったが、契約終了後に、営業機密の管理責任がなくなったためデータの複製および二次利用をされてしまった」というような事態が発生してしまいます。

　契約が終了した瞬間に相手方の営業機密を自由に利用するなどは、あってはならないことですが、このような問題は、実はとても多いのです。

　知的財産や営業機密などを取り扱う取引は、契約終了後も管理してもらわなければなりません。以下のような規定を置くなどして、気をつけましょう。

● 契約終了後の取扱いに関する条項の例
　　　　　（例1）知的財産・営業機密
　本契約終了後も、乙は引き続き5年間、第○条に定める機密事項を同様に管理しなければならない。

　契約が終了しても、終了後の事務的な取扱いを定めなければならないケースもあります。

　例えば、機械メーカーY社の代理店X社が廃業することになりました。X社は機械の販売とメンテナンスを担当しており、顧客に5年間のメンテナンス契約をつけて、機会を販売していました。つまり、価格にその代金が織り込まれていることになります。この場合、すでにメンテナンス代をもらっていることになり、今後はどこかがメンテナンスを引き受けなければなりませ

ん。事実上業務をやめたX社がメンテナンスを行うことは不可能ですから、X社以外の代理店が代わりに引き受けるのが現実的な選択肢です。しかし、それでは引き受ける代理店の負担が増してしまいますので、結局、メーカーY社が負担することになりました。

　このようなケースは決して少なくありません。そのため、あらかじめこのような事態を想定して、保証金を預かっておくなどの措置を講じておく必要が出てくるのです。そうすれば、上記の例の場合であれば、保証金の範囲内でX社のメンテナンス義務を他の代理店に引き受けてもらうことが可能となります。
　また、契約終了時の取扱いを、代理店契約を締結する最初の段階で認識してもらうことにも大きな意味があります。
　契約内容をスムーズに運用していくために、スタートだけでなく最後の契約終了時、終了後まで明確に定めておくことは、実は非常に大切なことなのです。

　　　　　（例2）契約終了後の取扱い・継続的サービス
　本契約終了後、乙が第○条に定める役務を甲の指定する代理店に移行する際に、必要な事務報酬を別紙のとおり定め、甲の差し入れた保証金と相殺するものとする。

　　　　　（例3）契約終了後の取扱い・責任の限定規定あり
　本契約終了後、乙が第○条に定める役務を甲の指定する代理店に移行する際に、必要な事務報酬を別紙のとおり定め、甲の差し入れた保証金と相殺するものとする。
2　前項の事務報酬は、甲の差し入れた保証金の額を超えないものとする。
3　本契約終了後に購入者より乙に対しなされた損害賠償請求については、乙の責任と費用にて解決しなければならない。ただし、甲の製造物責任法に基づく義務については、甲がその責任を負うものとする。

13 主要条項 ⑫中途解約
契約を解除したペナルティ

　中途解約とは、契約期間満了前に契約を解除することです。

　契約当事者は、相手方に期間・作業の途中で解約されると、不利益を被ることがあります。そのため多くの場合、違約金の条項をセットにして対処しています。

　相手方が中途解約をした際には、以下のとおりペナルティである違約金を要求できる、あるいは、受領した代金を全額返還しないなどの規定を置くなど、そのときになってからもめることのないようにしましょう。

● 中途解約に関する条項の例

　　　　　（例1）中途解約による返金を一切行わない規定

　乙が本契約を期間満了前に中途解約した場合においても、甲は乙に対し、残存契約期間分の料金の返金を行わないものとする。
2　乙が本契約に違反したことにより甲が中途解約の申し出をした場合も、前項同様乙に返金を行わないものとする。

　　　　（例2）消費者契約約款における中途解約の表記例～学習塾

　乙は本契約において、クーリングオフ期間経過後においても、将来に向かって本契約を解約する権利（以下、「中途解約」）を保有することが特定商取引法（以下、「法」）により保障され、その負担すべき損害賠償・違約金等の上限が定められています。
2　乙からの中途解約申し出により本契約が解除される場合、本サービスの提供開始前である場合には、法の定める上限損害額（2万円）、本サービス提供開始後である場合には提供済みのサービス対価に法の定める上限損害額（5万円、もしくは1か月分のサービス対価のいずれか低い額）を加えた額が、解約時に甲が乙に請求できる額の上限となります。

　クーリングオフとは、「消費者が一方的に契約をやめられる制度」です。クーリングオフは消費者が困ったときの切り札と言えるでしょう。

14 ボイラープレート⑬ 権利放棄
放棄するまで保証される

　権利放棄とは、契約当事者が契約上の権利を放棄するのはいかなる場合かを明記するもので、日本国内の契約書ではあまり見かけない条項の1つです。
　あいまいな解釈を避けるために、国際契約では定型的な条項として広く使用されています。書面などによる明確な権利放棄の意思表示がなければならない旨など、契約上の権利を一度行使しなかったからと言って、即座にその部分の権利が消滅するわけではない、ということを明らかにするための条項と言えます。
　例えば、支払期限を3日過ぎている債務者に「まだ支払を猶予するよ」と債権者が言ったとします。だからといって、債務者はいつまでも支払わなくてよいわけではありません。こういったことを明確にするのが「権利放棄」の条項です。口頭でも契約は成立するため、「まだ支払を猶予する」と言ったことで「変更契約」が成立してしまいます。これを防ぐためには、権利放棄は書面にて行わない限り効力を発生させないと定めておかなければなりません。
　権利放棄の規定は、主に次の3種類の選択肢があります。

1　一定期間履行請求しなくても、履行請求の権利を放棄しないのか、その後の同種の請求を放棄するのか
2　双方に適用されるか、どちらか一方か
3　書面でなされなければいけないか、そうでないか

　上記の選択肢を踏まえた条項は以下のようになります。

●権利放棄に関する条項の例
　　　　　　（例1）標準的な権利放棄規定
　甲及び乙の一方が、相手方の特定の契約違反を許容し、その違反により発生する損害賠償請求権等の放棄をしても、その後の違反に対する権利を放棄するものではないことを甲乙双方は確認する。
　2　特定の条項の権利放棄を契約期限まで認める場合は、権利を持つ契約当事者が書面にて放棄する旨を承諾しなければならない。

15 ボイラープレート⑭ 期限の利益喪失
いつまで待ってもらえるのか

　期限の利益喪失とは、債務者の「支払を期限まで待ってもらえる権利（期限の利益）」が失われることです。

　例えばお金を借りて、6か月後までに返済しなければならないと契約をした場合、その6か月が債務者の「期限の利益」となります。この「期限の利益」を失うことが「期限の利益喪失」です。

　「期限の利益喪失」になると、履行期限を待たずして、債権者から契約の履行を迫られることになります。

　契約書で見られる期限の利益喪失条項の大半は、破産や銀行取引停止処分など、信用状態の悪化が原因となって期限の利益を失うというものです。

　たとえ借入金の返済期限が5年後でも、期限の利益喪失条項に抵触した場合、即時に全額を返済しなければならなくなります。多くの場合は返済できないため、担保権の実行や連帯保証人に対する債務履行請求となるでしょう。

　私たちは、いかなる場合に期限の利益を喪失させられるか、あるいは逆の立場であれば、簡単に期限の利益を喪失することになりはしないかを、契約書から読みとらなければなりません。

●期限の利益喪失に関する条項の例
　　　　（例1）双方が公平な立場の期限の利益喪失規定

> 　甲及び乙は、相手方に次の各号の一に該当する事由が生じたときは、相手方に通知することなく本契約を直ちに解除することができる。
> 一　差押え、仮差押え、仮処分、租税滞納処分、その他公権力の処分を受け、または整理、会社更生手続の開始、破産もしくは競売を申し立てられ、または自ら、整理、会社更生手続、民事再生手続の開始もしくは破産申立てをしたとき、または第三者からこれらの申立てがなされたとき
> 二　資本減少、営業の廃止もしくは変更、または解散の決議をしたとき
> 三　公租公課の滞納処分を受けたとき
> 四　その他相手方に前各号に準ずる信用の悪化と認められる事実が発生したとき

16 ボイラープレート ⑮ クロスデフォルト
1つがダメならみんなダメ?

　ある契約を結んでいる相手方と、他にも同じような契約を締結していることは、よくあるでしょう。その際、他契約上の債務不履行等を理由に、当該契約も解除できるかどうかを定めることができます。これをクロスデフォルト条項と言います。

　例えば、A社は「金銭消費貸借契約」をB社と5本締結し、B社にお金を貸しているとします。それぞれ元本が1000万円なのですが、そのうち1つが債務不履行に陥ってしまいました。もし他の4契約すべてにクロスデフォルト条項が盛り込まれていれば、A社は5契約すべてを解除することができます。つまり、B社は債務不履行が発生した1000万円だけでなく、5000万円を一括で返済しなければならなくなるということです。

　ただし、必ずしもそうでない場合もあります。単に支払いが1か月遅延しただけであれば、他の4契約に関しては期限の利益喪失に該当しない（つまり、契約違反ではない）と債務者に主張されるおそれがあるからです。そうなると、そうこうしているうちに、A社は貸金の回収が遅れてしまい、通常、返済期限が到来しているものからB社は返済するでしょうから、A社の4契約の履行が後回しになってしまいます。

　これを防ぐのが「クロスデフォルト」条項です。日本の契約書ではあまり見られませんが、金銭消費貸借契約書をはじめとして、同じような内容の契約を複数交わすことの多い金融機関を中心に利用されています。

　この規定は、契約当事者双方ではなく、債務者一方だけに適用されることが多いのが特徴です。

●クロスデフォルトに関する条項の例
（例1）一般的な規定

> 乙が甲に対する債務の返済を1か月以上遅延した場合、乙は甲と締結しているすべての契約（以下「全契約」）につき期限の利益を失い、甲は全契約を直ちに解除することができる。

17 ボイラープレート ⑯ 権利の譲渡・質入
契約上の権利を誰かに譲ることはできるのか

　契約上の権利を譲渡する、もしくは質入れすることが可能かどうかを定めるのが権利の譲渡・質入の条項です。

　ほかにも、第三者に契約上の権利を譲渡することができるか、権利を金融機関等に質入れすることができるかどうかを定めます。一方が契約上の権利を譲渡すると、契約当事者が変更されることになるため、無条件で権利譲渡が可能になり、契約自体を不安定にしてしまうため、注意が必要な条項です。

　例えば、アパートの借主が貸主に無断で不法滞在者等に権利譲渡するのは好ましいことではありません。ところが、こうした問題は少なくないのが実情です。問題発生を防ぐためには、権利の譲渡や質入禁止の規定をあらかじめ定めておくことが大切です。

　この条項は、賃貸借契約の他、売買契約、請負契約、金銭消費貸借契約など、幅広く用いられています。

●権利の譲渡・質入に関する条項の例

　　　　（例1）譲渡・質入ともに禁止

　甲は、本契約において保有する権利及び義務の全部又は一部を第三者に譲渡及び質入することができない。

　　　　（例2）承諾を得た譲渡・質入は可

　甲は、本契約において保有する権利及び義務の全部又は一部を、乙の事前の承諾なく第三者に譲渡及び質入することができない。

　　　　（例3）双方に適用される禁止規定

　甲及び乙は、本契約において保有する権利及び義務の全部又は一部を、相手方の書面による事前の承諾なく第三者に譲渡及び質入することができない。

　　　　（例4）100％子会社のみに譲渡できる規定

　甲は、本契約において保有する権利及び義務の全部又は一部を、乙の事前の承諾なく第三者に譲渡及び質入することができない。

2　前項にかかわらず、甲は本契約において保有する権利及び義務の全部又は一部を甲の全額出資の子会社に限り、乙の事前承諾なく譲渡することができる。

18 ボイラープレート⑰ 不可抗力
気をつけていても起きてしまうこと

どんなに気をつけていたにもかかわらず起きてしまうこと、それが不可抗力です。Force Majeureと言われ、地震・洪水などの自然災害から戦争、内乱、革命、伝染病、ストライキ、通貨価値の急激な変動や経済制裁、虫害なども含まれます。

契約時に、保管している製品が破損した場合などを想定して保険をかけておくなど、考えられる事態をあらかじめこの項目に含めておくことにより、不可抗力に遇した際のリスクを取り払うことができます。

例えば、工事を期限までに完成させなければならないにもかかわらず、大地震が起きて工事ができる状況ではなくなってしまった場合、不測の事態が発生したときの規定を用意していないと、工事を続行しなければなりません。期限までに完成しないと、債務不履行になってしまうからです。

形式的に置かれた何気ない条項ですが、いざというときに大きな力を発揮してくれます。「万が一」に備えて、また、相手方に配慮して、不可抗力の条項は必ず用意しておきましょう。

● 不可抗力に関する条項の例

（例1）一般的な規定

本契約上の義務を、以下に定める不可抗力に起因して遅滞もしくは不履行となったときは、甲乙双方本契約の違反とせず、その責を負わないものとする。
一　自然災害　　二　伝染病　　三　戦争及び内乱　　四　暴動　五　洪水
六　革命及び国家の分裂　　七　火災及び爆発　　八　ストライキ及び労働争議
九　政府機関による法改正　　十　その他前各号に準ずる非常事態

（例2）不可抗力に対する対処法も規定したもの

本契約上の義務を、以下に定める不可抗力に起因して遅滞もしくは不履行となったときは、甲乙双方本契約の違反とせず、その責を負わないものとする。
一　自然災害（以下略）
2　前項の事態が発生したときは、被害に遭った当事者は、相手方に直ちに不可抗力の発生の旨を伝え、予想される継続期間を通知しなければならない。
3　不可抗力が90日以上継続した場合は、甲及び乙は、相手方に対する書面による通知にて本契約を解除することができる。

19 ボイラープレート⑱ 裁判管轄
裁判所はどこか

　裁判管轄とは、もめごとが起こった際にどこの裁判所で争うかを定めたものです。日本国では、民事訴訟法により、第一審の裁判管轄を契約書上で定めることができます。契約当事者の双方は、通常、自社に近い所在地を選択したほうが有利です。

　例えば自社が愛知県、相手方が東京都であるなら、管轄地は愛知県としたいところです。弁護士に訴訟代理を頼むにしても、自社の所在地に近いほうがスムーズに事が運びますし、移動の交通費も大きな負担となるからです。ましてや海外であれば言うに及びません。

　特に、海外の会社との契約の場合は、この条項が大きな意味を持ちます。裁判管轄が米国であれば、米国の裁判所に裁判を提起しなければなりません。このような契約では、通常、準拠法も米国の州法に基づくと定められているでしょうから、現地の州法に精通した弁護士を探し、場合によっては現地まで出向いて訴訟を行わないといけません。この手間や渡航費だけでも大きな負担となってしまいます。

　⑲準拠法と合わせて非常に重要な規定ですので、短い文言ですが、条項は注意して読みましょう。ただし、契約書で裁判管轄を定めてあっても、常に適用されるとは限りません。日本国同士の取引なのに、裁判管轄が海外になっているときは、裁判所がこれを否認することもあります。

●裁判管轄に関する条項の例
　　　　　　　（例1）第一審合意管轄裁判所の規定
　本契約につき裁判上の争いとなったときは、東京地方裁判所を第一審の合意管轄裁判所とすることに甲及び乙は合意する。
　　　　　（例2）争いの際の基本ルール＋第一審合意管轄裁判所の規定
　本契約につき互いに疑義が発生した場合、甲乙双方が誠実に話し合い、解決に向けて努力しなければならないものとする。
2　本契約につき裁判上の争いとなったときは、東京地方裁判所を第一審の合意管轄裁判所とすることに甲及び乙は合意する。

20 ボイラープレート⑲ 準拠法
どの法律に頼ればいいのか

　契約当事者がすべて日本国内に所在地を持つ者であればいいのですが、相手が海外法人となることもあります。そのため、締結する契約書に適用される法律（国、州）を定めておくことが必要です。

　国際取引では、裁判管轄と準拠法をどうするかが当事者間の「綱引き」です。当然自社の所在する国または州の法律適用が望ましいでしょう。自社の顧問弁護士が契約上の準拠法に通じていなければ、争いとなったときに改めて弁護士を手配しなければならないからです。また、裁判のための渡航費も多大なものとなります。ですから、準拠法が自国所在地の法でない場合は、契約書の各条項を念入りに精査し、契約トラブルが発生しないように注意しなければなりません。

　例外的に、契約上のすべての準拠法を統一することができないケースもあります。

　例えば日米の企業が合弁会社を日本に設立する場合です。準拠法は米国となっても、会社に関しては、日本の会社法等が当然適用されることになります。この場合の条項については（例3）で触れておきますので、しっかり確認しておいてください。

●準拠法に関する条項の例

　　　　　　　（例1）日本法の適用

　本契約は日本法に準拠し、同法によって解釈されるものとする。

　　　　　　　（例2）日本国外の準拠法

　本契約上の権利義務のすべては、アメリカ合衆国ハワイ州法に準拠するものとする。

　　　　　　　（例3）準拠法が分かれるケース

　本契約はアメリカ合衆国ハワイ州法に準拠するものとする。ただし、甲乙の合弁会社の経営に関する事項については、日本法に準拠するものとする。

第Ⅰ編

契約書のすべて

第4章

契約書の読み方Ⅱ
～非定型条項～

> 前章に引き続き、契約書の読み方について説明します。
> 本章では、契約書に記載される条項のうち、非定型条項と言われる項目について解説していきます。
> 非定型条項は、ある種の契約に使用されますが、すべての契約書に使用されるものではありません。しかし、時としてとても大きな役割を果たす条項です。ここでは、条項の役割、ポイントを1つずつ見ていきます。
> 現実の取引に置き換えて、しっかりチェックしながら読み進めていきましょう。

1 契約の実態に合わせて用意される非定型条項
自社に適合するように加工しよう

　契約書の内容がしっかりしているように見えても、契約書が読みにくいものになっていては、一番大切である契約当事者同士の認識の統一ができません。契約書の締結が単なるセレモニーとなってしまいます。そして、後日トラブルが発生したときに「そんなふうに解釈していない」などと言い争うことになりかねません。

　契約書を確認しながら読みにくい、理解しにくいと思ったら社内および相手方と打合せをし、修正を加えるなどして、平易な表現に直していきましょう。そして、双方がある契約に関して同じ認識を持つようになるまで、疑問点を解決していきましょう。

　第3章で契約書における定型条項について、それぞれ説明してきました。
　本章では、非定型条項について説明していきます。非定型条項はその名のとおり、契約の内容などに合わせて形を変える条項です。ある種の契約に使用されますが、すべての契約書に使用されるものではありません（93ページ参照）。
　ここでは非定型条項のチェックポイントを1つずつ見ていきます。例文も挙げておきますので、実際の契約書作成にも活かしてください。
　非定型条項は、契約の実態に合わせて用意されるべき条項であり、ひな型をそのまま使用するのではなく、必ず自社に適合するように加工して使用しましょう。書籍のひな型に掲載されていたから問題ないというのはとても危険です。お互いの解釈がずれないように、条項文をしっかり検討してください。

　もちろんここで触れていない条項が契約書に含まれていることも多いでしょう。そんなときは、その条項が現実の取引でどのような場面を想定し、どのような効果があるかを具体的に考えてみてください。
　特に相手方から受けた文面がわからないときは、「この条項にはどんな意味があるのですか？」と聞いてみることが大切です。

●非定型条項一覧

⑳引渡し方法　商品の引渡しは手渡しか書留郵便か、それとも電子メールか

㉑瑕疵担保　隠れた瑕疵があった場合の取決め

㉒知的財産権　特許や商標、法的な保護をしていないノウハウ等の取扱い

㉓秘密保持　自社の機密事項を相手方にどのように管理してもらうか

㉔違約金　相手方の債務不履行により発生する損害を補うためのペナルティ

㉕保証金　契約に際して必要となる保証金の金額、預かり方法

㉖保証人　保証人を要する場合、単純保証か連帯保証か

㉗付保　将来起こりうる損害を担保するための保険加入義務についての定め

㉘個人情報保護　個人情報保護法に基づく対応や罰則の規定

㉙第三者に与えた損害　契約当事者以外の者への損害賠償の定め

㉚製造物責任　製造物責任法を勘案したうえでの、製造者の責任の規定

㉛免責　どういうときに責任を負わないかを定めた規定

㉜クーリングオフ　消費者が無条件で契約を撤回できる規定

㉝危険負担　商品の保管、輸送等に伴うリスク負担の取決め

㉞契約費用　印紙税や書面作成費用、移動費など契約に付随する費用の規定

㉟下請・再下請　業務の下請や再下請についての規定

㊱完全合意　契約締結以前の取決めをすべて排除する規定

2 非定型条項 ⑳引渡し方法
これで終わりではない

　商品の引渡し方法について、あらかじめ定めておく条項です。手渡し、書留郵便など、その方法について契約書上に具体的に明記します。宅配便を使ってももちろんかまいません。電子メールでファイルを添付して納品することもできます。

　また、そのための配送料はどちらが負担するか、検品方法はどのようにするかについても記載します。商品の引渡しと検品はセットの規定と言ってもよいでしょう。

　衣類の場合は、必ず検針を行います。消費者が身につけるものですから、検品体制は必然的に厳しくなることでしょう。機械類の場合は、動作確認を行い、商品の瑕疵をチェックします。

　納品する際に説明すべきこと、作業すべきこと等がある場合は、直接持参するほうがよいこともあります。

　例えば、大規模なプラントをリース契約により取得したとします。その場合、まず据付をどのようにするか、打合せをしなければなりません。また、契約終了もしくは解除時に、リース物件であるプラントをどのようにして返却するかについてもやはり打合せをしておく必要があるでしょう。多くのリース契約書では、「リース会社にリース物件を持参して返却」と定められています。契約終了の際に、借り手の費用にてリース物件を返却するのです。

　このようにリースの場合は、最初の納品だけでなく最後の返品の仕方まであらかじめ定めておくことが必要です。

　実は、リースだけではなくあらゆる取引で、契約の最後についてまで考えておくことが必要です。しかしながら、納品についてはしっかり定めているものの、契約終了時のことについてまったく想定されていない契約書がよくみられます。物品のデリバリーという点で、考えておかなければならない事項の1つですから、必ず最初に定めておきましょう。契約の終了の条項に、契約解除後の取扱いとして商品の返還方法を定めることもあります。

なお、商品の所有権は、支払が完了するまでは留保されるのが普通です。
　金融機関であれば、輸入の際に信用状（L／C）を取引先に発行することがあります。これに基づく取引であれば、輸入した商品の所有権は、輸入手形の決済まで金融機関にあります。
　売り手としては、買い手に確かに受け取ってもらったことを確認しなければなりません。一方、買い手は適切な方法で商品の引渡しを受けなければなりません。
　ある企業が、精密機械を輸入した際に、航空便の詰めかえ作業の間に雨ざらしにされ、まったく使い物にならなくなったという例もあります。航空会社の責任で保障されるとはいえ、必要な機械が納期に入手できないことはやはり問題です。このような事態も想定しておきましょう。

●引渡し方法に関する条項の例

　　　　（例1）直接営業所に出向いて引渡しを行う場合
　甲は、完成した商品を乙の本社営業所に持参して納品する。乙は納品後3営業日以内に検品をし、検品終了後引渡し完了とする。ただし、商品の所有権は乙の支払が完了するまで甲が保有するものとする。

　　　　（例2）宅配便にて引渡しを行う場合
　甲は、完成した商品を宅配便にて乙に送付する。乙は到着後3営業日以内に検品をし、検品終了後引渡し完了とする。ただし、商品の所有権は乙の支払が完了するまで甲が保有するものとする。

　　　　（例3）電子メールにて引渡しを行う場合
　甲は、完成したＷＯＲＤ形式のデータを電子メールにて乙に送付する。乙は到着後3営業日以内に検品をし、検品終了後引渡し完了とする。ただし、当該データの所有権は乙の支払が完了するまで甲が保有するものとする。

3 非定型条項 ㉑瑕疵担保
欠陥が判明した場合の対応

　瑕疵担保とは、商品またはサービスについて後日欠陥が見つかった場合に販売者や請負者が責任を負うことです。
　「瑕疵」とは「キズ」のことであり、契約の対象となる商品・サービスが不完全な形で納品・履行されたときに瑕疵が発生します。
　瑕疵担保の条項では、いつまでに発見された瑕疵の責任を負うか、どのように対応するかを記載します。
　例えば、家電量販店の場合、すべての新品を箱から取り出して動くかどうか試すことはできません。㉒引渡し方法の項で、納品と検品はセットと言いましたが、実際のところせいぜい店頭に置く「現品」だけです。全部点検していては、業務どころではなくなってしまいますし、箱から開けてしまうと新品の雰囲気もなくなってしまうおそれがあります。
　そこで、販売してから瑕疵（欠陥）が判明した場合の対応をあらかじめ定めておくという、この瑕疵担保の条項が必要となるのです。
　家電の場合は、後述する㉝製造物責任の対象になるので、安全性に関して欠陥があれば、当然メーカーが対応しなければなりません。
　しかし、いつまでも保証をするわけにはいかないので、民法では、瑕疵担保期間は原則引渡し後１年間と定められています。

　前三条の規定による瑕疵の修補又は損害賠償の請求及び契約の解除は、仕事の目的物を引き渡した時から一年以内にしなければならない。
　２　仕事の目的物の引渡しを要しない場合には、前項の期間は、仕事が終了した時から起算する。
　　　　　　　　　　　　　　　　　　　　　　　　　　　　　（民法第637条）

　この１年間の瑕疵担保期間は、特約により変更することが可能です。
　瑕疵担保期間を０日とすることもあります。これはいわゆる「現状渡し」のときに使われます。
　中古品売買やオンライントレードでよく見られる「ノークレーム・ノーリターン」は、瑕疵担保責任も負わないことを表しています。この場合、買い

手は慎重に契約を締結しなければなりません。

また、保証期間を設定することを有償とする場合もあります。10万円で3年間の保証期間を設け、その間の不具合は無償で対応するなどというものです。

契約書を見たときに、もし瑕疵担保期間の条項があれば、その期間が適正であるかどうかについても判断しなければなりません。

明らかに検査に1週間以上要するような製品の瑕疵担保期間がたったの3日間となっていれば、買い手は瑕疵があってもそのまま受け入れなければなりませんので、注意が必要です。さらに、製造物の場合は、製造物責任とセットにして、瑕疵担保条項が適切かどうか判断したいものです。

極端に瑕疵担保期間が短いときは注意が必要です。送られてきたものを文句も言わずそのまま受け入れるしかないかもしれません。

●瑕疵担保に関する条項の例

(例1) 瑕疵担保期間を置く場合

甲は、引渡し後30日以内は、本件商品に瑕疵があった場合無償で交換に応ずるものとする。

(例2) 瑕疵担保期間を置かない場合

本件商品は現状渡しとし、本件商品に瑕疵があった場合でも甲は返品及び交換に応じないものとする。

4 非定型条項　㉒知的財産権
デリケートな取扱いが必要

　知的財産権とは、知的創造活動によって生み出されたものを、創作した人の財産として保護するための制度で、ここ近年、政府主導によって知的財産に目が向けられています。
　知的財産権は、以下のように法律で定められています。

> この法律で「知的財産権」とは、特許権、実用新案権、育成者権、意匠権、著作権、商標権その他の知的財産に関して法令により定められた権利又は法律上保護される利益に係る権利をいう。（知的財産基本法第2条第2項）

　世の中には条文中に出てくる権利をはじめとしてたくさんの知的財産があります。それぞれについては、以下のとおりです。

- ①特許権　自然法則を利用した技術的思想の創作のうち高度の発明を指します。
- ②実用新案権　自然法則を利用した技術的思想の創作であって、物品の形状、構造または組合せに係る発明を指します。
- ③育成者権　植物の新品種を育成した者が、「種苗法」に基づく品種登録を行うことにより発生する権利です。
- ④意匠権　物品の形状、模様もしくは色彩またはこれらの結合であって視覚を通じて美感を起こさせるものです。
- ⑤著作権　文章、音楽、絵画等文化的な創作物を指します。
- ⑥商標権　文字、図形、記号もしくは立体的形状もしくはこれらの結合またはこれらと色彩との結合であって、業として商品を生産し、証明しもしくは譲渡する者がその商品について使用するもの、または業として役務を提供しもしくは証明する者がその役務について使用するものです。

　知的財産権の条項では、これら知的財産権の取扱いを定めます。また、法的な保護をしていないノウハウ等の取扱いについて明確にします。
　最近ではデジタルデータの管理が問題となっています。デジタルデータはコピーや二次利用が容易なので、取扱いには細心の注意が必要です。

●知的財産権に関する条項の例

(例1) 著作権

　本契約にて使用される商品に関する著作権の所有者は甲であることにつき、乙は合意する。

(例2) 特許権

　甲は、本契約に使用される特許権を以下のとおり取得していることを宣誓し、正当な権利を保有していることを乙に保証する。
(略：特許権の明細、取得している国を限定)
2　甲は、前項の特許権の利用により乙が第三者から受ける損害賠償請求並びに訴訟による損失につき、乙に補償することを約す。ただし、乙の責によることが明らかな場合は、この限りではない。
3　乙は、本契約の目的を達成する以外で、第1項の特許権を利用してはならない。

(例3) 商標権

　甲は、本契約に使用される商標権を以下のとおり取得していることを宣誓し、正当な権利を保有していることを乙に保証する。
(略：商標権の明細、取得している国を限定)
2　甲は、前項の商標権の利用により乙が第三者から受ける損害賠償請求並びに訴訟による損失につき、乙に補償することを約す。ただし、乙の責によることが明らかな場合は、この限りではない。
3　乙は、本契約の目的を達成する以外で、第1項の商標権を利用してはならない。

(例4) 知的財産権をまとめて記載する例

　甲が保有する特許権、意匠権、実用新案権、商標権、著作権その他の知的財産権(以下「知的財産権等」)を乙が利用することにより、第三者から受ける損害賠償請求並びに訴訟による損失につき、乙に補償することを約す。ただし、乙の責によることが明らかな場合は、この限りではない。
2　甲は、日本国においてのみ、前項の責任を負うものとする。
3　乙は、本契約の目的を達成する以外で、甲の保有する知的財産権等を利用してはならない。

5 非定型条項 ㉓秘密保持
誰が秘密を持ち出すか

　企業には、それぞれ研究成果、仕組みなど秘密にしておきたいものがたくさんあります。それを流出させないために結ぶのが秘密保持条項です。
　なかには、契約書内に秘密保持条項を設けるだけでなく、別途秘密保持契約書を締結することもあります。それほど現代では、機密事項の管理が重要視されているのです。
　相手方と商談を進めている最中に、どうしても開示しなければならない情報が出てくることがあるでしょう。しかし、それを開示すると相手方が独自に技術開発を進めてしまうおそれもあります。そんなときに秘密保持の取決めをしておくことでリスクを回避します。
　また、機密事項については、会社の内部であっても管理が非常に難しいものです。契約書を会社と会社がしっかりと結んでも、秘密を持ち出すのは個人だからです。こういった事態に備え、会社の責任だけでなく、担当者や従業員、家族、下請等の取引先を含めて管理責任を負わせることもあります。
　相手方から提示を受けた秘密保持の条項が厳しいと感じることもあるでしょう。しかし、それだけ相手方が情報の開示に過敏になっているということを認識することも重要です。
　次ページに、秘密保持条項の例文を挙げていますので参考にしてください。
（例１）は、比較的軽めの規定です。
（例２）は、従業員も制約を受けるという点で、より実効性を持たせています。
（例３）は、少し高度な内容です。賠償責任能力を考えると、実際は代表者くらいしか情報管理責任者になれないでしょう。情報管理責任者は情報漏洩が発生しないように厳密に管理を行うことになります。
　また、共同開発などを行っている場合、片方の契約当事者がプレスリリースもしくは取材などで情報を公開してしまうおそれがあります。もしくは、相手方の責により、裁判所からの開示命令を受けることも考えられます。このとき、もし開示すれば契約違反となり、違約金が発生するなどという事態が起こることがあります。これらを防ぐために、（例４）（例５）のような規定を用意することもあります。

●秘密保持に関する条項の例

（例1）比較的軽い規定

　甲及び乙は、本契約により知り得た相手方の秘密を、本契約に定める目的以外に第三者に漏洩し、利用してはならないものとする。これは本契約終了後も同様とする。
2　前項にかかわらず、契約時に既に公開となっている情報及び相手方の許可を得た情報、独自に開発または取得した情報についてはこの限りではない。

（例2）従業員にまで適用範囲を拡大する規定

　甲及び乙並びに両社の役職員は、本契約により知り得た相手方の秘密を、本契約に定める目的以外に第三者に漏洩し、利用してはならないものとする。これは本契約終了後も同様とする。
2　前項にかかわらず、契約時に既に公開となっている情報及び相手方の許可を得た情報、独自に開発または取得した情報についてはこの限りではない。

（例3）秘密保持に関して管理責任者を設定する規定

　甲及び乙並びに両社の役職員は、本契約により知り得た相手方の秘密を、本契約に定める目的以外に第三者に漏洩し、利用してはならないものとする。これは本契約終了後も同様とする。
2　前項にかかわらず、契約時に既に公開となっている情報及び相手方の許可を得た情報、独自に開発または取得した情報についてはこの限りではない。
3　甲及び乙は、それぞれ本契約に関する情報管理責任者を選任し、営業機密の漏洩に関し会社と連帯して責任を負うものとする。

（例4）プレスリリースを制限する規定

　甲及び乙は、本契約に定める業務内容につき、相手方の事前の承諾なしにプレスリリースまたはこれに準ずる行為を行ってはならない。ただし、裁判所または許可・認可を要する監督官庁に対し必要な情報を提供する場合は、この限りではない。

（例5）情報開示の例外規定

裁判所及び警察その他公権力からの適法な請求、法的手続の遵守、緊急の被害防止等の状況においては、第三者に対し情報を開示することがあることを、甲乙双方は確認する。

6 非定型条項 ㉔違約金
あらかじめ定めておくペナルティ

　違約金とは、相手方の債務不履行等により発生した損害を補うためのペナルティです。昨今では金融機関の合併表明後の撤回に関する違約金が大きな問題となりました。

　契約を撤回、破棄することで被る損害について、違約金規定にて定めておくことは、新たなトラブルを防ぐことにもなります。しかし、一方的な規定ではいけません。合理的な違約金を設定しておかないと、相手方が「何だ、この無礼な条項は！」と感じて、契約自体が流れてしまうということも実際にあるからです。

　また、法律によって違約金の制限を受ける場合もあります。特に消費者契約ではよく見られます。

　特定商取引法では、業者が消費者よりクーリングオフを受けた際に、違約金を消費者に請求してはならないと定めています。また、クーリングオフ適用外のときでも、違約金の上限についての規定があります。

　例えば、電話勧誘販売における契約の解除等に伴う損害賠償額の制限については、下記のような条文があります。

> 　販売業者又は役務提供事業者は、第十九条第一項各号のいずれかに該当する売買契約又は役務提供契約の締結をした場合において、その売買契約又はその役務提供契約が解除されたときは、損害賠償額の予定又は違約金の定めがあるときにおいても、次の各号に掲げる場合に応じ当該各号に定める額にこれに対する法定利率による遅延損害金の額を加算した金額を超える額の金銭の支払を購入者又は役務の提供を受ける者に対して請求することができない。
> 一　当該商品又は当該権利が返還された場合　当該商品の通常の使用料の額又は当該権利の行使により通常得られる利益に相当する額（当該商品又は当該権利の販売価格に相当する額から当該商品又は当該権利の返還された時における価額を控除した額が通常の使用料の額又は当該権利の行使により通常得られる利益に相当する額を超えるときは、その額）
> （中略）
> 四　当該契約の解除が当該商品の引渡し若しくは当該権利の移転又は当該役務の提供の開始前である場合

> 契約の締結及び履行のために通常要する費用の額
> 2 （略）
>
> （特定商取引法第25条）

　第1項四号に記載されている「契約の締結及び履行のために通常要する費用の額」は、1～3万円程度と考えられています。これは、特定継続的役務に関して、法に明記されています（特定商取引法施行令）。
　また、「（契約の締結及び履行のために通常要する費用の額に）契約を担当したセールスマンの日当、交通費、食事代などを含めることは論外」（経済産業省）としています。
　消費者との契約が頻繁に発生する事業者で、訪問販売・電話勧誘等の形態で販売を行う場合は、特定商取引法に定められたルールについて、しっかり把握しておく必要があるでしょう。

●違約金に関する条項の例

（例1）双方が公平な立場の違約金規定

> 甲及び乙は、正当な事由なく債務の履行を遅延した場合は、相手方に対し第○条に定める金額の10％に、支払日までの遅延損害利息年率10％を加えた額を支払わなければならない。

（例2）一方のみに適用される違約金規定

> 乙が正当な事由なく債務の履行を遅延した場合は、甲に対し第○条に定める金額の10％に、支払日までの遅延損害利息年率10％を加えた額を支払わなければならない。

（例3）遅延損害金の規定

> 乙が返済を遅延したときは、返済期日の翌日から完済に至る日まで、また、乙が期限の利益を喪失したときは、期限の利益喪失の日から完済に至る日まで、残額の元金に加えて、年率10％（1年を365日とする日割計算）を乗じた額の遅延損害金を甲に支払うものとする。

7 非定型条項 ㉕保証金
返還されるかどうかは契約内容しだい

保証金とは、将来の損害に備えてあらかじめ徴収する金員のことです。保証金には、以下の性質があります。

1	違約金	有事の際のペナルティ
2	敷金	賃料不払いを想定したもの
3	預託金	相手に信用してもらうために預けておくもの
4	権利金	礼金などサービスへの対価の一部で、返還されない場合が多い

通常は、特に損害が発生しなければ返還されますが、場合によっては契約書に「半額を償却する」と記載され、半額しか返還されないこともあります。

契約に際しては、契約書の条項をしっかり確認し、無条件で全額返還されるのか、それとも条件付きで返還されるのか、一切返還されないのかをあらかじめ把握しておきましょう。なお、保証金には利息をつけないのが一般的です。

独占代理店契約やフランチャイズ契約、事務所の賃貸借契約などには、たいてい保証金の条項があります。しっかり見ておきましょう。

●保証金に関する条項の例

　　　　　　（例1）フランチャイズ加盟金
　乙は、本契約締結と同時に加盟金として金300万円を甲に支払わなければならない。この加盟金は、本契約終了時に精算後、乙に返還される。
　　　　　　（例2）敷金としての性質を持つ保証金
　乙は、甲に対して賃料の5か月分を保証金として預け入れるものとする。
2　甲は保証金に対し、利息をつけないものとする。
3　保証金は、本契約終了の際に乙に返還する。
4　甲は、保証金を乙の賃料の延滞その他乙が甲に対し保有する債務の弁済に充当することができる。不足した保証金につき、乙はこれを直ちに填補しなければならない。

8 非定型条項 ㉖ 保証人
立場と役割をしっかりと確認する

　保証人とは、債務者が債務を弁済しない場合に、代わりに弁済をする者のことを指します。
　催告の抗弁権と検索の抗弁権を持つことが、連帯保証人と異なる点です。催告の抗弁権とは、債権者が保証人に債務の履行を請求したときに、保証人が、まず主たる債務者に催告をなすべき旨を請求することができる権利です。
　検索の抗弁権とは、保証人が債権者に対し、主たる債務者の財産につき執行をなすまで自己の保証債務の履行を拒むことができる権利です。
　一方、よく聞かれる連帯保証人は、債務者とまったく同じ義務を負います。
　金融機関との融資契約や不動産の賃貸借契約で見かけることが多いように、一般的には連帯保証が使われています。
　特に必要もないのに保証人を要求されている契約書も少なくありません。
　契約書に保証人の条項がある理由がわからない場合は、なぜ保証人が必要か、相手方に確認することが大切です。

●保証人に関する条項の例

　　　　　　　　（例1）連帯保証人の規定

　丙は、本契約に定める一切の債務につき、乙と連帯して保証する。

　　　　　　（例2）連帯保証人の信用悪化時の規定

　丙は、本契約に定める一切の債務につき、乙と連帯して保証する。
2　丙に次各号の一に該当する事由が生じたときは、甲は乙に対し連帯保証人の変更又は追加を請求することができる。
　一　差押え、仮差押え、仮処分、租税滞納処分、その他公権力の処分を受け、または整理、会社更生手続の開始、破産もしくは競売を申し立てられ、または自ら、整理、会社更生手続、民事再生手続の開始もしくは破産申立てをしたとき、または第三者からこれらの申立てがなされたとき
　二　資本減少、営業の廃止もしくは変更、または解散の決議をしたとき
　三　公租公課の滞納処分を受けたとき
　四　その他前各号に準ずる信用の悪化と認められる事実が発生したとき

9 非定型条項 ㉗付保
損害が出てからでは遅い

　付保とは、損害保険契約を締結することを指します。契約書の取引に関して、海上保険、損害保険をかけるかどうかについてあらかじめ定めておく、貿易取引では一般的な条項です。
　海上保険に入る場合は、FOB・CIFなど保険等の条件を定め、明記しておくことが必要です。

①FOB（Free On Board）
　輸出者が貨物を積地の港で本船に積み込むまでの費用およびリスクを負担し、それ以降の運賃、海上保険料、輸入関税、通関手数料等の費用およびリスクは輸入者が負担するという条件

②CIF（Cost Insurance and Freight）
　輸出者が貨物を荷揚地の港で荷揚げするまでの運賃、海上保険料等の費用を負担し、荷揚げ以降の輸入関税、通関手数料等の費用は輸入者の負担となるという条件

　これらを踏まえて、以下のような条項を明記します。

●付保に関する条項の例

（例1）一般的な海上保険付保

　甲は、本件商品のCIF価格に10％を加えた金額により全危険担保条件(All Risks）の海上保険を付さなければならない。
　2　保険会社については、乙の指定する会社もしくは乙の許諾した会社でなければならない。

　一般的に、取引金額に10％を加えた金額の保険を掛けます。付保されているものは、私が銀行時代に見た限りではすべて10％プラスとなっていました。
　また、"All Risks"という条件で付保することがほとんどですが、実はすべてのリスクという意味ではありません。戦争や暴動、海賊行為、拿捕などのリスクは含まれていないため、別途特約を付けることになります。保険内容の条件だけではなく、保険の対象についても注意して確認してください。

10 非定型条項 ㉘個人情報保護
いかに対応すべきか。注意深さが大切

　2005年4月1日、個人情報保護法の罰則部分が追加され施行されました。「個人情報は、個人の人格尊重の理念の下に慎重に取り扱われるべきことにかんがみ、その適正な取扱いが図られなければならない」というものです。

　これを受けて、企業では、個人情報を相手方にどのように保護してもらうか、安全対策について定めることが義務化されました。

　取引することによって、自社の情報と相手先の情報を提供し合う場合もあります。そのことで起きるトラブルを防ぐためには、個人情報が漏洩する可能性が高いかどうかを判断しなければなりません。

　それには、業務のフローを知っておく必要があります。相手方に渡した個人情報は、誰が情報処理し、どこに、どのように保管されていくことになるか。鍵をかけるのか、その鍵はどのように管理されているのか。また、外注先にデータを出すことがあるのかどうか。細かいところもありますが、お互いが取り組むべき点を契約書上に定めましょう。

　具体的には、個人の氏名や住所、電話番号、家族構成、生年月日、メールアドレスなどが個人情報に該当します。相手方から取得した個人情報をどのように管理するか、また、自社の個人情報がどのように管理されるかを、個人情報保護の条項から理解しましょう。相手方の管理方法では流出の不安があるなら、しかるべき対処を求めなければなりません。

　例えば、相手方が外注先に個人情報を大量に渡すのに、契約書上、その外注先に対する個人情報の取扱いに関する注意義務について何も記載がなかったとします。これでは、何か問題が起きても、なんの責任も発生しません。それどころか、注意して取り扱う必要がないということにもなってしまいます。

　このような場合は、当然、同じように個人情報保護の義務を課す必要があります。また、あらかじめ個人情報を開示する外注先としての届出を受けていないと、何か起きたときに危険です。細かい部分ですが、しっかりと把握できるようにしておきましょう。

● 個人情報保護に関する条項の例

　　　　（例1）管理方法は相手方に一任する場合

　甲は、乙の個人情報を厳重に管理し、これを外部に漏洩させてはならない。
2　甲は、前項の個人情報を委託先等に配布する際は、事前に乙の承諾を得なければならない。

　　　　（例2）双方に個人情報管理義務を適用する場合

　甲及び乙は、相手方の個人情報を厳重に管理し、これを外部に漏洩させてはならない。
2　甲及び乙は、相手方の個人情報を委託先等に配布する際は、事前に相手方の承諾を得なければならない。

　　　　（例3）個人情報保護管理者を設置する場合

　甲は、乙の個人情報を適正に管理するため、個人情報保護管理者（以下「管理者」）を定めなければならない。
2　管理者は、＿＿＿＿＿＿＿＿＿＿＿＿＿＿＿＿＿＿（役職・氏名）とする。
3　管理者は、適正な管理と合わせて、甲の従業員に対し個人情報管理を徹底させる責任を負うものとする。
4　管理者は、個人情報の適正な管理に必要な事務の一部を甲の従業員に行わせることができる。ただし、その者につき、事前に乙の同意を得なければならない。

　大量の個人情報を扱う場合、社内で「個人情報保護規程」（289ページ）等を設けることがあります。また、外注先に個人情報を渡す際に、その管理方法を事前に把握し、それが適切であるかどうかを調べることもあります。
　みなさんの会社で、重要な個人情報がどのように管理されているのか、知っておいたほうがよいでしょう。

11 非定型条項 ㉙第三者に与えた損害
相手方の向こう側に誰がいる？

　この条項は、問題が起きたときの損害賠償の義務者（誰が責任を取るか）を定めるものです。この条項をあいまいにしておくと、直接の販売者が被害者に損害賠償することになり、製造者等に求償しにくくなってしまいます。
　損害の原因がどこにあるかによって、損害賠償の義務者は変わるはずですから、それぞれの状況について細かく定めておくとよいでしょう。
　また、何か商品トラブルがあったときは、商品ラベルに表示されている連絡先に苦情が寄せられることがほとんどです。ですから、その苦情の先も、契約上定めておいたほうが無難であると言えます。別々に対応するよりも、窓口を一本化したほうが、トラブルの解決にも役立つでしょう。

　この条項は、オンライン上のサービスなどでも、広く利用されている規定です。いわゆる免責事項として定められる場合もあります。これは、相手方がサービスを利用することによって、第三者に損害を与えてしまったときに、自社が責任を問われないように定めるものです。
　逆に自社が不特定多数の消費者にサービスを提供するために相手方の商品およびサービスを利用する場合は、第三者に与えた損害の規定を入念にチェックしておきましょう。
　商品の場合は、㉚製造物責任の条項も含めて、精査する必要があります。

●第三者に与えた損害に関する条項の例
　　　　　　　　　（例１）利用規約に定める場合
　乙が本サービスを利用することにより第三者に与えた一切の損害につき、甲は賠償義務を免れるものとする。

第４章　契約書の読み方Ⅱ～非定型条項～

12 非定型条項 ㉚製造物責任
誰がどこまで責任を負うか

　製造物責任とは、製造物が第三者に与える損害に対する責任を指します。自社が製造元となる場合、および製造業者に製造委託する場合などで必要となる条項です。製造物責任については、最悪の事態を想定しておきましょう。

　もし第三者が製品の不具合で死亡してしまった場合、契約当事者の中で誰が責任を負うかは大きな問題です。現実には、当事者間の力関係で、弱い立場の者が責任を負うことを強いられることも少なくないようです。とはいえ、本来自社が負わなくてもよい責任を課せられると、将来の大きな負債となってしまいます。したがって、製造を受託する者もしくは下請業者は、継続的な契約を締結する際に、どこまで製品についての責任を負わなければならないか、条項を注意深くチェックすることが必要です。

　逆に製造委託を受けた者は、製造者がきちんと製造物責任を負ってくれるかどうかをチェックし、あらかじめきちんと定めておきましょう。

　なお、製造下請契約における製造物責任に関しては、下請業者が立場的に不利であることから、公序良俗に反するような契約内容を締結させられないよう、公正取引委員会が製造物責任法に関する指針を作成しています（公正取引委員会「製造物責任法の施行に伴う下請取引上の留意事項について」http://www.jftc.go.jp/sitauke/3/pl.html）。下請業者と親事業者の双方の参考となる資料ですので、確認しておくとよいでしょう。

●製造物責任に関する条項の例
　　　　　（例1）設計者と製造者の製造物責任

　甲及び乙は、製品の不具合により第三者に損害を与えた事実を知ったときは、直ちに相手方に連絡すると共に相互協力してこれに対応するものとする。
2　甲及び乙は、前項の原因調査を速やかに行い、原因並びに再発防止策を協力して追究しなければならない。
3　甲の設計した図面に起因して発生した事故につき第三者から損害賠償の請求があったときは、甲の費用と責任にて対応しなければならない。
4　乙は、製品の部品及び加工に起因する事故につき第三者から損害賠償の請求があったときは、乙の費用と責任にて対応しなければならない。

13 非定型条項 ㉛免責
責任を負わなくてもいい場合がある

　契約を締結するときには、多くの場合、義務と権利が同時に発生します。
　しかし、ときには責任を負わなくてもいい場合があります。これを定めるのがこの免責条項です。「こういう場合には保険金をお支払いできません」と保険会社が言うのは、あらかじめ約款でこの免責事項を定めているからです。保険約款は、免責条項をうまく使った契約の典型例と言えるでしょう。
　他にも、オンラインサービスの多くで免責規定が設けられています。無料でダウンロードできるソフトウェアはとても便利ですが、パソコン等に不具合が起きる可能性も少なくありません。そのため、「自社はこういうケースに責任を負いませんよ」と明示しておくことが重要となります。
　免責条項は、契約締結時に相手方に説明を受ける（説明しておく）など確認しておかないとトラブルになりやすい項目です。
　免責条項を確認するときは、まずどのような事態が起こりうるかを考えます。そして、契約書上に書かれていない事態が発生したときに、相手方が責任を負ってくれるかどうかを必ず事前に確認しておきましょう。

●免責に関する条項の例

（例1）ソフトウェア利用規約

一　甲は、ソフトウェアの完全性、合法性、信頼性、または操作性に関して一切の責任を負わないものとします。
二　甲は、ソフトウェアの利用の結果乙に生じたいかなる損害も、責任を負わないものとします。
三　甲は、明示的あるいは黙示的の保証を一切しません。
四　ソフトウェアのインストール及び利用は、乙の裁量とリスクで行うこととします。
五　インストールにより生じた乙のコンピュータへの被害は乙の責任であることに合意します。

（例2）コンサルティング契約等の免責条項例

　本契約において乙が提供した情報を利用したことにより甲に発生した損害については、乙は一切の責任を負わないものとする。

14 非定型条項 ㉜クーリングオフ
消費者による無条件解約

　クーリングオフとは、商品・サービスを購入してから、定められた期間内であれば無条件に契約を白紙に戻すことができる消費者の権利です。適用される商品やサービスは法律に定められています。

　訪問販売や電話勧誘販売を展開する会社にとっては必須の規定です。クーリングオフの規定の仕方については、「赤い字で8ポイント以上」「赤枠で囲む」など、特定商取引法上に細かく定められていますので、確認が必要です。また、この規定は別の書面で消費者に提示することもあります。

　以下の例のように、「特定商取引に関する法律に基づく表示」として定められる場合が多いでしょう。

● クーリングオフに関する条項の例
　　　　　　（例1）サービス業のクーリングオフ規定

■特定商取引に関する法律に基づく表示
 1. 本契約書の交付日から8日を経過する日までは、甲は書面により本契約の申込の撤回（クーリングオフ）をすることができます。この申込の撤回は、甲が書面を発した日にその効力を発生します。
 2. 乙は前項の申込の撤回があったときは、甲に損害賠償または違約金の支払いを請求しません。
 3. クーリングオフに伴う役務提供後の原状回復に係る費用は、乙の負担とします。
 4. 本契約に係る前払金が支払われている場合、乙はその全額を速やかに甲に返還します。
 ＊本契約書の内容をよくお読みの上、不明な点は必ず担当者にお確かめください。

■本契約に関するお問い合わせ先、契約担当者

販売者名称、担当者氏名	乙株式会社（担当者：○山　○夫）
代表者	代表取締役　□田　□郎
住所	〒000－0000　○○県○○市○町1－1－1
連絡先電話番号	（000）000－0000

（注）赤枠として赤字で記すこと

15 非定型条項 ㉝危険負担
どこにリスクが潜んでいるのか

　危険負担とは、商品の保管や輸送、設置作業の際に起こりうるリスクを、誰が負担するかを定めるものです。
　商品が盗難にあう可能性もありますし、輸送の途中で破損することもあります。貿易であれば、海上や空路で商品を輸送している間の危険が輸入者あるいは輸出者いずれの負担になるのかについて、必ず問題となります。損害保険とも密接に関わってきますので、あいまいにせず、細かいところまで定めておかなければいけません。
　一般的には、輸送や設置作業の際の汚損、破損、消失、盗難などの危険を想定して定めます。住宅売買の場合は、鍵を渡して住宅の引渡しを行ったときに危険負担が移転します。
　ただし、瑕疵担保責任はこれとは別に存続するので、注意が必要です。

●危険負担に関する条項の例

　　　　　（例１）海上輸送に関する危険負担
　本件商品の引渡しまでの危険は、船積み港で本件商品が船舶の舷側欄干を通過したときに甲から乙に移転するものと定める。

　　　　　（例２）ソフトウェアの危険負担
　本ソフトウェアの引渡し以降は、破損等に関する危険負担が甲から乙に移転するものとする。

　　　　　（例３）機械装置の危険負担
　本件機械の危険負担は、据付が完了したときに、甲から乙に移転するものとする。

　　　　　（例４）住宅の危険負担
　本物件の全部又は一部が引渡し時までに天災地変などの理由により滅失又は毀損した場合、乙は甲に通知することにより本契約を解除することができる。
　２　甲は前項の解除通知を受領したときは速やかに手付金等受領した代金を乙に返還しなければならない。

16 非定型条項 ㉞契約費用
その印紙はどちらの負担ですか？

　契約締結に伴い、細かな費用がかかります。印紙税や書面作成コスト、移動費など様々です。いずれも少額ではありますが、いずれが負担するかでもめて、将来に禍根を残すこともあるため、決して見過ごせない項目です。

　こうした費用が契約金額等に織り込まれている場合もあります。そうでない場合は、契約当事者で折半もしくは片方が負担するなど、明確にしておくのが無難です。

　例えば契約金額が1000万円の金銭消費貸借契約書を締結するときは、1万円の印紙を貼付しなければなりません。2通作成してそれぞれに貼り付けるとなると、2万円の負担となります。あらかじめ相手方が負担すると認識していればよいのですが、契約書を整え、さあ調印という段になって、「そういえば印紙代はどちらが負担するのですか？」という話をするのは、何とも決まりが悪いもの。こうしたことのないように、あらかじめ細部まできちんと練り上げた契約書にしておくことが必要なのです。

　ほかに、所有権の移転、例えば不動産売買契約では、登録免許税や登記に関して、専門家費用が発生します。契約に付随する費用ですので、最初のうちからいずれが負担するか、決定しておきましょう。

●契約費用に関する条項の例

　　　　（例1）すべての契約締結にかかる費用を片方が負担
　本契約締結にかかる印紙税、契約書作成、旅費交通費等の費用は、全額甲が負担する。

　　　　（例2）契約締結にかかる費用を一部折半
　本契約締結にかかる契約書作成等の費用は、全額甲が負担する。ただし、印紙税は甲乙折半する。

17 非定型条項 ㉟ 下請・再下請
責任の所在は明確にしよう

　業務を他の業者に委託させる場合、また、下請した業務をさらに別の業者に下請させるときの定めです。委託の条件だけではなく、機密事項や個人情報などの管理や品質の安定を保つという面から、現代では重要な規定です。

　よく問題になるのが、相手方に渡した個人情報が、相手方だけでなく、自社が把握していない下請業者の手に渡っていたということです。こういう場合は、その下請業者とはなんの契約も交わしていないため、トラブルが起きやすくなります。契約締結時には、業務の下請を許容するかどうかだけでなく、そのことでどのような影響が出るかを確認しておく必要があります。

　逆に、自社から下請業者に委託しなければならない業務がある場合、事前に相手方に承諾を取ることを考えなければなりません。どの情報をどのように下請業者に開示すればよいかを事前に確認し、下請業者への委託をスムーズに行うことができるようにしておきましょう。

　なお、下請や再下請につき、法律により制限されているものもあります。

　例えば建設業では、一括下請、いわゆる丸投げが原則禁止されています（建設業法）し、下請業者に対する優越的地位を乱用して、不当な労働を強いることは、下請代金支払遅延等防止法（以下、下請法）で制限されていますので、注意してください。

● 下請・再下請に関する条項の例

（例1）子会社のみ下請を許可する規定

　甲は、本業務を第三者に下請させてはならない。ただし、甲の全額出資子会社に限り、乙は許容するものとする。

（例2）書面による許可があれば下請を許可する規定

　甲は、本業務を第三者に下請させるときは、事前に乙の書面による承諾を必要とする。

（例3）専門家に限り協力を許可する規定

　甲は、本業務遂行上の必要があれば、他の行政書士、司法書士、不動産鑑定士、土地家屋調査士等に本業務の一部を委託することができる。

18 非定型条項 ㊱完全合意
あいまいな約束事をすべて排除する

　完全合意とは、締結しようとしている契約書以外の取決め（電子メール、電話、口頭、他の文書）がすべて無効となるものです。今までのあいまいな約束事をすべて排除して、決定事項を契約書上に落とし込むときに使用します。「契約書上は期限を3か月後としていますが、10日くらいなら遅れてもいいですよ」と相手方に言われたとしても、完全合意条項が入っていれば、10日の遅れは契約違反になってしまうということです。この場合、口頭で了承を得ているというのは、通用しません。

　この条項を置くメリットに、あいまいな取決めを排除できることです。契約締結後に「あのときこう言ったではないか」と主張されても、「完全合意条項があるから、書面以外は無効だ」と言い返すことができます。

　反対に、完全合意条項を置く場合は、契約書上でその取引等の内容について細かな取決めをしていないと、逆効果となることがあります。

　例えば、細かい事項が「別途話合い」となっている契約書に完全合意条項を置いてしまった場合、書面外の取決めを、すべて書面で交わさないと有効になりません。口頭で交わしたものは無効になってしまうため、契約締結後も次々に書面を交わす必要に迫られてしまいます。これは、完全合意条項のデメリットと言えるでしょう。

　完全合意条項は、あらゆる可能性を考慮して、それが記載されている契約書に適用することをおすすめします。

●完全合意に関する条項の例
（例1）一般的な完全合意条項

　本契約は、契約当事者のすべての合意事項を記載したものであり、書面及び口頭、電子メール等、本契約締結前に約した如何なる合意事項も、本契約の締結日以降は無効とし、本契約を変更するときは双方の署名捺印がある文書によってのみ可能とする。

第Ⅰ編 契約書のすべて

第5章 実際の契約書を読む

　契約書は日々結ばれています。それは、企業対企業であったり、企業対個人であったり、個人対個人であったり様々です。
　本章では、実際の契約書を読んで、これでいいかどうか、実態に沿っているかどうかを検討していきます。
　ここで取り上げているのは、ビジネス上でよく結ばれる企業間での契約書（経営コンサルティング契約書）です。
　契約書のどこに注目すべきかだけでなく、見落としやすい点についてもお話します。
　なお、本章中の①〜㊱は、第3章、第4章で出てきた条項の番号です。

1 契約書に目を通す
まずは契約書をひととおり読んでみる

以下の事例について考えていきましょう。

> **事例**
>
> 飲食店を経営しているＡ社（①参照）は、3年連続で赤字を出してしまいました。しかし、このままでは来年も赤字になってしまいそうです。
>
> **①Ａ社の経営状況**
> 本社　　：愛知県　　業種　：飲食店
> 従業員　：20名（うちアルバイト10名）
> 年商　　：2億円
> 営業利益：△500万円、3期連続で赤字となっている
> その他　：メインバンクより経営改善計画書の提出を求められている
>
> そこで、Ａ社はＢ社（②参照）に以下の条件（③参照）で、経営コンサルティングを依頼することにしました。
>
> **②Ｂ社の概要**
> 本社　　：東京都　　従業員　：10名
> 業種　　：経営コンサルティング（中小企業の経営改善・マーケティング支援が主業務）
>
> **③前提条件**
> 目的　　：Ａ社の営業利益の拡大を目的とする
> 指導頻度：月に1回、Ｂ社の経営コンサルタントの派遣を受ける
> 報酬　　：毎月21万円（税込）
> 契約期間：平成19年1月～平成19年12月
> その他　：月次レポートあり
>
> これらを受けて今回の取引に当たってＢ社が作成した契約書が次ページのものです。Ｂ社は今までこのような契約書を作成したことがなかったのですが、今回はＡ社の要望によって急遽作成しました。
> 契約書を受け取ったＡ社の総務責任者は、さっそく、内容をチェックすることにしました。

それでは、Ａ社の総務責任者の立場に立って、Ｂ社が作成してきた契約書をそのまま受け入れてよいものかどうか、見ていきましょう。

●B社の用意した契約書

経営コンサルティング契約書

　委託者A株式会社（以下「甲」）と、受託者B株式会社（以下「乙」）は、次のとおり経営コンサルティング契約（以下「本契約」）を締結した。

第1条【目的】
　本契約は、甲の経営改善を目的とし、乙は最善を尽くして次条に定める業務に取り組むものとする。

第2条【業務内容】
　乙は、本契約の目的を達成するために、次の業務を行う。
　一　甲に対する経営指導及び助言（電話、電子メール含む）
　二　毎月1回の甲への訪問及び経営レポート（別紙1）提出
2　乙は、本契約の目的を達するために、業務の一部を第三者に委託することができる。ただし、第6条に定める営業機密を甲の承諾なく開示してはならない。
3　甲は、乙の求めに応じて、乙の業務遂行に必要な資料を提出又は閲覧させるものとする。ただし、甲は機密保持等の正当な理由があれば、乙の要求を拒むことができる。

第3条【契約期限】
　本契約の契約期限は、契約日より1年間とし、契約期限の3か月前までに甲乙双方より特段の意思表示がないときは、自動的に1年間更新されるものとする。

第4条【報酬】
　乙の報酬は毎月20万円とし、甲は毎月分を前月末までに支払わなければならない。
2　前項の報酬は、旅費交通費及び訪問時の日当等を含まないものとする。

第5条【支払方法】
　甲は乙に対し、前条の報酬を以下の指定口座に電信振込にて支払うものとする。

　　　　ＡＢＣ銀行　　東京営業部　　普通預金　　１２３４５６７
　　　　名義　　Ｂ株式会社

2　前項の振込手数料は、甲の負担とする。

第5章　実際の契約書を読む　　119

第 6 条【秘密保持】
　甲及び乙は、本契約により知り得た相手方の秘密を、本契約に定める目的以外に第三者に漏洩し、利用してはならないものとする。これは本契約終了後も同様とする。
2　前項にかかわらず、契約時に既に公開となっている情報及び相手方の許可を得た事項についてはこの限りではない。

第 7 条【権利の譲渡】
　甲及び乙は、本契約上の権利または義務の全部又は一部を第三者に譲渡してはならない。

第 8 条【免責】
　本契約において乙が提供した情報を利用したことにより甲に発生した損害につき、乙は一切の責任を負わないものとする。

第 9 条【契約解除】
　甲及び乙は、契約期間中であっても、3か月前に相手方に書面で通知することにより、本契約を解除することができる。
2　甲及び乙は、相手方が次各号に該当することとなったときは、相手方に通知することなく即時に本契約を解除することができる。
　一　相手方が差押え、仮差押え、仮処分、租税滞納処分、その他公権力の処分を受け、または整理、会社更生及び民事再生手続の開始、破産もしくは競売を申し立てられ、または自ら、整理、会社更生及び民事再生手続の開始もしくは破産申立てをしたとき
　二　相手方が監督官庁より営業停止もしくは営業免許もしくは営業登録の取消の処分を受けたとき
　三　相手方が資本減少、営業の廃止もしくは変更、または解散の決議をしたとき
　四　相手方が自ら振出もしくは引き受けた手形もしくは小切手につき不渡り処分を受ける等支払停止状態に至ったとき
　五　その他相手方の財産状況が悪化し、またはそのおそれがあると認められる相当の事由があるとき

第10条【契約終了時の取扱い】
　第 3 条及び前条により本契約が終了となったとき、甲及び乙は速やかに債権債

務を精算しなければならない。
2 甲及び乙は、契約終了に際し、相手方より借り受けた資料を返却しなければならない。

第11条【裁判管轄】
　本契約において争いが発生したときは、甲乙誠意を持って話合いにて解決を図るものとする。
2 前項にかかわらず裁判上の争いとなったときは、乙の本店所在地を管轄する地方裁判所を第一審の合意管轄裁判所とする。

　以上、本契約の成立を証するため本書二通を作成し、甲乙各一通を保有する。

平成19年1月1日

甲（委託者）住所

　　　　　　氏名　　　　　　　　　　　　　　　　印

乙（受託者）住所

　　　　　　氏名　　　　　　　　　　　　　　　　印

（別紙1）省略

② 問題点を探す
気になる部分を書き出そう

　119ページの契約書に目を通したら、今度は条項1つひとつをじっくり確認していくことが必要です。
　A社の総務責任者として契約書を読み、気になった部分を以下のチェックシートにすべて書き出しましょう。何も気づかなかったという人は再度、読んでみてください。

●確認用チェックシート

条文番号	内容
（例）第4条	報酬額が税込か税抜か、書かれていないので、わからない

3 条項チェックをする
事例の問題点を解説

　それでは、各条項を解説していきます。みなさんが作成したチェックシートと見くらべながら読んでください。

　まず最初の1文です。

> 委託者A株式会社（以下「甲」）と、受託者B株式会社（以下「乙」）は、次のとおり経営コンサルティング契約（以下「本契約」）を締結した。

　冒頭のこの部分を「前文」と言います。ここで、A株式会社を「甲」、B株式会社を「乙」、経営コンサルティング契約を「本契約」と定義しています。これにより、その後の表現が簡単になります。
　このように何回も出てくる言葉は、最初に出てきたときに定義するとよいでしょう。
　場合によっては、第2条あたりに定義条項を設けることもあります。技術的な用語が多いときや、誤解を防ぎたい言葉があるときは、定義条項を効果的に使いましょう。
　なお、海外の会社の場合、「XYZ　inc」という会社名であれば、「XYZ」などと略して定義するのが一般的です。
　また、前文の末尾に「締結した」という過去形の表現がありますが、これは、「締結する」という現在形でもかまいません。

> 第1条【目的】
> 　本契約は、甲の経営改善を目的とし、乙は最善を尽くして次条に定める業務に取り組むものとする。

　目的については、お互いの目標を明確にしておくために明記することが一般的です。もちろん、省略してもかまいませんが、当初の契約目的を見失わないためにも、第1条に置くのが望ましいと言えます。

> 第2条【業務内容】
> 　乙は、本契約の目的を達成するために、次の業務を行う。
> 　一　甲に対する経営指導及び助言（電話、電子メール含む）
> 　二　毎月1回の甲への訪問及び経営レポート（別紙1）提出
> 2　乙は、本契約の目的を達するために、業務の一部を第三者に委託することができる。ただし、第6条に定める営業機密を甲の承諾なく開示してはならない。
> 3　甲は、乙の求めに応じて、乙の業務遂行に必要な資料を提出又は閲覧させるものとする。ただし、甲は機密保持等の正当な理由があれば、乙の要求を拒むことができる。

　さて、ここからが重要です。A社が受けるサービスの内容が第2条に書かれています。

　まず、形式から見ていきましょう。

　第2条は第1項から第3項まであり、第1項には一号、二号があります。第1項は「1」と表示されていないことに気づいて、チェックシートに書き出した方もいるかもしれません。ですが、これは法律の表記に準じているので、間違いではありません。「1　乙は、本契約の～」と書いてももちろんかまいません。

　次に、内容を見ていきましょう。

　業務内容は、「一　甲に対する経営指導及び助言（電話、電子メール含む）」と「二　毎月1回の甲への訪問及び経営レポート（別紙1）提出」です。

　一号の文言に経営指導は「電話と電子メールを含む」とありますが、どのような頻度で聞いていいのかについては明記されていません。毎日電話をかけてもいいのか、それとも1日1回までなのか、メールの返信は翌日までにもらえるのかなど、具体的なことが記載されていないのです。

　二号で定められた経営レポートについては、別紙1（省略）に記載された様式が期待できるならば、問題ありません。問題は「毎月1回の訪問」です。何が問題なのか、と思われた方もいるかもしれませんが、A社は飲食店です。営業時間中にB社の担当者が少しの時間だけ訪問した場合、第1項二号に定める「訪問」1回分になるのか、そして、その他は実費支払いとなるのか、このあたりがはっきりしていません。

　これでは、A社としては困ってしまうでしょう。実際、経営コンサルティングは、随時対応していかないと結果が出にくいものです。ある程度方法を

定めておかないと、トラブルの元になります。
　では、どうすればよいか。訪問の頻度と時間をあらかじめ定めておくというのも1つの方法です。B社の担当者は「毎月末日にA社に訪問し、その訪問時間を3時間以上とする」などと決めるのです。また、1か月ごとに「持ち時間」を定める方法もあります。追加の訪問依頼が発生したときは、1日あたりの日当をいくら支払えばよいのかなどについても明確にしておくとさらによいでしょう。
　以下に1つ実例を挙げておきますので参考にしてください。私も専門家として依頼を受けている、愛知県の制度内容です。

●愛知県の専門家派遣コンサルティングの例
　年度内に1企業が1度だけ利用できます。派遣にあたり定められた様式で企業が申請します。コンサルティングを受けたい内容も限定します。このとき、派遣されるコンサルタントを指名することもできます。派遣は5日までで、1回5時間以上の訪問とされています。そして、完了報告書を県に提出して、契約終了となります。報酬は県の補助が3分の2で、企業負担は3分の1です。最初に支払いますが、専門家に支払われるのは、完了報告書提出後となります。

　「1回の訪問で5時間以上」という明確なしばりがあります。少なくとも「訪問」のみより明確な業務の定義ではないでしょうか。このような規定が、契約書に明記されるとよいでしょう。
　続いて第2項です。第三者に下請させる可能性のある業務が存在するかどうかについて確かめましょう。A社としては、情報は外部に出されたくないですし、外注するにしても事前にどんな会社に依頼するのかは知りたいところです。下請に出す際は報告してもらうなど対応を定めることも必要です。
　「事前に書面で甲の承諾を得ることにより、業務の一部を第三者に委託することができる」とすれば、比較的安全です。
　第3項については、特に問題ないでしょう。

第3条【契約期限】
　本契約の契約期限は、契約日より1年間とし、契約期限の3か月前までに甲乙双方より特段の意思表示がないときは、自動的に1年間更新されるものとする。

第5章　実際の契約書を読む

よくある自動更新の条項です。乙と契約更新時に条件交渉をしたいときは、自動更新にしないほうがいいでしょう。「本契約の契約期限は、契約日より1年間とする。」などと明記します。逆に、第4条の報酬が割安であると感じているのであれば、自動更新にしておくほうがいいかもしれません。既得権として、次年度も同じ報酬で見てもらえる可能性が高くなるからです。

　なお、文中に「意思表示」という言葉が使われていますが、これでは口頭でも文書でもよいという解釈になってしまいます。「文書にて期限を延長しない旨通知する」などと記載し、明確な意思表示方法を定めておきましょう。

　さらに、証拠としてはっきり残したいときは、「書留郵便にて通知する」と定めることもあります。「言った、言わない」のトラブルを防ぐのに役立つでしょう。

第4条【報酬】
　乙の報酬は毎月20万円とし、甲は毎月分を前月末までに支払わなければならない。
2　前項の報酬は、旅費交通費及び訪問時の日当等を含まないものとする。

　第1項の報酬は、税込みの値段ですか？　税抜きの値段ですか？　これではわかりません。税込みか税抜きかについては必ず明確にしておきましょう。前提条件では税込21万円となっています。このように「21万円（税込）」と記載することにより、あいまいさがなくなります。

　また、第2項を解釈すると「旅費」と「日当」が別途必要だということになります。これはB社の規定で定められているのかもしれませんが、A社からはわかりません。日当は2万円かもしれませんし、10万円かもしれません。請求時にもめることのないよう、事前に明示してもらう必要があります。

　このように一見問題がないような文章でも、はっきりわからない点については、確認しておきましょう。あとから、「こんなこととは思わなかった」ではすまされないこともあります。疑問、不安はこの時点で1つひとつ潰しておきましょう。

第5条【支払方法】
　甲は乙に対し、前条の報酬を以下の指定口座に電信振込にて支払うものとする。

　　ＡＢＣ銀行　　東京営業部　　普通預金　　１２３４５６７
　　名義　　　Ｂ株式会社

> 2　前項の振込手数料は、甲の負担とする。

　細かいところですが、振込手数料の取扱いもしっかり定めておくといいでしょう。こういった些細な点からトラブルに発展する可能性もあります。

> 第6条【秘密保持】
> 　甲及び乙は、本契約により知り得た相手方の秘密を、本契約に定める目的以外に第三者に漏洩し、利用してはならないものとする。これは本契約終了後も同様とする。
> 2　前項にかかわらず、契約時に既に公開となっている情報及び相手方の許可を得た事項についてはこの限りでない。

　秘密保持は、特に気をつけなければならない条項です。
　企業間の契約であっても、「個人」の問題も含まれるからです。情報を流出させ、利用するのは、組織的にだけでなく、一個人がということもありえるからです。したがって、個人に対する抑止力も持たせるような契約書を別途締結しなければならないこともあるでしょう。
　A社の場合、会社の財務データや店舗運営ノウハウ、従業員の個人情報などがこれに該当するでしょう。しっかりB社に守ってもらわなければなりません。それを徹底するには、情報管理責任者を定めるのも1つの方法です。

> 第7条【権利の譲渡】
> 　甲及び乙は、本契約上の権利または義務の全部又は一部を第三者に譲渡してはならない。

　ある日突然「来月から御社のコンサルティングをB社に代わってお引き受けすることになりました」と別の会社が言ってきたらどうでしょう。契約（取引）内容自体が変わってしまい、A社としては混乱してしまいます。
　契約は、あらゆる可能性を想定して締結するものです。そうするとどうしても細かい規定が増えて、契約書の分量が多くなってしまいます。しかし、A社がコンサルティングを受ける権利を突然C社という別の会社に譲渡してしまったら、B社は新たに管理資料を1からつくらなければなりません。逆にB社が別のD社に指導させるとしたら、A社は納得できませんよね。こうしたことを防ぐのが、第7条の規定となるのです。

> 第8条【免責】
> 　本契約において乙が提供した情報を利用したことにより甲に発生した損害につき、乙は一切の責任を負わないものとする。

　これは経営コンサルティング契約では一般的な条項です。そして、両者が同一見解を持たなければならない、大事な条項でもあります。

　B社が「10万円の顧客管理システムを導入しませんか？」とアドバイスしても、それを受け入れるかどうかはA社の自由です。したがって、その判断については、B社は責任を負わないということです。A社が導入を決め、実際使ってみたらあまり役に立たなかったとしても、「まったく役に立たなかったじゃないか。10万円返せ！」と言うことはできないのです。

> 第9条【契約解除】
> 　甲及び乙は、契約期間中であっても、3か月前に相手方に書面で通知することにより、本契約を解除することができる。
> 2　甲及び乙は、相手方が次各号に該当することとなったときは、相手方に通知することなく即時に本契約を解除することができる。
> 　一　相手方が差押え、仮差押え、仮処分、租税滞納処分、その他公権力の処分を受け、または整理、会社更生及び民事再生手続の開始、破産もしくは競売を申し立てられ、または自ら、整理、会社更生及び民事再生手続の開始もしくは破産申し立てをしたとき
> 　二　相手方が監督官庁より営業停止もしくは営業免許もしくは営業登録の取消の処分を受けたとき
> 　三　相手方が資本減少、営業の廃止もしくは変更、または解散の決議をしたとき
> 　四　相手方が自ら振出もしくは引き受けた手形もしくは小切手につき不渡り処分を受ける等支払停止状態に至ったとき
> 　五　その他相手方の財産状況が悪化し、またはそのおそれがあると認められる相当の事由があるとき

　この契約解除の条項は非常に重要です。

　A社としては、A社側から契約解除できない文言になっていないかどうか、注意して見てください。

　今回は、互いに対等な条件であり、A社側に配慮がなされたものになっていますが、実際は作成者側のみからの解除しかできないものが意外と多く見られます。もし、手元に契約書があればいくつか見てみるとよいでしょう。

受け手側から解除できない、解除しにくい、解除できても返金されない契約が多いことに気づくと思います。

なお、第1項は通知による契約解除、第2項は通知を要しない即時解除について定められています。本条についてはとくに問題ないでしょう。

> 第10条【契約終了時の取扱い】
>   第3条及び前条により本契約が終了となったとき、甲及び乙は速やかに債権債務を精算しなければならない。
>   2　甲及び乙は、契約終了に際し、相手方より借り受けた資料を返却しなければならない。

契約終了時の取扱い・対応についての条項は、忘れられがちですが、契約をいい形で終わらせるためには、欠かせない条項です。

第1項では「債権債務」と書かれています。したがって第4条に定められた前払いの報酬が返還されるのかどうかを確認しておく必要があります。もっとも、第9条に基づき、B社の破産を理由に契約解除となった場合は、返還する能力もないでしょうから、精算といっても、実際は債権を全額回収できるかどうかは疑問です。もし不安であれば、契約締結前に相手方の信用調査をするなどして、相手方が破産という事態になるおそれのないことを確かめなければなりません。

第2項では、「資料」の定義をしておいたほうがいいでしょう。決算書なのか税務申告書類なのか、それとも店舗計画に関する資料なのか、ある程度明確にしておきたいものです。

また、資料の返却に関しては、次のような問題があります。
- 郵送で返却するのか、持参するのかどうか
- デジタルデータは、相手方のコンピュータから削除するのかどうか
- B社からA社に参考資料として渡したものは返却しなければならないか

特にデジタルデータは、再配布が容易にできてしまいます。こうした取扱いについても、あらかじめ細かく定めておくことが必要です。

> 第11条【裁判管轄】
>   本契約において争いが発生したときは、甲乙誠意を持って話合いにて解決を図るものとする。
>   2　前項にかかわらず裁判上の争いとなったときは、乙の本店所在地を管轄する地方裁判所を第一審の合意管轄裁判所とする。

　これはよく用いられる合意管轄についての取決めです。弁護士費用にも影響してくるので、当然自社に近いほうが望ましいでしょう。

　今回は、B社の管轄地になっています。A社としては、A社の本店所在地としたいところです。しかし、それは相手方にとっても同じですから、調整が必要です。

　国際取引では、準拠法と並び、当事者間で綱引きされる条項の1つです。何も定めがなければ、相手の管轄地に訴えることになってしまいますので、注意が必要です。

> 以上、本契約の成立を証するため本書二通を作成し、甲乙各一通を保有する。
> 平成19年1月1日

　この日付「平成19年1月1日」が、第3条に定める「契約日」です。ですから契約期限は平成19年12月31日です。

　契約書を読むときは、このように気になったことをどんどん書き出していきましょう。

　このようなコンサルティング契約を締結している企業のみなさんは、困っている場面が実際にあり、上記の他にもたくさんチェックリストに挙がっていることでしょう。

　書き出した項目は、必ず社内で検討してください。そのうえで、契約書を改善するのはもちろんですが、検討することによって、社内の組織としても問題を洗い出すこともできるかもしれません。

　チェックする際は、現実の取引を想像して契約書をチェックしていきましょう。

4 契約書に記載されていない事項のチェック
契約書を読むうえでいちばん難しいこと

1．大事なのは書かれていない事柄

　さて、ここまで契約書の条項について検討してきました。しかし、書面上の気になる点を書き出したら、それで終わりというわけではありません。
　大切なのはここからです。契約書に書かれていない事柄を検討するのです。
　契約書を読むというと、どうしても目の前に記載された文言だけをチェックしがちです。しかし、大事なことが契約書に記載されていないということもよくあることです。この時点で、それを見つけ、契約書に盛り込まなければしっかりとした契約書にはなりえないのです。
　例えば先ほどの事例の場合、A社はB社に、経営に関する重要な情報を開示することになります。当然ながら外部に漏らされたら困ることも多いはずです。したがって、情報の取扱いについては細心の注意を払ってほしいと考え、その規定を入れてもらわなければなりません。

2．チェックシートを活用する

　契約書を見たときに、問題点を抽出できるかどうかは、「将来の取引の場面を具体的に想像できるか」と「検討事項を把握しているかどうか」にかかってきます。前者については、みなさん次第ということになりますが、後者はチェックシートを手元に置いておくことにより対応できます。
　チェック項目は、業界により重要度も異なり、また、追加すべき項目もあることでしょう。自社にとって必須の項目をあらかじめリストに組み込んでおけば、契約書に入れ忘れるということを防げるはずです。
　必須項目を追加するだけでも十分でしょう。135ページにチェックシート（白紙）を掲載していますので、積極的に活用してください。
　契約書の作成はとても大変な作業であり、時間もかかります。ですから、問題点を相手方に伝えるときに、なるべく1回でカウンターオファー（再提案）できるようにしたいものです。
　それでは、実際にA社とB社の契約書をチェックシートに基づいて見ていきましょう。

●契約書チェックシート(B社作成分 経営コンサルティング契約書の場合)

①目的	第1条に記載
②定義	入れてもかまいません。「経営指導」や「営業機密」などを定義しておくと、より安全です。
③期間	第3条に記載
④価格	第4条に記載
⑤通知方法	誰から誰宛に連絡をするか、文書はどのように送付するかを詳しく記載してもいいでしょう。
⑥支払方法	第5条に記載
⑦商品・役務の内容	第2条に記載。もう少し詳しく記載するとベター
⑧権利・義務	第2条、第4条、第6条、第8条などに記載
⑨債務不履行	この条項がありません。A社がサービスを受けられなかったときに解除できる権利はなく、3か月前の通知による方法のみです。また、逆に支払がなかったときにB社が解除できる権利もありません。
⑩損害賠償	債務不履行とともに、置いたほうがいいでしょう。
⑪契約の終了	第10条に記載
⑫中途解約	第9条第1項に記載
⑬権利放棄	特に記載されていませんが、今回は不要でしょう。
⑭期限の利益喪失	第9条第2項に記載
⑮クロスデフォルト	相手方と他の契約が特になければ、不要です。
⑯権利の譲渡・質入	第7条に記載
⑰不可抗力	記載しておいてもいいでしょう。新幹線が地震や大雪、水害等のため、動かないなどということもあります。
⑱裁判管轄	第11条に記載
⑲準拠法	今回は日本所在の会社同士なので、特に必要ないでしょう。
⑳引渡し方法	レポートの提出方法を明確にするなら、この条項を設けます。メール送信なのか、郵送なのかを明記しましょう。

㉑瑕疵担保	今回は必要ないでしょう。
㉒知的財産権	特許や実用新案を取得したものがあるか、もしくは取得予定、共同出願予定のものがあれば、記載しましょう。
㉓秘密保持	第6条に記載
㉔違約金	ペナルティを定めたい場合は、この条項を用意します。
㉕保証金	今回は不要です。
㉖保証人	今回は不要です。
㉗付保	今回は不要です。
㉘個人情報保護	第6条【秘密保持】と併せて記載しておくことが望ましいでしょう。飲食店につき、従業員の個人情報も扱うことになります。
㉙第三者に与えた損害	定めがなければ、別途締結するか、または話合いによる解決となります。
㉚製造物責任	今回は不要です。
㉛免責	第8条に記載
㉜クーリングオフ	今回は不要です。
㉝危険負担	今回は不要です。
㉞契約費用	今回は印紙税や郵便代、契約書作成費用が対象となりますが、レポートを電子メールや電子媒体で納品するのであれば、印紙税は不要でしょう。基本的に経営コンサルティング契約書は印紙税の納付が不要なものが多いのですが、業務の内容、納品形態によっては、たとえ経営コンサルティング契約というタイトルでも、印紙税が必要となる場合があるので注意が必要です。「印紙はどちらが貼ればいいのでしょうか？」というご質問をよく受けますが、「折半」など、あらかじめ決めておけばスッキリ契約ができるでしょう。
㉟下請・再下請	第2条第2項に記載
㊱完全合意	今回は細かい定めではないので、置かないほうがいいでしょう。契約の運用が煩わしくなります。

このように、ひととおりチェックをしてみました。表中の①〜㊱は、第3章、第4章で説明した順序です。
　上記チェックの結果、今回のＡ社とＢ社の契約の場合は、「債務不履行」「損害賠償」「個人情報保護」の規定を追加すると、よりよい契約書となることがわかります。
　それぞれの規定の例は、第3章、第4章の各条項の解説ページで確認してください。

　契約書上にないものを探すのは、簡単なことではありません。どちらかといえば、非常に困難で、億劫な作業です。
　しかし、チェックシートの項目を眺めるだけで問題点を簡単に見つけることもできます。チェックは、みなさんが直面している取引を進めたときに「何が起こりうるか」を考えながら進めてください。
　「ひょっとしたら起こるかも？」と感じたことは、必ず条項に明記しましょう。「既に問題点として対策を練る必要がある」事柄については、必ず契約書に反映させてください。

　一方で、明文化する必要のない事項を省く判断をすることも重要です。契約書は取引のルールを定めて、取引を円滑に進めていくツールです。
　まず、内容をチェックして、そのうえで相手に要求しなければならない、譲れない部分がどこで、妥協してもよい部分がどこかを明確にしておくと、効果的な交渉ができるでしょう。

●契約書チェックシート（白紙）

①目的	
②定義	
③期間	
④価格	
⑤通知方法	
⑥支払方法	
⑦商品・役務の内容	
⑧権利・義務	
⑨債務不履行	
⑩損害賠償	
⑪契約の終了	
⑫中途解約	
⑬権利放棄	
⑭期限の利益喪失	
⑮クロスデフォルト	

⑯権利の譲渡・質入	
⑰不可抗力	
⑱裁判管轄	
⑲準拠法	
⑳引渡し方法	
㉑瑕疵担保	
㉒知的財産権	
㉓秘密保持	
㉔違約金	
㉕保証金	
㉖保証人	
㉗付保	
㉘個人情報保護	
㉙第三者に与えた損害	
㉚製造物責任	

㉛免責	
㉜クーリングオフ	
㉝危険負担	
㉞契約費用	
㉟下請・再下請	
㊱完全合意	
	（以下、自社にとって必須の項目をあらかじめ入れておいてください）

コラム 3

契約書アレルギーをなくす方法

「契約書なんて読めない」「契約書なんて儀式（カタチ）だけだよ」などと、よく耳にします。私もサラリーマン時代に契約書作成やチェックを「面倒」と感じていたので、この気持ちがよく理解できます。できれば避けて通りたい仕事の1つでした。

しかし、契約書社会となってしまった現在、こういった契約書アレルギーは早めになくしてしまうほうがお得です。

そこで、アレルギーをなくす方法を伝授させていただきましょう。契約書を見たときに、気分が悪くならないための手法です。やり方は簡単です。次の2点を実行してみてください。

1. まず、契約書チェックシートの項目をざっと見る
2. 次に、それぞれの項目について、実際の取引の場面と結びつけて考える

これだけで、契約書にドラマが見えてきます。

全体を一気に読もうとするから、イヤになってしまうのです。1つずつ条項を精査していけば、契約書に描かれた取引のシーンが頭に浮かんでくるはずです。そして、相手がどんなことを考えながらその契約書を用意したのか、だんだん理解できるようになってくるでしょう。

最初はゆっくりでかまいませんので、ぜひ実行してみてください。
「なぜ自動継続しない、2年間の契約となっているのだろう？」。こういうことを考えていけば、みなさんの契約書読解力は飛躍的に向上するでしょう。

なお、契約書をチェックするときは、「すべての条項は改善の余地がある」ということを忘れないでください。

もっとも難しい「足りない条項」を探す際は、頭だけでなく、チェックシートというツールを使いましょう。1つずつ、「こんな場面があるかな」などと想像することによって、追加すべき条項が見つかるはずです。

なお、この作業は1人よりも2人、3人で行ったほうが効果的です。

第Ⅰ編

契約書のすべて

第6章

契約書のつくり方

　本章では、契約書を作成するに際し、どのように作業を進めていけばよいかを解説していきます。
　「契約書など、一度もつくったことがない！」という方でも、本章の手順に従って進めていけば作成できます。
　忘れてはいけないのは、自社の目的はもちろん、契約書の相手方や契約内容に対する姿勢を表すことです。
　契約書を作成するということはお互いにとってよい契約、取引を行い、双方が満足するための指針をつくるということでもあります。自社の要求ばかりを記載してしますと、契約締結がうまく進みません。
　お互いにとってよい契約書をつくりましょう。

1 契約書の基本構造
骨格となるひな型を決める

　契約書をつくる際は、まず最初に、取引の種類に従って、骨格となるひな型を選定します（第Ⅱ編参照）。それをベースに、契約書を整えていきます。
　ときには2つ以上のひな型を組み合わせることもあります。もし取引の実体に近いものが見つからなければ、1から組み立てていくことになります。その場合、第3章、第4章にて紹介している条項の中から必要なものをピックアップして作成しましょう。
　取引固有の条項もありますが、基本を押さえていけばそれほど難しくありませんので、安心してください。

　国内の契約書の多くは、非常に簡素なつくりとなっています。契約書では細かいルールを定めずに、「信頼関係で取引をする」と考えている会社も多いようです。そのため、契約書の締結は「儀式」のようなものとなりがちです。
　ところが、いざもめたときに、契約書で定められていないことについては、まず「話合い」で解決することになります。この「話合い」は、当事者間の力関係が大きく影響します。裁判になることもあります。大会社であれば、裁判費用も簡単に捻出できるでしょうが、個人経営で、裁判で争う費用などとても負担できないと感じている会社は、裁判にすることを避けて、妥協をすることになります。そのような経験がある方も少なくないのではないでしょうか。
　特に自社の立場が相手方より弱いと感じていたら、できるだけ契約締結時に懸念される問題を解決しておきましょう。問題を後回しにすると、よいことはありません。契約締結前に、相手方に「嫌な話」をしておきましょう。
　例えば、もめたときにどうするか、どこでどのようなお金が必要となるかなど。
　はっきりとしたルールを決めておいたうえで、安心して取引を進めていきましょう。

② 取引のねらいを反映
相手に対する要求を整理する

　契約書には自社の取引のねらいを反映させなければなりません。これは契約書をつくる際に、最も重要です。

　相手方に何をしてほしいのか、何をされたら困るのか、してほしくないのか……など、探せば探すほど出てくるでしょう。

　もちろん相手に対して厳しい要求ばかりしては、良好な関係を築くことはできません。そうかといって、自社の望むことを反映していなければ、契約書の意味がありません。このあたりはバランス感覚が必要となります。

　ここでは、大きく次の3つのポイントで考えるとよいでしょう（144ページ参照）。

（1）相手に何をされたら困りますか？
（2）自社が逃れたいリスクがありますか？
（3）相手方と長期の良好な関係を築きたいですか？
---

(1) 相手に何をされたら困りますか？

　相手に何をされたら困るか。取引を開始するにあたって、すでに不安に感じていることについて反映させましょう。きちんと報酬を支払ってくれるのか、商品が間違いなく期日までに納入されるのかなどです。あるいは、自社の機密事項を漏洩されることを不安に感じているかもしれません。

　これらの不安を解消するために、契約書上にどうやって記載するかを検討し、重要度が高い事項は、必ず契約書に明記しておきましょう。

　例えばX社がA社に対して販売権を与えるという契約を検討していたとします。販売代理店契約です。この際、X社として、契約締結後A社に何をされたら困るか考えてみましょう。

　この契約におけるX社のねらいは次のとおりです。

　健康器具販売のX社は、A社に対して関東地方での2年間のX社製品の独占販売代理権を与えるが、全然販売実績が上がらない可能性がある。万一に備えて他の代理店を置くことができるようにしたい。2年の契約も、X社側から強制解除できるようにしたい。

販売代理店契約で注意しなければならないポイントの1つです。代理店のA社が販売行為を熱心に行わなければ、X社が本来受けることのできる利益を失ってしまいます。

そこで、X社としては、次のような対策を考えました。

①独占販売代理店契約にしない

「独占代理店契約」にしなければ、将来他の代理店を参入させることができます。A社の実績が上がらなくても、X社は他の会社に販売してもらえばいいので、機会損失は発生しないという考えです。

この手法は決してめずらしくありません。「保険業界」は独占権を与えない典型的な業界です。非常に多くの保険代理店が存在しますが、独占権を与えられていません。代理店同士も競争しながら、販路拡大を図っているのです。

②最低販売数量（金額）を設定する

独占代理店とするのであれば、半年、1年間と区切って「最低販売数量」や「最低販売金額」を設定します。例えば、「1年間のX社からの商品仕入金額が5000万円に満たないとき、次年度の契約を解除できる」という条項を設けるのです。A社は契約解除されないように、目標金額を達成するように努めることでしょう。さらに、目標未達の際にペナルティが課されるとなれば、なおさら努力することでしょう。

さらに厳しく「補填」させるという方法もあります。

設定した最低販売金額に満たない場合、保証金を取り崩して充当する、もしくはペナルティとして不足額を送金させるのです。ただし、注意すべきなのは、あまり厳しい条項にしてしまうと、相手が反発して契約自体が流れてしまうことです。このあたりは、契約交渉の駆け引き次第となります。

③保証金を徴求する

あらかじめ保証金を入れてもらうという方法です。

保証金は、想定される仕入代金や取引のリスクを基に決めます。フランチャイズ契約などではおなじみの制度です。何か不都合があったときに保証金を充当できるようにしておきます。

以上のように、将来行われる取引をシミュレーションして、何をされたら困るかを事前に考えたうえで、契約書を作成することが必要です。

また、実務担当者が、その契約を締結することによりどのような動きをす

るかも考えておきましょう。

> （例）どんな書類のやりとりを、誰とすることになるのか？
> 　　　お互い誰が権限を持つことになるのか？
> 　　　商品の注文は、社長でもアルバイトの人でもよいのか？

（2）自社が逃れたいリスクがありますか？

　いわゆる「免責事項」や「義務の軽減」です。一般的にビジネスの世界では、リスクテイク（危険負担）によって収益を上げます。したがって、すべてのリスクを相手方が負ってくれないとなれば、そのような契約は締結に至らない可能性があります。

　または、お互いに責任のない契約となってしまい、契約内容が積極的に実行されない結果となってしまうでしょう。

　自社が負うリスクや事務負担に見合う報酬となっているか。契約を遂行する中で自社が義務として行わなければならないことを書き出し、その中から取捨選択して契約書に反映させるのがよいでしょう。

　書き出す際は、契約の対象となる業務に携わる人ができるだけ多く関与すると、効果的な結果を生むでしょう。

（3）相手方と長期の良好な関係を築きたいですか？

　契約書を作成する際には、相手方への配慮が必要です。

　特に取引基本契約などの継続的契約を締結する大切な顧客との契約書を作成するのであれば、自社からの相手先への気持ちを書面に表さなければいけません。

　しかしながら実際は、作成者側の一方的な内容の契約書を提示してしまうことがよくあります。そして双方の妥協の結果、落ち着くところを見つけていき仕上げます。もちろん、それでも悪くはありませんが、「妥協した」という意識が双方に残り、必ずしもハッピーな契約を交わしたとは思えません。後々契約書に関するトラブルが起きるところは、このような作成をしたところが少なくないようです。

　できれば、お互い「一発サイン」できるような、よい契約書を交わし、気持ちよく取引をスタートさせたいものです。

●内容検討表

検討事項	意見
①相手に何をされたら困りますか？	（営業） （法務） （社長）
②自社が逃れたいリスクがありますか？	（営業） （法務） （社長）
③相手方と長期の良好な関係を築きたいですか？	（営業） （法務） （社長）

　そのためには、やはり相手方への配慮が必要です。相手方はこの契約にどんなねらい・目的があるのかをしっかり考え、反映していきましょう。

　もちろん、自社にあえて不利な条項ばかり準備する必要はありません。押さえるべきポイントは、当然押さえなければなりませんが、相手方と長期の良好な関係を築きたいのであれば、譲歩することも必要です。

（4）関係者の意見を聞く

　契約書を法務部の担当者が1人でつくるのでは不十分です。

　やりとりの最前線にいる営業担当者たちが実際にどんなやりとりをしているのか、相手方から何を要望されているのかを聞くことが必要です。関係者が意見を出し合い、契約書をつくり上げていくのがベストです。ブレーンストーミングで、想定されるリスクや相手の要望を最初に出しておき、それを書面に反映させていきましょう。次のような検討表を利用すると便利です。

　もちろん、取引の重要度によっては、それほど契約書の作成に手間をかける必要のない契約もあるでしょう。ケースバイケースで、対応してください。

3 条項に漏れがないかチェック
チェックシートを使って全体に目を通そう

　契約書を作成したら、相手先に提出する前に内部で全体に目を通しチェックすることが大切です。

　その際は、先ほどのチェックシート（135ページ）を活用しましょう。

　すでに述べましたが、契約書を確認する際、記載されている条項のみをチェックして、他の事項が抜け落ちてしまうことが実に多くあります。

　ひな型を使用して作成しても、この取引・契約において大事な事項が抜け落ちることは決してめずらしくありません。

　ですから、チェックシートに掲載された条項の1つひとつを検討し、足したほうがよい条項は、随時追加していきましょう。

　足りない条項を追加できるようになれば、かなり契約書作成レベルが向上します。

　この条項チェックを行い、構成が決まったら、今度は適用法調査や形式チェック、スペルチェック等を行い、契約書を完成させていくことになります。

　内容の欠落だけでなく、契約書を作成する過程での手段の漏れを防ぐという意味で、体系化した契約書作成業務としましょう。

4 適用法の調査
コンプライアンスができているか

　契約書は法律に違反しないように作成しなければなりません。
　業務の種類や業界、販売方法によって、法律の制限がかけられている場合もあります。しかし、コンプライアンス（法令遵守）の重要性は理解していても、それをどのように調べればよいかがわからない、もしくはわかりにくいと感じているため、おろそかにしている人が少なくないようです。
　しかしながら、コンプライアンスの問題は決してあいまいにできるものではありません。後々大きな問題を引き起こしかねませんので、しっかり調べ、対応することが必要です。
　昨今、インターネットが普及したおかげで手元に専門書等がない場合でも、簡単に法規制の情報を入手できるようになりました。インターネットで輸入ワインを通信販売をする場合を例にして、どのように適用法を調査すればよいか説明していきます。

（1）インターネット検索

　検索エンジンを利用する方法です。GoogleやYahooなどで、「酒」「通販」「規制」などと複数のキーワードで検索すれば、いくつも情報が表示されます。検索結果から、必要な情報にどんどん近づいていくのです。
　最終的には国税庁の情報サイトにたどり着き、そこで酒類販売の通販免許をどのように取得するか、免許申請期間はどれくらいか、販売の際の注意点はどのようになっているかなどを知ることができます。

代表的な検索エンジン
- Google　http://www.google.co.jp/
- Yahoo　http://www.yahoo.co.jp/
- goo　http://www.goo.ne.jp/
- infoseek　http://www.infoseek.co.jp/
- MSN　http://jp.msn.com/

（2）オンラインで法律検索

総務省がオンラインで法律の条文を掲載しているサイト「法令データ提供システム」を利用する方法です。

●総務省　法令データ提供システム（無料）
http://law.e-gov.go.jp/cgi-bin/idxsearch.cgi

ここで、「酒」「通信販売」などとキーワードを入れてみてください。関係する法律がいくつか登場します。そこで、制度の根幹となっている法律を検索することもできるでしょう。

インターネットで輸入ワインを通信販売する場合だと、「酒税法」や「特定商取引法」が関係してきます。

もちろん、条文を読もうとしても難解を極めるので、まずは存在のみを知っておき、官公署（酒類販売の場合は、国税庁・税務署）の手引きなどを入手するのがよいでしょう。

ここをはじめ、官報の検索サイト、有料法令検索サイトなど、法律関係のサイトも充実してきていますので活用しましょう。いまや六法全書を紙で持たなくてもよい時代となりました。

ただし、サイトの情報は誤植、更新漏れ等の問題がある場合もあります。それが元で、後々問題が起きた場合、通常、サイトの管理者の責任を問うことができませんので、不安を感じる場合は、官公署の窓口あるいは専門家に相談することをおすすめします。

適用法については、取扱商品・サービスの種類や販売方法（訪問販売、直接販売等）、取引場所（国内・海外）などの諸条件が関係してきます。

多くの場合、法に抵触しないかどうかを調べる「ネガティブチェック」が中心となると思います。取引の根底が揺るがないように、念には念を入れてチェックしておきましょう。

5 最終確認
形式チェック・スペルチェック・外部チェック

　最後に、形式（体裁）やスペルのチェックをします。
　誤字脱字や、契約当事者が逆になっていないか、言葉が統一されているかどうかなどを、次のチェックシートを活用して調べてください。
　いくら内容がよくても体裁が整っていなければ、契約書として説得力を失うどころか、相手先からの心象もよくありません。
　細かいところまで気を抜かず、最後まで確認しましょう。
　また、外部チェックを受けることで見逃していた細かなミス、わかりにくい表現等を見つけてもらうこともできます。
　時間と費用が許す範囲で、第三者にチェックをお願いするとよいでしょう。

●チェックシート（形式チェック用）

チェック項目	実施内容
誤字脱字チェック	Wordで作成したのであれば、スペルチェック機能（「ツール」→「文章校正」）を利用するとよい。
表記ゆれチェック	「ユーザ」と「ユーザー」のように、同一の意味にもかかわらず違う表記をしているものをチェック。多いのが「本契約」と「この契約」、「本業務」と「甲の業務」など。Wordで作成した場合、置換機能（「編集」→「置換」）を使い、全体を一度にチェックするとよい。
契約当事者チェック	甲と乙が逆になっていないか精査する。
文頭・改行	文頭や改行方法のルールを決め、全体に適用させる。
内容の重複	まったく同じ内容の条項、類似の条項がないかをチェックする。あれば、削除や統合を行う。
法律名チェック	現存する法律かどうか、「六法」や「法令データ提供システム」等を使って調べる。
条・項・号の配置	大項目、中項目、小項目の配置が適切かどうかをチェックする。

コラム 4

契約書をどのタイミングで作成するか？

1．契約書を用意するタイミング

　みなさんは契約書をどの時期に作成するのか考えたことはありますか？　いきなり契約書のドラフトをつくって相手方に見せて交渉していますか？　それとも、ある程度交渉してから契約書のドラフトを用意していますか？

　海外では日本よりも契約書の存在が身近であり、参考にすべき点も多くあります。
　今回は海外の契約書のテキストに掲載されている「契約書ドラフティングの手順」を紹介します。
　どの時点で、契約書の準備を始めるか、そしてその契約書をどのように完成させていくのか見ていきましょう。

(1) ドラフティングの手順

　①事実の調査（関連文書含む）
　②必要となる適用法の調査
　③担当者リスト、期日に完成するためのタスクスケジュール、
　　責任当事者をまとめる
　④サンプルその他参考資料のチェック
　⑤ドラフト準備
　⑥ドラフト回覧、コメント付与
　⑦交渉と文書作成、完成
　⑧できあがった文書にサイン
　⑨クロージングの準備
　⑩クロージング
　⑪クロージング後の修正、補正

（出典）George W. Kuney "The Elements of Contract Drafting"

(2) いつドラフトをつくるか？

ドラフティングはどの段階で行うかというと、11段階の5番目とされています。
②適用法の調査や③担当者リスト作成よりも後です。

(3) Circulate（回覧）の重要性

輪になって契約書を検討することは、とても重要です。私も契約書を準備する際、比較的大きな企業の場合は、この段階を踏むことを強くすすめています。

書面を見て、内容の追加や変更を「多面的に」見ることにより、よりよい契約書をつくることができます。
実務担当者や法務担当者、営業マンがこのCirculateに参加してもらうとよいでしょう。特に現場で相手とやりとりしている人が積極的に意見を出すべきです。
初期段階で、意見を多く出しておくと、契約書の作成がスムーズに進むでしょう。何回も専門家に変更を打診していると、時間もかかるし報酬も高くついてしまいますので、効率的ではありません。

2．英文契約書"will"と"shall"

海外の企業・団体と取引することが当たり前となり、英文契約書を目にする機会が増えています。
私も時々仕事で英文契約書を見ますが、"will"と"shall"が混ざったものがあります。この"will"と"shall"、同じような意味だと思って意識せずに読んでいる人が多いようですが、実はこの2つは使い分けがされているのです。
相手から自社にしてもらえること（つまり「債権」）はすべて"will"で表現されており、自社が相手に対してしてあげること（「債務」）はすべて"shall"になっているという契約書があります。この場合、"will"で書かれた部分が実行されないとき、争っても、相手は「それは"duty"（義務）ではない」と主張する可能性が高いのです。
「英文契約書がわが社にもあるゾ」というみなさん、ぜひ見てください。江戸時代に日本が海外各国と交わしたような「不平等」な契約かもしれませんよ。

第Ⅱ編
よく使われる契約書ひな型40

① 土地売買契約書

土地売買契約書

　売主＿＿＿＿＿＿（以下「甲」）と、買主＿＿＿＿＿＿（以下「乙」）は、土地の売買に関し、次の通り契約した。

第1条【対象物件】
　甲は乙に以下の土地を売り渡し、乙はこれを買い受ける。

所在	愛知県○○市○○町○丁目
地番	○番地○
地目	宅地
地積	○○．○平方メートル
現況	更地

第2条【売買価格】
　売買価格は金1000万円とし、乙は甲に下記の通り支払う。
　一　契約締結時　　手付金として金200万円
　二　所有権移転時　残金800万円
　2　前項の売買価格には、土地の所有権移転登記にかかる費用も含まれるものとする。

第3条【所有権】
　甲は、平成○○年○月○日までに前条第1項二号の残金支払と同時に所有権移転登記を行わなければならない。

第4条【引渡条件】
　甲は乙に対し、土地を更地の状態で引渡すものとする。

第5条【固定資産税】
　乙は甲に対し、契約日の翌月以降の当年分固定資産税を残金支払時に支払わなければならない。
　2　前項の金額は月割計算し、百円未満は切捨とする。

第6条【債務不履行】
　甲及び乙は、相手方が本契約に違反したときは、書面による通知により本契約を解除することができる。但し、違反内容に関し相手方に正当な事由がある場合はこの限りではない。

第7条【期限の利益喪失】
　甲及び乙は、相手方に次の各号の一に該当する事由が生じたときは、相手方に通知することなく本契約を直ちに解除することができる。

一　差押え、仮差押え、仮処分、租税滞納処分、その他公権力の処分を受け、または整理、会社更生手続及び民事再生手続の開始、破産もしくは競売を申立てられ、または自ら、整理、会社更生手続、民事再生手続の開始もしくは破産申立てをしたとき、または第三者からこれらの申立てがなされたとき
二　資本減少、営業の廃止もしくは変更、または解散の決議をしたとき
三　公租公課の滞納処分を受けたとき
四　その他相手方に前各号に準ずる信用の悪化と認められる事実が発生したとき

第8条【違約金】

乙が正当な事由なく債務の履行を遅延した場合は、甲に対し契約金額に加え、支払日までの遅延損害利息年率10％を加えた額を支払わなければならない。

第9条【損害賠償】

甲及び乙は、契約解除等により相手方に対して与えた損害の実費を賠償する義務を負う。

第10条【不可抗力】

本契約上の義務を、以下に定める不可抗力に起因して遅滞もしくは不履行となったときは、甲乙双方本契約の違反とせず、その責を負わないものとする。
　　一　自然災害
　　二　伝染病
　　三　戦争及び内乱
　　四　革命及び国家の分裂
　　五　暴動
　　六　火災及び爆発
　　七　洪水
　　八　ストライキ及び労働争議
　　九　政府機関による法改正
　　十　その他前各号に準ずる非常事態
2　前項の事態が発生したときは、被害に遭った当事者は、相手方に直ちに不可抗力の発生の旨を伝え、予想される継続期間を通知しなければならない。
3　不可抗力が90日以上継続した場合は、甲及び乙は、相手方に対する書面による通知にて本契約を解除することができる。

第11条【合意管轄】

本契約につき甲及び乙に疑義が発生した場合、互いに誠実に話し合い、解決に向けて努力しなければならないものとする。
2　本契約につき裁判上の争いとなったときは、東京地方裁判所を第一審の合意管轄裁判所とすることに甲及び乙は合意する。

第12条【準拠法】
　本契約は日本法に準拠し、同法によって解釈されるものとする。

以上、本契約の成立を証するため本書二通を作成し、甲乙各一通を保有する。

　平成○○年○月○日

　甲（売主）住所

　　　　　　氏名　　　　　　　　　　　　印

　乙（買主）住所

　　　　　　氏名　　　　　　　　　　　　印

　　　　　　　　　　　　　　　　　（1.土地売買契約書ひな型）

【解説コーナー】

ポイント1

　第1条の項目は、不動産登記簿謄本を参考にするとよいでしょう。なお、登記上の面積と実測面積が異なることもよくあります。異なっている場合でも、契約金額を同じとする、または面積単価を定めておくなど、あらかじめ決めておくと、よりトラブルが減ることでしょう。

ポイント2

　土地の売買では、地盤や埋蔵物が問題となることもあります。埋蔵物と言ってもお宝ならよいのですが、危険物質や産業廃棄物である可能性もあるので注意が必要です。

印紙税

第1号の1文書に該当

② 商品売買基本契約書

商品売買基本契約書

売主＿＿＿＿＿＿＿（以下「甲」）と、買主＿＿＿＿＿＿＿（以下「乙」）は、甲の販売する商品（以下「本件商品」）の売買に関し、次の通り契約した。

第1条【本件商品】

本件商品は、甲が販売する生活用品全般とし、別途甲乙間で締結される個別契約にて定めるものとする。

第2条【個別契約】

甲が乙に販売する本件商品の商品名、数量、価格及び支払方法、引渡し方法その他の条件は、本契約に定めるものを除き、個別契約を以て定める。

2　前項の個別契約は、乙の注文書と甲の注文請書にて締結されるものとし、甲が注文請書を乙に送付したときに、個別契約が成立するものとする。

第3条【危険負担】

本件商品の引渡し前に生じた本件商品の滅失等は甲の負担とし、本件商品の引渡し後に生じたこれらの損害は、甲の責に帰すべきものを除き、乙の負担とする。

第4条【引渡し及び検品】

甲は、個別契約に定める方法により本件商品を乙に引渡すものとし、乙は引渡し後5日内に本件商品の検査をしなければならない。

2　乙の検査終了と同時に引渡しの完了とする。

第5条【検査不合格品の取り扱い】

甲は、検査不合格品を、乙が通知した日から10日以内に甲の費用で引取らなければならない。

2　前項に定める期間までに甲の引取りがない場合、乙は検査不合格品を甲に返送することができる。

第6条【支払方法】

乙は、個別契約に定める条件により、甲に対し商品代金を支払うものとする。

2　金融機関振込手数料は、甲の負担とする。

第7条【契約期間】

本契約の契約期限は、契約日より1年間とし、契約期限の3か月前までに甲乙双方より特段の意思表示がないときは、自動的に1年間更新されるものとする。

第8条【契約の終了】

甲及び乙は、本契約が終了したとき、速やかに債権債務を精算しなければならない。

2　本契約は、付随する全ての個別契約が終了したときまで効力を失わないものとする。

第9条【遅延損害金】
　乙が商品代金の支払を遅延した場合、甲に対し個別契約に定める支払期日の翌日から支払の日まで日歩三銭の割合による遅延損害金を支払うものとする。

第10条【債務不履行】
　甲及び乙は、相手方が本契約に違反したときは、書面による通知により本契約を解除することができる。但し、違反内容に関し相手方に正当な事由がある場合はこの限りではない。

第11条【損害賠償】
　甲及び乙は、契約解除等により相手方に対して与えた損害の実費を賠償する義務を負う。

第12条【期限の利益喪失】
　甲は、乙に次各号の一に該当する事由が生じたときは、乙に通知することなく本契約を直ちに解除することができる。
　一　差押え、仮差押え、仮処分、租税滞納処分、その他公権力の処分を受け、または整理、会社更生手続及び民事再生手続の開始、破産もしくは競売を申し立てられ、または自ら、整理、会社更生手続、民事再生手続の開始もしくは破産申立てをしたとき、または第三者からこれらの申立てがなされたとき
　二　資本減少、営業の廃止もしくは変更、または解散の決議をしたとき
　三　公租公課の滞納処分を受けたとき
　四　その他相手方に前各号に準ずる信用の悪化と認められる事実が発生したとき

第13条【不可抗力】
　本契約上の義務を、以下に定める不可抗力に起因して遅滞もしくは不履行となったときは、甲乙双方本契約の違反とせず、その責を負わないものとする。
　一　自然災害
　二　伝染病
　三　戦争及び内乱
　四　革命及び国家の分裂
　五　暴動
　六　火災及び爆発
　七　洪水
　八　ストライキ及び労働争議
　九　政府機関による法改正
　十　その他前各号に準ずる非常事態
2　前項の事態が発生したときは、被害に遭った当事者は、相手方に直ちに不可抗力の発生の旨を伝え、予想される継続期間を通知しなければならない。
3　不可抗力が90日以上継続した場合は、甲及び乙は、相手方に対する書面による通知にて本契約を解除することができる。

第14条【経済情勢の変動】

　経済情勢の急激な変動等により個別契約の条件を維持することが困難である場合、甲及び乙は、個別契約条件を変更することを相手方に申入れすることができる。

第15条【合意管轄】

　本契約につき互いに疑義が発生した場合、甲乙双方が誠実に話し合い、解決に向けて努力しなければならないものとする。
　2　本契約につき裁判上の争いとなったときは、東京地方裁判所を第一審の合意管轄裁判所とすることに甲及び乙は合意する。

第16条【準拠法】

　本契約は日本法に準拠し、同法によって解釈されるものとする。

以上、本契約の成立を証するため本書二通を作成し、甲乙各一通を保有する。

平成○○年○月○日

甲（売主）住所

　　　　氏名　　　　　　　　　　　　　　　　印

乙（買主）住所

　　　　氏名　　　　　　　　　　　　　　　　印

（2.商品売買基本契約書ひな型）

【解説コーナー】

ポイント1

　基本契約書＋個別契約の組合せは、しばしば後者が「口約束」となることがあります。書面のほうが確実ではありますが、必ずしも自社にとって書面を交わすことが得策でないと判断するのであれば、基本契約書のみ交わしておくのでもかまいません。取引のリスクの大きさに従って、判断してください。

　商品売買契約においては、買主側からすると、継続的に商品を供給してもらえないと死活問題となる場合もあります。販売者の都合で商品を販売してもらえず、契約上に定められた最低取扱数量をクリアできないなどという事態は避けなければなりませんので、このあたりは、商談時に相手方（売主）をしっかり見極め、契約方法・対応を考える必要があります。

ポイント2

　売主が「製造者」である場合は、製造物責任についての取決めも必要です。㉚製造物責任（110ページ）の条項例を参考にしてください。具体的なクレーム、トラブルを想定して条項を準備しておきましょう。

印紙税

第7号文書に該当

③ 販売代理店契約書

販売代理店契約書

　Ａ株式会社（以下「甲」）と、Ｂ株式会社（以下「乙」）は、次の通り代理店契約（以下「本契約」）を締結した。

第１条【目的】
　乙は、＿＿＿＿＿＿＿＿＿＿（例：関東地方）における甲の販売代理店として、甲の製造する商品（以下「本件商品」）の販売を行い、甲の販売方針を尊重して相互の利益確保のため協力して本件商品の販路拡張に努めるものとする。

第２条【最低購入数量】
　乙の本件商品最低購入数量（以下「最低購入数量」）は、年間1200万円とする。
２　前項の計算年度は、毎年１月から12月までとする。
３　乙は、最低購入数量を達成するために最大限の努力をしなければならない。
４　乙が最低購入数量を達成した年度につき、甲は規定に基づき、乙に対し報奨金を支払うものとする。但し、本契約に反する行為を行うなど乙に契約違反があるときは、報奨金の支払いを行わないものとする。

第３条【独占代理店】
　乙は＿＿＿＿＿＿＿＿＿＿（例：関東地方）において、小売店を組織できる唯一の販売代理店とする。
２　乙が第２条の最低購入数量を達成できないもしくは達成する見込みがないことが明らかになったときは、甲は本契約を解除することができる。

第４条【契約期間】
　本契約の契約期限は、契約日より１年間とし、契約期限の３か月前までに甲乙双方より特段の意思表示がないときは、自動的に１年間更新されるものとする。

第５条【乙の義務】
　乙は本件商品の販売に関して、次各号を遵守しなければならない。
　一　甲と協力して、傘下小売店の指導育成に努めること
　二　甲のメーカー希望価格を尊重し、小売店の価格設定につき適切な指導を行うこと
　三　乙が量販店と取引するときは、事前に甲に報告してその指示に従うこと
　四　本契約締結により知った情報及びノウハウを二次利用しないこと
　五　本契約に関わる一切の書面を二次利用しないこと
　六　甲の保有する商標、ロゴマーク等を、本契約の目的以外に使用しないこと
２　前項四号乃至六号は、乙の従業員及び関係者に対しても適用し、本契約終了後も適用されるものとする。

3　小売店及び消費者からの損害賠償請求及び顧客とのトラブルについては、乙の責任と費用にて解決しなければならない。本契約終了後も、この義務は存続する。
4　乙は、類似業務に関して甲以外の代理店等となるときは、事前に甲の承認を要する。

第6条【個別契約】
本契約に定める他、本件商品の売買に関しては、甲の定める注文書等の条件が適用される。

第7条【販売価格】
本件商品の乙への販売価格は、甲が別途定める価格表に従う。
2　価格表には適用期間を明記し、甲は前項の価格表を変更する場合、直ちに乙に書面で通知しなければならない。

第8条【商品の配送】
本件商品は原則甲から乙へ配送する。但し、甲が事前に書面で認めた場合は、小売店等に直送することもできる。
2　引渡し後における本件商品の滅失及び毀損等による損害は乙の負担とする。

第9条【返品】
本件商品の瑕疵により、甲が乙より返品を受けた場合、乙は同価格の商品と交換することができる。
2　返品に要する運賃は乙の負担とする。但し、甲が認めたものについては、甲が運賃を負担する。

第10条【支払】
甲は毎月末日をもって締め切り、乙に請求書を送付する。
2　乙は翌月末までに、その全額を甲の指定する金融機関口座に電信振込にて支払うものとする。
3　振込手数料は、乙の負担とする。

第11条【小売店】
乙が小売店と締結する契約書の様式につき、事前に甲の承諾を得なければならない。
2　甲は、販売条件等、乙と小売店との契約について改善を求めることができる。
3　甲は、小売店に対して直接に乙との契約内容確認及び情報提供をすることができる。

第12条【保証金】
　乙は甲に対して、契約時に保証金として金〇万円を支払う。
　2　本契約が解除となった場合、保証金は甲に返還されない。

第13条【個人情報保護】
　甲及び乙は、相手方の個人情報を厳重に管理し、これを外部に漏洩させてはならない。
　2　甲及び乙は、相手方の個人情報を委託先等に配布する際は、事前に相手方の承諾を得なければならない。

第14条【秘密保持】
　甲及び乙は、本契約により知り得た相手方の秘密を、本契約に定める目的以外に第三者に漏洩し、利用してはならないものとする。これは本契約終了後も同様とする。
　2　前項にかかわらず、契約時に既に公開となっている情報及び相手方の許可を得た情報、独自に開発または取得した情報についてはこの限りではない。

第15条【契約終了時の取り扱い】
　本契約終了後も、甲及び乙は引き続き5年間、本契約により知り得た相手方の秘密を同様に管理しなければならない。

第16条【権利の質入及び譲渡】
　乙は、本契約において保有する権利及び義務の全部又は一部を、甲の書面による事前の承諾なく第三者に譲渡及び質入することができない。

第17条【権利放棄】
　甲が、乙の特定の契約違反を許容し、その違反により発生する損害賠償請求権等の放棄をしても、その後の違反に対する権利を放棄するものではないことを甲乙双方は確認する。
　2　特定の条項の権利放棄を契約期限まで認める場合は、権利を持つ契約当事者が書面にて放棄する旨を承諾しなければならない。

第18条【債務不履行】
　甲及び乙は、相手方が本契約に違反したときは、書面による通知により本契約を解除することができる。但し、違反内容に関し相手方に正当な事由がある場合はこの限りではない。

第19条【期限の利益喪失】
　甲及び乙は、相手方に次の各号の一に該当する事由が生じたときは、相手方に通知することなく本契約を直ちに解除することができる。
　一　差押え、仮差押え、仮処分、租税滞納処分、その他公権力の処分を受け、または整理、会社更生手続及び民事再生手続の開始、破産もしくは競売を申し立てられ、または自ら、整理、会社更生手続、民事再生手続の開始もしくは破産申立てをしたとき、または第三者からこれらの申立てがなされたとき
　二　資本減少、営業の廃止もしくは変更、または解散の決議をしたとき
　三　公租公課の滞納処分を受けたとき
　四　その他相手方に前各号に準ずる信用の悪化と認められる事実が発生したとき

第20条【違約金】
　乙が正当な事由なく債務の履行を遅延した場合は、甲に対し契約金額に加え、支払日までの遅延損害利息年率10％を加えた額を支払わなければならない。

第21条【損害賠償】
　甲及び乙は、契約解除等により相手方に対して与えた損害の実費を賠償する義務を負う。

第22条【不可抗力】
　本契約上の義務を、以下に定める不可抗力に起因して遅滞もしくは不履行となったときは、甲乙双方本契約の違反とせず、その責を負わないものとする。
　一　自然災害
　二　伝染病
　三　戦争及び内乱
　四　革命及び国家の分裂
　五　暴動
　六　火災及び爆発
　七　洪水
　八　ストライキ及び労働争議
　九　政府機関による法改正
　十　その他前各号に準ずる非常事態
２　前項の事態が発生したときは、被害に遭った当事者は、相手方に直ちに不可抗力の発生の旨を伝え、予想される継続期間を通知しなければならない。
３　不可抗力が90日以上継続した場合は、甲及び乙は、相手方に対する書面による通知にて本契約を解除することができる。

第23条【合意管轄】
　本契約につき甲及び乙に疑義が発生した場合、互いに誠実に話し合い、解決に向けて努力しなければならないものとする。
　2　本契約につき裁判上の争いとなったときは、甲の本店所在地を第一審の合意管轄裁判所とすることに甲及び乙は合意する。

第24条【準拠法】
　本契約は日本法に準拠し、同法によって解釈されるものとする。

以上、本契約の成立を証するため本書二通を作成し、甲乙各一通を保有する。

平成〇〇年〇月〇日

甲（製造者）住所

　　　　　氏名　　　　　　　　　　　　　　　　印

乙（代理店）住所

　　　　　氏名　　　　　　　　　　　　　　　　印

（3.販売代理店契約書ひな型）

【解説コーナー】

ポイント1
販売代理店契約では、独占禁止法違反に注意してください。最終販売価格を適正にしたいのは当然ですが、不当な拘束条件は、法が禁じています。契約書では第5条に「甲のメーカー希望価格を尊重し、小売店の価格設定につき適切な指導を行うこと」と、解釈の幅が広い表現をとっています。

ポイント2
最低購入数量に対するペナルティがある一方で、継続的に商品を供給してもらえないと、販売代理店はこの契約で悲惨な結果を招いてしまいます。したがって、販売代理店サイドから見れば、相手方の商品供給能力は十分か、契約期間の定めは適切か、などを考える必要があります。
例えば、「売主が数か月前に通知することにより契約終了となり、保証金が返ってこないなどという事態になりはしないか」など、契約書をじっくりチェックする必要があります。

印紙税
第7号文書に該当

④ 金銭消費貸借契約書

金銭消費貸借契約書

　貸主A株式会社（以下「甲」）と、借主B株式会社（以下「乙」）は、次の通り金銭消費貸借契約（以下「本契約」）を締結した。

第1条【契約金額】
　甲は、乙に対し金1200万円を貸し渡し、乙は本日現金で受領した。

第2条【金利】
　本契約において、前条の貸金の利息を次の通り定める。

> 年率3.5％（月割計算）

第3条【返済方法・返済期限】
　返済期限は契約日より1か年とし、乙は、元金及び利息を別紙返済計画表に基づき甲に返済する。
2　乙は、甲の指定する金融機関口座に毎月末日までに振込にて返済しなければならない。
3　振込手数料は、乙の負担とする。

第4条【権利の質入及び譲渡】
　乙は、本契約において保有する権利及び義務の全部又は一部を、甲の書面による事前の承諾なく第三者に譲渡及び質入することができない。

第5条【権利放棄】
　甲が、乙の特定の契約違反を許容し、その違反により発生する損害賠償請求権等の放棄をしても、その後の違反に対する権利を放棄するものではないことを乙は確認する。
2　特定の条項の権利放棄を契約期限まで認める場合は、甲が書面にて放棄する旨を承諾しなければならない。

第6条【期限の利益喪失】
　甲は、乙に次各号の一に該当する事由が生じたときは、乙に通知することなく本契約を直ちに解除することができる。
　一　利息の支払を2か月分以上怠ったとき
　二　差押え、仮差押え、仮処分、租税滞納処分、その他公権力の処分を受け、または整理、会社更生手続及び民事再生手続の開始、破産もしくは競売を申し立てられ、または自ら、整理、会社更生手続、民事再生手続の開始もしくは破産申立てをしたとき、または第三者からこれらの申立てがなされたとき
　三　資本減少、営業の廃止もしくは変更、または解散の決議をしたとき
　四　公租公課の滞納処分を受けたとき
　五　その他前各号に準ずる信用の悪化と認められる事実が発生したとき

第7条【遅延損害金】
　乙が返済を遅延したときは、返済期日の翌日から完済に至る日まで、また前条により期限の利益を喪失したときは、期限の利益喪失の日から完済に至る日まで、残額の元金に加えて、年率10％（1年を365日とする日割計算）を乗じた額の遅延損害金を甲に支払うものとする。

第8条【損害賠償】
　乙は、契約解除等により甲に対して与えた損害の実費を賠償する義務を負う。

第9条【合意管轄】
　本契約につき裁判上の争いとなったときは、甲の所在地を管轄する地方裁判所を第一審の合意管轄裁判所とすることに甲及び乙は合意する。

第10条【準拠法】
　本契約は日本法に準拠し、同法によって解釈されるものとする。

以上、本契約の成立を証するため本書二通を作成し、甲乙各一通を保有する。

平成〇〇年〇月〇日

甲（貸主）住所

　　　　氏名　　　　　　　　　　　　　　　　　　印

乙（借主）住所

　　　　氏名　　　　　　　　　　　　　　　　　　印

（4.金銭消費貸借契約書ひな型）

(別紙) 返済スケジュール　　　　　　　　　　　　　　　　　　　　　　（単位：円）

返済日	返済前元本	返済元本	返済後元本	利率	利息
1か月目	12,000,000	1,000,000	11,000,000	3.50%	35,000
2か月目	11,000,000	1,000,000	10,000,000	3.50%	32,083
3か月目	10,000,000	1,000,000	9,000,000	3.50%	29,167
4か月目	9,000,000	1,000,000	8,000,000	3.50%	26,250
5か月目	8,000,000	1,000,000	7,000,000	3.50%	23,333
6か月目	7,000,000	1,000,000	6,000,000	3.50%	20,417
7か月目	6,000,000	1,000,000	5,000,000	3.50%	17,500
8か月目	5,000,000	1,000,000	4,000,000	3.50%	14,583
9か月目	4,000,000	1,000,000	3,000,000	3.50%	11,667
10か月目	3,000,000	1,000,000	2,000,000	3.50%	8,750
11か月目	2,000,000	1,000,000	1,000,000	3.50%	5,833
12か月目	1,000,000	1,000,000	0	3.50%	2,917
				元本合計	12,000,000
				利息合計	227,500
				元利合計	12,227,500

【解説コーナー】

ポイント1

第1条は、重要なポイントです。何気ない文言ですが、「現金で受領」というのが、金銭消費貸借契約の成立要件にあたります。これを「要物契約」と言い、現金という「物」の交付が契約成立の条件となります。

なお、この文言がなければ、借主に別途「受領書」などに署名捺印してもらわなければなりません。

ポイント2

金銭消費貸借契約書の署名欄においては、借主が個人の場合、自筆で住所氏名を記入してもらうのが安全です。なお、「面前自署」（目の前で、自筆で署名）してもらうようにしましょう。

金額欄を空欄にして書面を準備した場合、アラビア数字は後日のトラブルの元となるので避けましょう。以下のような漢数字を使用してください。

金壱億弐千参百四拾五万六千七百八拾九円也

印紙税

第1号の3文書に該当

⑤ 金銭消費貸借抵当権設定契約書

金銭消費貸借抵当権設定契約書

貸主A株式会社（以下「甲」）と、借主B株式会社（以下「乙」）は、次の通り金銭消費貸借契約及び抵当権設定契約（以下「本契約」）を締結した。

第1条【契約金額】

甲は、乙に対し金1200万円を貸し渡し、乙は本日現金で受領した。

第2条【金利】

本契約において、前条の貸金の利息を次の通り定める。

> 年率　3.5％（月割計算）

第3条【返済方法・返済期限】

返済期限は契約日より1か年とし、乙は、元金及び利息を別紙返済計画表に基づき甲に返済する。
2　乙は、甲の指定する金融機関口座に毎月末日までに振込にて返済しなければならない。
3　振込手数料は、乙の負担とする。

第4条【抵当権設定】

乙の返済金支払を担保するため、次の土地に甲が抵当権を設定することに乙は合意した。

所在地	愛知県○○市○○町
地　番	○番地○
所有者	B株式会社（持分100％）
地　目	雑種地
地　積	100.55㎡
種　類	抵当権

第5条【権利の質入及び譲渡】

乙は、本契約において保有する権利及び義務の全部又は一部を、甲の書面による事前の承諾なく第三者に譲渡及び質入することができない。

第6条【権利放棄】

甲が、乙の特定の契約違反を許容し、その違反により発生する損害賠償請求権等の放棄をしても、その後の違反に対する権利を放棄するものではないことを乙は確認する。
2　特定の条項の権利放棄を契約期限まで認める場合は、甲が書面にて放棄する旨を承諾しなければならない。

第7条【期限の利益喪失】

甲は、乙に次各号の一に該当する事由が生じたときは、乙に通知することなく本契約を直ちに解除することができる。

一　本件利息の支払を2か月分以上怠ったとき
二　差押え、仮差押え、仮処分、租税滞納処分、その他公権力の処分を受け、または整理、会社更生手続及び民事再生手続の開始、破産もしくは競売を申し立てられ、または自ら、整理、会社更生手続、民事再生手続の開始もしくは破産申立てをしたとき、または第三者からこれらの申立てがなされたとき
三　資本減少、営業の廃止もしくは変更、または解散の決議をしたとき
四　公租公課の滞納処分を受けたとき
五　その他前各号に準ずる信用の悪化と認められる事実が発生したとき

第8条【遅延損害金】

乙が返済を遅延したときは、返済期日の翌日から完済に至る日まで、また前条により期限の利益を喪失したときは、期限の利益喪失の日から完済に至る日まで、残額の元金に加えて、年率10％（1年を365日とする日割計算）を乗じた額の遅延損害金を甲に支払うものとする。

第9条【損害賠償】

乙は、契約解除等により甲に対して与えた損害の実費を賠償する義務を負う。

第10条【合意管轄】

本契約につき裁判上の争いとなったときは、甲の所在地を管轄する地方裁判所を第一審の合意管轄裁判所とすることに甲及び乙は合意する。

第11条【準拠法】

本契約は日本法に準拠し、同法によって解釈されるものとする。

以上、本契約の成立を証するため本書二通を作成し、甲乙各一通を保有する。

平成〇〇年〇月〇日

甲（貸主）住所

　　　　　氏名　　　　　　　　　　　　　　　　印

乙（借主）住所

　　　　　氏名　　　　　　　　　　　　　　　　印

（5.金銭消費貸借抵当権設定契約書ひな型）

(別紙) 返済スケジュール　　　　　　　　　　　　　　　　（単位：円）

返済日	返済前元本	返済元本	返済後元本	利率	利息
1か月目	12,000,000	1,000,000	11,000,000	3.50%	35,000
2か月目	11,000,000	1,000,000	10,000,000	3.50%	32,083
3か月目	10,000,000	1,000,000	9,000,000	3.50%	29,167
4か月目	9,000,000	1,000,000	8,000,000	3.50%	26,250
5か月目	8,000,000	1,000,000	7,000,000	3.50%	23,333
6か月目	7,000,000	1,000,000	6,000,000	3.50%	20,417
7か月目	6,000,000	1,000,000	5,000,000	3.50%	17,500
8か月目	5,000,000	1,000,000	4,000,000	3.50%	14,583
9か月目	4,000,000	1,000,000	3,000,000	3.50%	11,667
10か月目	3,000,000	1,000,000	2,000,000	3.50%	8,750
11か月目	2,000,000	1,000,000	1,000,000	3.50%	5,833
12か月目	1,000,000	1,000,000	0	3.50%	2,917
				元本合計	10,000,000
				利息合計	227,500
				元利合計	12,227,500

【解説コーナー】

ポイント1

この契約書は、金銭消費貸借契約書に抵当権設定契約が加わったものです。いわゆる不動産担保を条件にお金の貸し借りを行う契約です。契約書締結後、該当物件に抵当権を登記することになります。

個人に対する貸付の場合、公正証書にすることも多くあります。この際は、ひな型をそのまま使用するのではなく、強制執行認諾文言を必ず入れましょう。そうしないと、公正証書の「確定判決を待たずに強制執行できる」というメリットを活かすこともできませんし、借主に対する履行の強制力も弱くなります。

●参考　強制執行認諾文言

> 乙は本契約による債務を履行しないときは、直ちに強制執行に服する旨陳述した。

ポイント2

ほとんどの金銭消費貸借契約は、貸主が一方的に有利になっています。気を付けたいのは、利息制限法や消費者契約法によって定められている上限利息です。以下に一覧にしていますので、確認しておきましょう。

法律名		上限利息	遅延損害金
消費者契約法		—	14.6%
利息制限法	①元本が10万円未満の場合	20%	29.2%
	②元本が10万円以上100万円未満の場合	18%	26.28%
	③元本が100万円以上の場合	15%	21.9%

(2007年1月)

印紙税

第1号の3文書に該当

⑥ 債務承認契約書

債務承認契約書

　A株式会社（以下「甲」）は、既に弁済期限を経過した金100万円の売掛債権をB株式会社（以下「乙」）が有し、乙は当該債務の存在を確認し、以下に定める通り弁済することを承認した。

第1条【返済方法】
　乙は、頭書の買掛債務を消費貸借に移行することに同意し、契約日の翌月から月末に10万円ずつ分割返済する。
　2　乙は、甲の指定する金融機関口座に毎月末日までに振込にて返済しなければならない。
　3　振込手数料は、乙の負担とする。

第2条【金利】
　甲は、前条の返済にあたり、乙に対し元本に対する利息を徴求しない。但し、第6条の遅延損害金及び第7条の損害賠償についてはこの限りではない。

第3条【権利の質入及び譲渡】
　乙は、本契約において保有する権利及び義務の全部又は一部を、甲の書面による事前の承諾なく第三者に譲渡及び質入することができない。

第4条【権利放棄】
　甲が、乙の特定の契約違叉を許容し、その違反により発生する損害賠償請求権等の放棄をしても、その後の違反に対する権利を放棄するものではないことを乙は確認する。
　2　特定の条項の権利放棄を契約期限まで認める場合は、甲が書面にて放棄する旨を承諾しなければならない。

第5条【期限の利益喪失】
　甲は、乙に次各号の一に該当する事由が生じたときは、乙に通知することなく本契約を直ちに解除することができる。
　一　本件利息の支払を2か月分以上怠ったとき
　二　差押え、仮差押え、仮処分、租税滞納処分、その他公権力の処分を受け、または整理、会社更生手続及び民事再生手続の開始、破産もしくは競売を申し立てられ、または自う、整理、会社更生手続、民事再生手続の開始もしくは破産申立てをしたとき、または第三者からこれらの申立てがなされたとき
　三　資本減少、営業の廃止もしくは変更、または解散の決議をしたとき
　四　公租公課の滞納処分を受けたとき
　五　その他前各号に準ずる信用の悪化と認められる事実が発生したとき

第6条【遅延損害金】
　乙が返済を遅延したときは、返済期日の翌日から完済に至る日まで、また前条

により期限の利益を喪失したときは、期限の利益喪失の日から完済に至る日まで、残額の元金に加えて、年率10％（1年を365日とする日割計算）を乗じた額の遅延損害金を甲に支払うものとする。

第7条【損害賠償】
　乙は、契約解除等により甲に対して与えた損害の実費を賠償する義務を負う。

第8条【合意管轄】
　本契約につき裁判上の争いとなったときは、甲の所在地を管轄する地方裁判所を第一審の合意管轄裁判所とすることに甲及び乙は合意する。

第9条【準拠法】
　本契約は日本法に準拠し、同法によって解釈されるものとする。

以上、本契約の成立を証するため本書二通を作成し、甲乙各一通を保有する。

平成○○年○月○日

甲（貸主）住所

　　　　　氏名　　　　　　　　　　　　　　　　　　印

乙（借主）住所

　　　　　氏名　　　　　　　　　　　　　　　　　　印

（6.債務承認契約書ひな型）

【解説コーナー】

ポイント1

金銭消費貸借契約との違いは、金銭の交付がなされていない（要物契約ではない）ことです。従来の売掛金を貸金に切り替えた契約で、これを「消費貸借契約」と区別して「準消費貸借契約」と呼んでいます。契約締結による効果は、金銭消費貸借契約と同様です。

ポイント2

借主が個人事業主である場合、法人のように署名欄にゴム印を押し、印鑑を使用するケースが多いでしょう。

しかし、貸主側からすれば、この契約書を確実なものにしたいと考えます。そこで、個人の実印（市町村役場に登録したもの）と、印鑑証明書を添付してもらうのです。個人事業主は、法人のように会社の印鑑を法務局に登録するということがありません。ということは、確かな印鑑というものは「実印」しかないということです。

なお、固い契約書にする方法はもう1つあります。そう、公正証書にすることです！ おさえておきましょう。

印紙税

第1号の3文書に該当

⑦ 使用貸借契約書

使用貸借契約書

　貸主A株式会社（以下「甲」）と、借主B株式会社（以下「乙」）は、次の通り使用貸借契約（以下「本契約」）を締結した。

第1条【使用貸借物件】
　甲が所有する次の物件（以下「物件」）を乙に無償で貸し渡し、乙はこれを使用することを約した。

所在	愛知県○○市○○町○丁目
地番	○番○
所有者	A株式会社
建物	2階部分
面積	○○.○平方メートル
現況	事務所

第2条【返還期限】
　前条の物件返還期限は、平成○○年○月○日とする。

第3条【使用制限】
　乙は、第1条の物件をその使用方法に従って使用しなければならない。
2　乙は、甲の事前の承諾なく、物件を第三者に使用させてはならない。

第4条【費用負担】
　乙は、物件の通常費を負担しなければならない。
2　乙の責により物件を滅失または毀損した場合、その損害を甲に賠償しなければならない。

第5条【権利の質入及び譲渡】
　乙は、本契約において保有する権利及び義務の全部又は一部を、甲の書面による事前の承諾なく第三者に譲渡及び質入することができない。

第6条【権利放棄】
　甲が乙の特定の契約違反を許容し、その違反により発生する損害賠償請求権等の放棄をしても、その後の違反に対する権利を放棄するものではないことを乙は確認する。
2　特定の条項の権利放棄を契約期限まで認める場合は、甲が書面にて放棄する旨を承諾しなければならない。

第7条【債務不履行】
　甲は、乙が本契約に違反したときは、書面による通知により本契約を解除することができる。但し、違反内容に関し相手方に正当な事由がある場合はこの限りではない。

第8条【期限の利益喪失】
　甲は、乙に次の各号の一に該当する事由が生じたときは、相手方に通知することなく本契約を直ちに解除することができる。
　一　差押え、仮差押え、仮処分、租税滞納処分、その他公権力の処分を受け、または整理、会社更生手続及び民事再生手続の開始、破産もしくは競売を申し立てられ、または自ら、整理、会社更生手続、民事再生手続の開始もしくは破産申立てをしたとき、または第三者からこれらの申立てがなされたとき
　二　資本減少、営業の廃止もしくは変更、または解散の決議をしたとき
　三　公租公課の滞納処分を受けたとき
　四　その他相手方に前各号に準ずる信用の悪化と認められる事実が発生したとき

第9条【損害賠償】
　乙は、甲に対して与えた損害の実費を賠償する義務を負う。

第10条【不可抗力】
　本契約上の義務を、以下に定める不可抗力に起因して遅滞もしくは不履行となったときは、甲乙双方本契約の違反とせず、その責を負わないものとする。
　一　自然災害
　二　伝染病
　三　戦争及び内乱
　四　革命及び国家の分裂
　五　暴動
　六　火災及び爆発
　七　洪水
　八　ストライキ及び労働争議
　九　政府機関による法改正
　十　その他前各号に準ずる非常事態
　2　前項の事態が発生したときは、被害に遭った当事者は、相手方に直ちに不可抗力の発生の旨を伝え、予想される継続期間を通知しなければならない。
　3　不可抗力が90日以上継続した場合は、甲及び乙は、相手方に対する書面による通知にて本契約を解除することができる。

第11条【合意管轄】
　本契約につき甲及び乙に疑義が発生した場合、互いに誠実に話し合い、解決に向けて努力しなければならないものとする。
　2　本契約につき裁判上の争いとなったときは、東京地方裁判所を第一審の合意管轄裁判所とすることに甲及び乙は合意する。

第12条【準拠法】
　本契約は日本法に準拠し、同法によって解釈されるものとする。

以上、本契約の成立を証するため本書二通を作成し、甲乙各一通を保有する。

平成○○年○月○日

甲（貸主）住所

　　　　　氏名　　　　　　　　　　　　　　　印

乙（借主）住所

　　　　　氏名　　　　　　　　　　　　　　　印

（7.使用貸借契約書ひな型）

使用貸借契約書

【解説コーナー】

ポイント1

「無償」であることが使用貸借のポイントです。対価が発生すれば、それは「賃貸借契約」となります。
使用貸借契約では、対象物件の使用に関して通常かかる費用について、借主が負担することとなっています。

ポイント2

使用貸借契約は、親族や親しい友人などと締結することが多いでしょう。「タダで使っていいよ」。「出世払いね！」といったところでしょうか。
とはいっても、車両を使用貸借する場合は、燃料費や修理代、税金をどのように負担するかという問題があります。中小企業では、会社と個人間で車両の使用貸借契約を交わしていることがよくありますが、やはり貸す側も自分の負担分をはっきりさせたほうが気持ちよく貸せます。「そういえば会社で社員の車を借りているな」という方、費用負担はどうなっているか、一度見直してみてはいかがでしょうか？

印紙税　非課税

⑧ 土地賃貸借契約書

土地賃貸借契約書

　貸主A株式会社（以下「甲」）と、借主B株式会社（以下「乙」）は、次の通り土地賃貸借契約（以下「本契約」）を締結した。

第1条【目的】
　甲は、その所有する次の土地（本件土地）を次条以下の条件で賃貸し、乙はこれを賃借し、甲に賃料を支払うことを約した。

所在	愛知県○○市○C町○丁目
地番	○番地○
所有者	A株式会社
地積	○○．○平方メートル
現況	宅地

第2条【用途制限】
　乙は、本件土地を建築用資材置場として使用する。
2　乙は前項の用途以外に本件土地を使用する際は、事前に甲の書面による承諾を得なければならない。

第3条【賃料】
　乙は、本契約の対価として、毎月分の賃料金10万円を、前月末までに、甲の指定する口座に金融機関振込にて支払うものとする。但し、振込手数料は乙の負担とする。

第4条【契約期間】
　本契約の契約期限は、契約日より1年間とし、契約期限の3か月前までに甲乙双方より特段の意思表示がないときは、自動的に1年間更新されるものとする。

第5条【転貸禁止】
　乙は甲の書面による承諾なく本件土地を第三者に転貸してはならない。

第6条【原状回復】
　本契約の契約期間満了または解除に際し、乙は30日以内に本件土地を原状に回復させ、甲に返還しなければならない。

第7条【公租公課】
　本契約期間中、本件土地にかかる固定資産税その他の公租公課については、甲が負担するものとする。

第8条【権利の質入及び譲渡】
　乙は、本契約において保有する権利及び義務の全部又は一部を、甲の書面によ

る事前の承諾なく第三者に譲渡及び質入することができない。

第9条【権利放棄】
　甲が乙の特定の契約違反を許容し、その違反により発生する損害賠償請求権等の放棄をしても、その後の違反に対する権利を放棄するものではないことを甲乙双方は確認する。
　2　特定の条項の権利放棄を契約期限まで認める場合は、甲が書面にて放棄する旨を承諾しなければならない。

第10条【債務不履行】
　甲は、乙が本契約に違反したときは、書面による通知により本契約を解除することができる。但し、違反内容に関し相手方に正当な事由がある場合はこの限りではない。

第11条【期限の利益喪失】
　甲及び乙は、相手方に次の各号の一に該当する事由が生じたときは、相手方に通知することなく本契約を直ちに解除することができる。
　　一　差押え、仮差押え、仮処分、租税滞納処分、その他公権力の処分を受け、または整理、会社更生手続及び民事再生手続の開始、破産もしくは競売を申し立てられ、または自ら、整理、会社更生手続、民事再生手続の開始もしくは破産申立てをしたとき、または第三者からこれらの申立てがなされたとき
　　二　資本減少、営業の廃止もしくは変更、または解散の決議をしたとき
　　三　公租公課の滞納処分を受けたとき
　　四　その他相手方に前各号に準ずる信用の悪化と認められる事実が発生したとき

第12条【違約金】
　乙が正当な事由なく債務の履行を遅延した場合は、甲に対し契約金額に加え、支払日までの遅延損害利息年率10%を加えた額を支払わなければならない。

第13条【損害賠償】
　甲及び乙は、契約解除等により相手方に対して与えた損害の実費を賠償する義務を負う。

第14条【不可抗力】
　本契約上の義務を、以下に定める不可抗力に起因して遅滞もしくは不履行となったときは、甲乙双方本契約の違反とせず、その責を負わないものとする。
　　一　自然災害
　　二　伝染病
　　三　戦争及び内乱
　　四　革命及び国家の分裂
　　五　暴動

六　火災及び爆発
　　七　洪水
　　八　ストライキ及び労働争議
　　九　政府機関による法改正
　　十　その他前各号に準ずる非常事態
２　前項の事態が発生したときは、被害に遭った当事者は、相手方に直ちに不可抗力の発生の旨を伝え、予想される継続期間を通知しなければならない。
３　不可抗力が90日以上継続した場合は、甲及び乙は、相手方に対する書面による通知にて本契約を解除することができる。

第１５条【合意管轄】
　本契約につき甲及び乙に疑義が発生した場合、互いに誠実に話し合い、解決に向けて努力しなければならないものとする。
２　本契約につき裁判上の争いとなったときは、東京地方裁判所を第一審の合意管轄裁判所とすることに甲及び乙は合意する。

第１６条【準拠法】
　本契約は日本法に準拠し、同法によって解釈されるものとする。

以上、本契約の成立を証するため本書二通を作成し、甲乙各一通を保有する。

平成〇〇年〇月〇日

甲（貸主）住所

　　　　氏名　　　　　　　　　　　　　　　　印

乙（借主）住所

　　　　氏名　　　　　　　　　　　　　　　　印

（8.土地賃貸借契約書ひな型）

【解説コーナー】

ポイント1

「無償」ではなく対価が発生する点で、使用貸借契約と異なります。賃貸借契約では、通常固定資産税等の租税を貸主が支払います。また、物価変動による賃料の増減が発生し、物価が上昇傾向であるときは、自動継続文言が入っていない契約書が増えます。再契約で、より高い賃料がもらえる相手を2年後、3年後に探すわけです。

また、個人の借主と契約するときも法人の場合も、連帯保証人を徴求するのが一般的です。ひな型では記載していませんが、必要に応じて複数の連帯保証人を徴求することもあるでしょう。

ポイント2

資材置き場のように、建物がない土地を貸すのであれば、借地借家法の適用外となります。民法に基づく契約です。

また、用途を限定することにより、取引のリスクを軽減しておきます。もし用途制限がなければ、資材置き場が危険物の放置や、廃棄物やゴミの山になるおそれがあるからです。なお、ひな型ではそうなった場合、第2条の用途制限と第10条の債務不履行規定により、契約を解除できるように記載されています。

印紙税

第1号の2文書に該当

⑨ 建物賃貸借契約書

建物賃貸借契約書

貸主A株式会社（以下「甲」）と、借主B株式会社（以下「乙」）及び連帯保証人C（以下「丙」）は、次の通り建物賃貸借契約（以下「本契約」）を締結した。

第1条【対象物件】
　甲は、甲の所有する下記建物（以下「物件」）を乙に賃貸し、乙はこれを賃借することを約した。

所在	愛知県○○市○○町○丁目○番地○
家屋番号	○番○
所有者	A株式会社
建物	木造瓦葺2階建て　2階部分
床面積	○○．○平方メートル
現況	事務所

2　契約日における物件居住者は、次の通りとする。

氏名	前住所	生年月日	契約者との続柄
（省略）			

3　乙及び前項の居住者は、日本国における正当な居住権を保有することを甲に誓約し、運転免許証またはパスポート他、これを証明できる公的資料を呈示し、その謄本を甲に提出しなければならない。[*1]

第2条【契約期間】
　本契約の契約期限は、契約日より1年間とし、契約期限の3か月前までに甲乙双方より特段の意思表示がないときは、自動的に1年間更新されるものとする。

第3条【転貸禁止】
　乙は甲の書面による承諾なく物件を第三者に転貸してはならない。

第4条【賃料】
　賃料は1か月金15万円とし、乙は毎月末日までに翌月分を甲の指定する方法にて甲に支払う。
2　前項の賃料が経済事情の変動及び公租公課の変動または近隣の賃料との比較により不相当となった場合、甲は、契約期間中であっても、賃料の増額を請求することができる。

第５条【禁止事項】
　乙は、次各号の事項に該当する場合には、事前に甲の承諾を受けなければならない。
　　一　物件のリフォーム、改造、造作等の現状を変更するとき
　　二　居住する権利を第三者に譲渡又は物件を転貸するとき
　　三　婚姻、出産等により居住者が増加するとき

第６条【小修繕義務】
　物件の部分的な小修繕は、乙がその費用を負担して行うものとする。

第７条【物件の毀損等】
　乙の責により物件を滅失または毀損した場合、その損害を甲に賠償しなければならない。
　２　乙が甲の承諾なく物件に変更を加えたときは、甲は直ちにこれを原状に回復させ、又は損害を賠償させることができる。

第８条【公共料金】
　電気、ガス、水道等公共料金の利用料は、乙の負担とする。

第９条【敷金】
　乙は敷金として金30万円を甲に差し入れるものとする。
　２　前項の敷金には利息をつけないものとし、乙が賃料の支払いを遅延したとき又は損害賠償金額を支払わなかった際に、甲は敷金をもってその弁済金額に充当することができる。

第１０条【敷金の返還】
　甲は、本契約が終了し、乙から建物の明渡しを受けたときは、その明渡しから１か月以内に敷金を乙に返還する。
　２　乙に延滞賃料又は損害賠償金があるときはこれらを相殺し、残額を乙に返還する。

第１１条【公租公課】
　本契約期間中、本件土地にかかる固定資産税その他の公租公課については、甲が負担するものとする。

第１２条【権利の質入及び譲渡】
　乙は、本契約において保有する権利及び義務の全部又は一部を、甲の書面による事前の承諾なく第三者に譲渡及び質入することができない。

第１３条【権利放棄】
　甲が乙の特定の契約違反を許容し、その違反により発生する損害賠償請求権等の放棄をしても、その後の違反に対する権利を放棄するものではないことを甲乙双方は確認する。
　２　特定の条項の権利放棄を契約期限まで認める場合は、甲が書面にて放棄する旨を承諾しなければならない。

第14条【債務不履行】
　甲は、乙が本契約に違反したときは、書面による通知により本契約を解除することができる。但し、違反内容に関し相手方に正当な事由がある場合はこの限りではない。

第15条【契約の即時終了】
　本契約は、次各号の場合には、甲は乙に通知することなく、即時に終了する。
　一　物件が災害その他の理由により滅失したとき
　二　物件の全部又は一部が公権力等により買い上げ、収用又は使用されることが判明したとき

第16条【契約解除】
　乙が次各号の一に該当したときは、甲は乙に通知することなく、直ちに本契約を解除することができる。
　一　2回以上賃料の支払いを行わなかったとき
　二　賃料の支払いを2回以上遅延したとき
　三　2か月以上不在となり、本契約の継続意思がないと認められるとき
　四　その他本契約に違反したとき

第17条【期限の利益喪失】
　甲及び乙は、相手方に次の各号の一に該当する事由が生じたときは、相手方に通知することなく本契約を直ちに解除することができる。
　一　差押え、仮差押え、仮処分、租税滞納処分、その他公権力の処分を受け、または整理、会社更生手続及び民事再生手続の開始、破産もしくは競売を申し立てられ、または自ら、整理、会社更生手続、民事再生手続の開始もしくは破産申立てをしたとき、または第三者からこれらの申立てがなされたとき
　二　資本減少、営業の廃止もしくは変更、または解散の決議をしたとき
　三　公租公課の滞納処分を受けたとき
　四　その他相手方に前各号に準ずる信用の悪化と認められる事実が発生したとき

第18条【違約金】
　乙が正当な事由なく債務の履行を遅延した場合は、甲に対し契約金額に加え、支払日までの遅延損害利息年率10%を加えた額を支払わなければならない。

第19条【損害賠償】
　甲及び乙は、契約解除等により相手方に対して与えた損害の実費を賠償する義務を負う。

第20条【不可抗力】
　本契約上の義務を、以下に定める不可抗力に起因して遅滞もしくは不履行となったときは、甲乙双方本契約の違反とせず、その責を負わないものとする。

一　自然災害
　　二　伝染病
　　三　戦争及び内乱
　　四　革命及び国家の分裂
　　五　暴動
　　六　火災及び爆発
　　七　洪水
　　八　ストライキ及び労働争議
　　九　政府機関による法改正
　　十　その他前各号に準ずる非常事態
2　前項の事態が発生したときは、被害に遭った当事者は、相手方に直ちに不可抗力の発生の旨を伝え、予想される継続期間を通知しなければならない。
3　不可抗力が90日以上継続した場合は、甲及び乙は、相手方に対する書面による通知にて本契約を解除することができる。

第21条【移転料】
　乙は、物件の明渡しに際し、甲に移転料その他これに類する金銭上の請求ができないものとする。

第22条【原状回復義務】
　乙は、物件の明渡しに際し、乙の保有する物品等を全て収去しなければならない。
　2　甲の承諾なく造作加工したものについては、契約時の原状に復し、甲の立会により物件の引渡しを行う。

第23条【明渡し】
　乙は、本契約終了時に、物件の明渡しをしない間は、その開始月より月割で賃料相当額の損害金を支払う。

第24条【連帯保証人】
　丙は、本契約に基づく甲に対する乙の債務一切につき、乙と連帯して責を負う。

第25条【合意管轄】
　本契約につき甲及び乙に疑義が発生した場合、互いに誠実に話し合い、解決に向けて努力しなければならないものとする。
　2　本契約につき裁判上の争いとなったときは、東京地方裁判所を第一審の合意管轄裁判所とすることに甲及び乙は合意する。

第26条【準拠法】
　本契約は日本法に準拠し、同法によって解釈されるものとする。

以上、本契約の成立を証するため本書二通を作成し、甲乙各一通を保有する。

平成〇〇年〇月〇日

甲（貸主）住所

　　　　　氏名　　　　　　　　　　　　　　印

乙（借主）住所

　　　　　氏名　　　　　　　　　　　　　　印

丙（連帯保証人）
　　　　　住所

　　　　　氏名　　　　　　　　　　　　　　印

（9.建物賃貸借契約書ひな型）

【解説コーナー】

ポイント1

　第1条第2項は、同居人の調査です。一般的な契約書では記載されていませんが、後日の近隣トラブルを避ける意味で重要です。契約者以外にも居住する人がいるかどうかを把握しておくことで、契約者以外誰が住んでいるかわからないなどという事態を防ぐことができます。
　また、生年月日がわかる資料により、契約相手が未成年者ではないことを確認します。未成年者であれば、親権者の同意が必要です。
　なお外国人の場合、国内で居住する権利を持っているかどうかをチェックすることも重要です。外国人登録証明書や在留許可証等で、確認しましょう。

ポイント2

　第7条では、借主本人だけではなく、関係者が建物を毀損したときにも貸主が損害賠償請求できる規定となっています。そして、損害賠償請求に応じない場合もしくは支払い遅延している場合等に敷金と相殺できる旨、第9条に定めてあります。
　契約書を作成するときは、将来発生するかもしれない事態を具体的に想定して、それを防ぎ、被害を最小限にとどめるにはどのようにすればよいかを考えます。トラブルが発生したときのルールが明確に定められていないと、「別途協議」することになり、交渉のストレスが大きくなることでしょう。

印紙税　非課税

＊1　不法滞在ではないかどうか確かめる資料。外国人の場合、在留資格を調べる。

⑩ リース契約書

リース契約書

貸主Ａ株式会社（以下「甲」）と借主Ｂ株式会社（以下「乙」）並びに連帯保証人Ｃ（以下「丙」）は次の通りリース契約（以下「本契約」）を契約した。

第１条【リース物件】
甲は、（別紙）のリース物件（以下「物件」）を乙に賃貸し、乙はこれを賃借する。

第２条【リース期間】
リース期間は平成〇〇年９月１日から平成××年８月31日とする。

第３条【リース料】
リース料は毎月金15万円（税込）とし、乙は毎月末日までに翌月分を甲の指定する方法にて甲に支払う。

第４条【転貸禁止】
乙は甲の書面による承諾なく物件を第三者に転貸してはならない。

第５条【物件引渡】
物件の納入予定日は契約日より２か月以内とする。
2　納入場所は乙の所在地とし、甲は物件の輸送ならびに据付にかかる費用を負担する。
3　乙は物件の納入を受けた後２週間以内に検査し、検査が完了したときに甲に検収完了報告書を提出し、この交付をもって引渡し完了とする。
4　乙は検査完了日より、物件を使用することができる。但し、甲が事前に承諾した場合はこの限りではない。
5　物件の仕様、品質に関し瑕疵がある場合は、乙は第３項の検査期限内に甲に通知しなければならない。
6　乙が甲に前項の通知をしなかった場合には、物件は瑕疵なく完全な状態で甲から乙に引き渡されたものとみなす。

第６条【善管注意義務】
乙は物件が納入されてから検査及び引渡し完了日まで、善良なる管理者の注意をもって物件の管理を行わなければならない。

第７条【物件の保守・管理】
乙は、検査完了後又は検査期限満了後、善良なる管理者の注意をもって物件が正常に運転する状態に維持、管理しなければならない。
2　乙は、前項に定める維持、管理を行うため、物件の備品、付属品の取り換え、補修、修理その他の維持、管理に努め、その費用を負担しなければならない。
3　乙が物件の設置、保管、使用にあたり、乙の過失の有無を問わず第三者に人的物的損害を与えたときは、これに関する一切の損害賠償責任及び費用を負担する。

4　甲は、物件の修理又は検査期間中の代替物件の提供並びにその期間中の休業保証には一切責任を負わない。

第8条【表示義務】
乙は、甲の定める方法により、物件に甲の所有であることを表示しなければならない。

第9条【禁止行為】
乙は甲の承諾なく次各号に定める行為を行ってはならない。
一　物件に付した甲の所有権の表示を外すこと
二　物件を定められた設置場所から移動すること
三　物件を本来の用法に反して使用すること

第10条【通知義務】
乙は物件に関し、次各号に該当するときは、直ちに甲に通知しなければならない。
一　物件に関する甲の権利を侵害する事態が発生又はそのおそれがあるとき
二　物件に盗難、滅失、破損等の事故が生じたとき
三　物件に起因する事故により第三者に損害を与えたとき

第11条【点検】
甲は、いつでも物件の設置場所に立入りこれを点検することができるものとする。

第12条【期限前解約の禁止】
乙が本契約を期限前に解約した場合、未経過のリース料に加え、甲に発生する損害金、物件の製造者等に対して甲が支払うべき違約金及び損害金、その他解約により甲に発生する一切の損害を賠償しなければならない。

第13条【公租公課】
本契約期間中、物件の返還までの期間、物件にかかる固定資産税その他の公租公課については、乙が負担するものとする。

第14条【権利の質入及び譲渡】
乙は、本契約において保有する権利及び義務の全部又は一部を、甲の書面による事前の承諾なく第三者に譲渡及び質入することができない。

第15条【権利放棄】
甲が乙の特定の契約違反を許容し、その違反により発生する損害賠償請求権等の放棄をしても、その後の違反に対する権利を放棄するものではないことを甲乙双方は確認する。
2　特定の条項の権利放棄を契約期限まで認める場合は、甲が書面にて放棄する旨を承諾しなければならない。

第16条【債務不履行】
　甲は、乙が本契約に違反したときは、書面による通知により本契約を解除することができる。但し、違反内容に関し相手方に正当な事由がある場合はこの限りではない。

第17条【契約解除】
　乙が次各号の一に該当したときは、甲は乙に通知することなく、直ちに本契約を解除することができる。
　一　2回以上リース料の支払いを行わなかったとき
　二　リース料の支払いを2回以上遅延したとき
　三　その他本契約の条項に違反したとき。

第18条【期限の利益喪失】
　甲は、乙に次の各号の一に該当する事由が生じたときは、相手方に通知することなく本契約を直ちに解除することができる。
　一　差押え、仮差押え、仮処分、租税滞納処分、その他公権力の処分を受け、または整理、会社更生手続及び民事再生手続の開始、破産もしくは競売を申し立てられ、または自ら、整理、会社更生手続、民事再生手続の開始もしくは破産申立てをしたとき、または第三者からこれらの申立てがなされたとき
　二　資本減少、営業の廃止もしくは変更、または解散の決議をしたとき
　三　公租公課の滞納処分を受けたとき
　四　その他乙に前各号に準ずる信用の悪化と認められる事実が発生したとき

第19条【違約金】
　乙が正当な事由なく債務の履行を遅延した場合は、甲に対し契約金額に加え、支払日までの遅延損害利息年率10%を加えた額を支払わなければならない。

第20条【損害賠償】
　乙は、本契約に違反して相手方に対して与えた損害の実費を賠償する義務を負う。

第21条【原状回復義務】
　乙は、甲の承諾なく造作加工したものについては、乙の費用にて契約時の原状に復さなければならない。

第22条【物件の返還】
　本契約が終了したときは、乙の費用にて物件の返還を行う。
　2　乙は、本契約終了時、物件の返還をしない間は、終了した月より月割で賃料相当額の損害金を支払う。

第23条【連帯保証人】
　丙は、本契約に基づく甲に対する乙の債務一切につき、乙と連帯して責を負う。

第24条【合意管轄】
　本契約につき甲及び乙に疑義が発生した場合、互いに誠実に話し合い、解決に向けて努力しなければならないものとする。
　2　本契約につき裁判上の争いとなったときは、東京地方裁判所を第一審の合意管轄裁判所とすることに甲及び乙は合意する。

第25条【準拠法】
　本契約は日本法に準拠し、同法によって解釈されるものとする。

以上、本契約の成立を証するため本書二通を作成し、甲乙各一通を保有する。

平成〇〇年〇月〇日

甲（貸主）住所

　　　　　氏名　　　　　　　　　　　　　　　　印

乙（借主）住所

　　　　　氏名　　　　　　　　　　　　　　　　印

丙（連帯保証人）
　　　　　住所

　　　　　氏名　　　　　　　　　　　　　　　　印

（10.リース契約書ひな型）

(別紙) リース物件の明細

仕様	
数量	
製造元	
物件設置場所	
納入予定日	
検査期限	
その他特記事項	

【解説コーナー】

リース契約は、その性質上中途解約時に残存リース料を一括で支払う他、大型の設備リースの場合など、撤去費用等の負担が発生することがあります。貸主は、ここで、次の2点に注意してください。

ポイント1

1. 契約解除時に、自社にどの程度の費用負担が発生するかを事前に調査しておくこと
2. 借主に、契約解除時の負担額をきちんと把握してもらうこと

リース契約を、単に「賃借する」という意識で契約する借主も多いようです。契約解除、終了時に初めて違約金や撤去費用の話題になり、トラブルになることもあります。もめやすいことや、相手に話しにくい事柄こそ、契約時にきちんと説明しておきたいものです。

第3条のリース料について。社団法人リース事業協会では、次のとおりリース料の説明が記載されています。

ポイント2

> リース料には、物件価格、金利(リース会社の調達コト)、固定資産税、保険料(動産総合保険等)、リース会社の管理費・利益が含まれ、これらの合計をリース期間の月数で割ったものが、毎月の支払リース料となります。リース料は使用料ですから、貸付金とは違い金利等を区分表示することはなく、リース契約書には「月額リース料」が明示されます。
> 　　　　　　　　　　　(社団法人リース事業協会)

契約書を見たときに、通常のリース契約となっているかどうか、借主側から見れば余分な費用を取られていないかを確かめましょう。貸主は、上記の保険料など必要な経費を事前にきちんと洗い出し、適正なリース料を設定しなければなりません。

印紙税　非課税

⑪ 労働条件通知書

労働条件通知書

（厚生労働省モデル　一般労働者用；常用、有期雇用型）

	年　　月　　日 　　（労働者名）　　　殿 　　　　　　　　　事業場名称・所在地 　　　　　　　　　使用者職氏名
契約期間	期間の定めなし、期間の定めあり（　年　月　日～　年　月　日）
就業の場所	
従事すべき業務の内容	
始業、終業の時刻、休憩時間、就業時転換（(1)～(5)のうち該当するもの一つに○を付けること）、所定時間外労働の有無に関する事項	1　始業・終業の時刻等 　(1) 始業（　　時　　分）　　終業（　　時　　分） 【以下のような制度が労働者に適用される場合】 (2)変形労働時間制等；（　　）単位の変形労働時間制・交替制として、次の勤務時間の組み合わせによる。 　　始業（　時　分）　終業（　時　分）　（適用日　　　） 　　始業（　時　分）　終業（　時　分）　（適用日　　　） 　　始業（　時　分）　終業（　時　分）　（適用日　　　） (3)フレックスタイム制；始業及び終業の時刻は労働者の決定に委ねる。 （ただし、フレキシブルタイム（始業）　時　分から　時　分、（終業）　時　分から　時　分、コアタイム　時　分から　時　分） (4)事業場外みなし労働時間制；始業（　時　分）終業（　時　分） (5)裁量労働制；始業（　時　分）終業（　時　分）を基本とし、労働者の決定に委ねる。 ○詳細は、就業規則第　条～第　条、第　条～第　条、第　条～第　条 2　休憩時間（　　）分 3　所定時間外労働の有無（　有　，　無　）
休　　日	・定例日；毎週　　曜日、国民の祝日、その他（　　　　　） ・非定例日；週・月当たり　　　日、その他（　　　　　） ・１年単位の変形労働時間制の場合―年間　　　日 ○詳細は、就業規則第　条～第　条、第　条～第　条

休　　暇	1　年次有給休暇　6か月継続勤務した場合→　　　　日 　　　　継続勤務6か月以内の年次有給休暇　（有・無） 　　　　→　　か月経過で　　　　日 2　その他の休暇　有給（　　　　　　　　　　　　） 　　　　　　　　　無給（　　　　　　　　　　　　） ○詳細は、就業規則第　条～第　条、第　条～第　条
賃　　金	1　基本賃金　イ　月給（　　　　円）、ロ　日給（　　　　円） 　　　　　　　ハ　時間給（　　　　円）、 　　　　　　　ニ　出来高給（基本単価　　円、保障給　　円） 　　　　　　　ホ　その他（　　　　円） 　　　　　　　ヘ　就業規則に規定されている賃金等級等 　　　　　　　　　[　　　　　　　　　　　　　　　] 2　諸手当の額又は計算方法 　　イ（　　　手当　　　　円／計算方法：　　　　　） 　　ロ（　　　手当　　　　円／計算方法：　　　　　） 　　ハ（　　　手当　　　　円／計算方法：　　　　　） 　　ニ（　　　手当　　　　円／計算方法：　　　　　） 3　所定時間外、休日又は深夜労働に対して支払われる割増賃金率 　　イ　所定時間外　法定超（　　）％、所定超（　　）％ 　　ロ　休日　法定休日（　　）％、法定外休日（　　）％ 　　ハ　深夜（　　）％ 4　賃金締切日（　　）―毎月　　日、（　　）―毎月　　日 5　賃金支払日（　　）―毎月　　日、（　　）―毎月　　日 6　労使協定に基づく賃金支払時の控除（無　，　有（　　）） 7　昇給（時期等　　　　　　　　　　　　　　　　　　　） 8　賞与（　有　（時期、金額等　　　　　　　），　無　） 9　退職金（　有　（時期、金額等　　　　　　　），　無　）
退職に関する事項	1　定年制　（　有　（　　歳），　無　） 2　自己都合退職の手続（退職する　　日以上前に届け出ること） 3　解雇の事由及び手続 　　（　　　　　　　　　　　　　　　　　　　　　　　　） ○詳細は、就業規則第　条～第　条、第　条～第　条
その他	・社会保険の加入状況（厚生年金　健康保険　厚生年金基金 　その他（　　　　　　　）） ・雇用保険の適用　（　有　，　無　） ・その他（　　　　　　　　　　　　　　　　　　　　　）

（11.労働条件通知書ひな型）

【記載要領】

1　労働条件通知書は、当該労働者の労働条件の決定について権限を持つ者が作成し、本人に交付すること。
2　各欄において複数項目の一を選択する場合には、該当項目に○をつけること。
3　破線内及び二重線内の事項以外の事項は、書面の交付により明示することが労働基準法により義務付けられている事項であること。また、退職金に関する事項、臨時に支払われる賃金等に関する事項、労働者に負担させるべきものに関する事項、安全及び衛生に関する事項、職業訓練に関する事項、災害補償及び業務外の疾病扶助に関する事項、表彰及び制裁に関する事項、休職に関する事項については、当該事項を制度として設けている場合には口頭又は書面により明示する義務があること。
4　労働契約期間については、労働基準法に定める範囲内とすること。
5　「就業の場所」及び「従事すべき業務の内容」の欄については、雇入れ直後のものを記載することで足りるが、将来の就業場所や従事させる業務を併せ網羅的に明示することは差し支えないこと。
6　「始業、終業の時刻、休憩時間、終業時転換、所定時間外労働の有無に関する事項」の欄については、当該労働者に適用される具体的な条件を明示すること。また、変形労働時間制、フレックスタイム制、裁量労働制等の適用がある場合には、次に留意して記載すること。
・変形労働時間制：適用する変形労働時間制の種類（１年単位、１か月単位等）を記載すること。その際、交替制でない場合、「・交替制」を＝で抹消しておくこと。
・フレックスタイム制：コアタイム又はフレキシブルタイムがある場合はその時間帯の開始及び終了の時刻を記載すること。コアタイム及びフレキシブルタイムがない場合、かっこ書きを＝で抹消しておくこと。
・事業場外みなし労働時間制：所定の始業及び終業の時刻を記載すること。
・裁量労働制：基本とする始業・終業時刻がない場合、「始業………を基本とし、」の部分を＝で抹消しておくこと。
・交替制：シフト毎の始業及び終業の時刻を記載すること。また、変形労働時間制でない場合、「（　　）単位の変形労働時間制・」を＝で抹消しておくこと。
7　「休日」の欄については、所定休日について、曜日又は日を特定して記載すること。
8　「休暇」の欄については、年次有給休暇は6か月間勤続勤務し、その間の出勤率が8割以上であるときに与えるものであり、その付与日数を記載すること。
　　また、その他の休暇については、制度がある場合に有給、無給別に休暇の種類、日数（期間等）を記載すること。
9　前記6、7及び8については、明示すべき事項の内容が膨大なものとなる場合においては、所定時間外労働の有無以外の事項については、勤務の種類ごとの始業及び終業の時刻、休日等に関する考え方を示した上、当該労働者に適用される就業規則上の関係条項名を網羅的に示すことで足りるものであること。

10 「賃金」の欄については、基本給等について具体的な額を明記すること。ただし、就業規則に規定されている賃金等級等により賃金額を確定し得る場合、当該等級等を明確に示すことで足りるものであること。
 ・法定超えとなる所定時間外労働については2割5分、法定休日労働については3割5分、深夜労働については2割5分、法定超えとなる所定時間外労働が深夜労働となる場合については5割、法定休日労働が深夜労働となる場合については6割を超える割増率とすること。
 ・破線内の事項については、制度として設けている場合に記入することが望ましいこと。
11 「退職に関する事項」の欄については、退職の事由及び手続、解雇の事由等を具体的に記載すること。この場合、明示すべき事項の内容が膨大なものとなる場合においては、当該労働者に適用される就業規則上の関係条項名を網羅的に示すことで足りるものであること。
 なお、定年制を設けている場合は、60歳を下回ってはならないこと。
12 「その他」の欄については、当該労働者についての社会保険の加入状況及び雇用保険の適用の有無のほか、労働者に負担させるべきものに関する事項、安全及び衛生に関する事項、職業訓練に関する事項、災害補償及び業務外の疾病扶助に関する事項、表彰及び制裁に関する事項、休職に関する事項等を制度として設けている場合に記入することが望ましいこと。
13 各事項について、就業規則を示し当該労働者に適用する部分を明確にした上で就業規則を交付する方法によることとした場合、具体的に記入することを要しないこと。

※この通知書はモデル様式であり、労働条件の定め方によっては、この様式どおりとする必要はないこと。

(厚生労働省HPより)

【解説コーナー】

ポイント1

この通知書は、厚生労働省のモデルです。「記載要領」についてもそのまま引用しています。

小規模な会社では、決められた業務だけではなく、広範な仕事を社員に行ってもらう必要が多く、労働条件通知書に「従事すべき業務の内容」を記入することが難しい場合が少なくないでしょう。厚生労働省もその問題を把握しているため、「将来の就業場所や従事させる業務を併せ網羅的に明示することは差し支えないこと」としています。

私の事務所でも従業員を雇用していますが、実に広範にわたる業務を行ってくれています。営業許可申請代行など典型的な行政書士業務もあれば、事務所のウェブサイト制作の補助、そして秘書の仕事もしてもらいます。このような場合は、「行政書士業務及び経営コンサルティング業務に加え、それらに付随する業務」などと記載すると、網羅的になります。

重要なのは、従業員に仕事の内容を把握してもらうこと。「それは自分の仕事ではない」と言われないように、あらかじめ説明をしておきたいものです。

ポイント2

この労働条件通知書は、労働基準法により、交付することが定められています。

●労働基準法第１５条【労働条件の明示】
使用者は、労働契約の締結に際し、労働者に対して賃金、労働時間その他の労働条件を明示しなければならない。この場合において、賃金及び労働時間に関する事項その他の厚生労働省令で定める事項については、厚生労働省令で定める方法により明示しなければならない。
２　前項の規定によって明示された労働条件が事実と相違する場合においては、労働者は、即時に労働契約を解除することができる。

第１項の「厚生労働省令で定める事項」を見てみましょう。明確に記載事項について定められています。

労働条件通知書

●労働基準法施行規則第五条
　使用者が法第十五条第一項前段の規定により労働者に対して明示しなければならない労働条件は、次に掲げるものとする。ただし、第四号の二から第十一号までに掲げる事項については、使用者がこれらに関する定めをしない場合においては、この限りでない。
　一　労働契約の期間に関する事項
　一の二　就業の場所及び従事すべき業務に関する事項
　二　始業及び終業の時刻、所定労働時間を超える労働の有無、休憩時間、休日、休暇並びに労働者を二組以上に分けて就業させる場合における就業時転換に関する事項
　三　賃金（退職手当及び第五号に規定する賃金を除く。以下この号において同じ。）の決定、計算及び支払の方法、賃金の締切り及び支払の時期並びに昇給に関する事項
　四　退職に関する事項（解雇の事由を含む。）
　四の二　退職手当の定めが適用される労働者の範囲、退職手当の決定、計算及び支払の方法並びに退職手当の支払の時期に関する事項
　五　臨時に支払われる賃金（退職手当を除く。）、賞与及び第八条各号に掲げる賃金並びに最低賃金額に関する事項
　六　労働者に負担させるべき食費、作業用品その他に関する事項
　七　安全及び衛生に関する事項
　八　職業訓練に関する事項
　九　災害補償及び業務外の傷病扶助に関する事項
　十　表彰及び制裁に関する事項
　十一　休職に関する事項

印紙税　　非課税

⑫ 短期パート労働条件通知書

短期パート労働条件通知書

(厚生労働省モデル　短時間労働者・派遣労働者；常用、有期雇用型)

　　　　　　　　　　　　　　　　　　　　　　　　　　　年　　月　　日
　　(労働者名)　　殿
　　　　　　　　　　　事業場名称・所在地
　　　　　　　　　　　使用者職氏名

契約期間	期間の定めなし、期間の定めあり (　年　月　日〜　年　月　日)
就業の場所	
従事すべき業務の内容	
始業、終業の時刻、休憩時間、就業時転換((1)〜(5)のうち該当するもの一つに○を付けること。)、所定時間外労働の有無に関する事項	1　始業・終業の時刻等 　(1)　始業(　時　分)　終業(　時　分) 【以下のような制度が労働者に適用される場合】 (2)変形労働時間制等；(　　)単位の変形労働時間制・交替制として、次の勤務時間の組み合わせによる。 　　始業(　時　分)　終業(　時　分)　(適用日　　) 　　始業(　時　分)　終業(　時　分)　(適用日　　) 　　始業(　時　分)　終業(　時　分)　(適用日　　) (3)フレックスタイム制；始業及び終業の時刻は労働者の決定に委ねる。　　か月　時間 (ただし、フレキシブルタイム (始業)　時　分から　時　分、(終業)　時　分から　時　分、コアタイム　時　分から　時　分) (4)事業場外みなし労働時間制；始業(　時　分)終業(　時　分) (5)裁量労働制；始業(　時　分)終業(　時　分)を基本とし、労働者の決定に委ねる。 ○詳細は、就業規則第　条〜第　条、第　条〜第　条、第　条〜第　条 2　休憩時間(　)分 3　所定時間外労働(　有 (1週　時間、1か月　時間、1年　時間)、無　) 4　休日労働(　有 (1か月　日、1年　日)、無)
休　日	・定例日；毎週　曜日、国民の祝日、その他(　　　　　) ・非定例日；週・月当たり　　日、その他(　　　　　) ・1年単位の変形労働時間制の場合—年間　　日 (勤務日) 毎週(　　　　　)、その他(　　　　　) ○詳細は、就業規則第　条〜第　条、第　条〜第　条
休　暇	1　年次有給休暇　6か月継続勤務した場合→　　日 　継続勤務6か月以内の年次有給休暇 (有・無) 　→　か月経過で　　日

短期パート労働条件通知書

	2　その他の休暇　有給（　　　　　　　　　） 　　　　　　　　　　　無給（　　　　　　　　　） ○詳細は、就業規則第　条～第　条、第　条～第　条
賃　　金	1　基本賃金　イ　月給（　　　　円）、ロ　日給（　　　　円） 　　　　　　　ハ　時間給（　　　円）、 　　　　　　　ニ　出来高給（基本単価　　円、保障給　　　円） 　　　　　　　ホ　その他（　　　　　円） 　　　　　　　ヘ　就業規則に規定されている賃金等級等 　　　　　　　　［　　　　　　　　　　　　　　　　　］ 2　諸手当の額又は計算方法 　　イ（　　　手当　　　　円／計算方法：　　　　　　　） 　　ロ（　　　手当　　　　円／計算方法：　　　　　　　） 　　ハ（　　　手当　　　　円／計算方法：　　　　　　　） 　　ニ（　　　手当　　　　円／計算方法：　　　　　　　） 3　所定時間外、休日又は深夜労働に対して支払われる割増賃金率 　　イ　所定時間外　法定超（　　）％、所定超（　　）％ 　　ロ　休日　法定休日（　　）％、法定外休日（　　）％ 　　ハ　深夜（休）％暇 4　賃金締切日（　　）―毎月　　日、（　　）―毎月　　日 5　賃金支払日（　　）―毎月　　日、（　　）―毎月　　日 6　労使協定に基づく賃金支払時の控除（無　，　有（　　　）） 7　昇給（時期等　　　　　　　　　　　　　　　　　　　　） 8　賞与（　有　（時期、金額等　　　　　　　　），　無　） 9　退職金（　有　（時期、金額等　　　　　　　　），　無　）
退職に関する事項	1　定年制　（　有　（　　歳）　，　無　） 2　自己都合退職の手続（退職する　　日以上前に届け出ること） 3　解雇の事由及び手続 　　（　　　　　　　　　　　　　　　　　　　　　　　　） ○詳細は、就業規則第　条～第　条、第　条～第　条
その他	・社会保険の加入状況（厚生年金　健康保険　厚生年金基金 　その他（　　　　　　　　）） ・雇用保険の適用　（　有　，　無　） ・その他（　　　　　　　　　　　　　　　　　　　　　　） ・具体的に適用される就業規則名（　　　　　　　　　　　）

※短時間労働者の場合、本通知書の交付は、労働基準法第15条に基づく労働条件の明示及び短時間労働者の雇用管理の改善等に関する法律第6条に基づく文書の交付を兼ねるものであること。
※登録型派遣労働者に対し、本通知書と就業条件明示書を同時に交付する場合、両者の記載事項のうち一致する事項について、一方を省略して差し支えないこと。

（12.短期パート労働条件通知書ひな型）

【記載要領】

1　労働条件通知書は、当該労働者の労働条件の決定について権限をもつ者が作成し、本人に交付すること。
2　各欄において複数項目の一を選択する場合には、該当項目に○をつけること。
3　下線部、破線内及び二重線内の事項以外の事項は、書面の交付により明示することが労働基準法により義務付けられている事項であること。また、退職金に関する事項、臨時に支払われる賃金等に関する事項、労働者に負担させるべきものに関する事項、安全及び衛生に関する事項、職業訓練に関する事項、災害補償及び業務外の傷病扶助に関する事項、表彰及び制裁に関する事項、休職に関する事項については、当該事項を制度として設けている場合には口頭又は書面により明示する義務があること。
4　労働契約期間については、労働基準法に定める範囲内とすること。
5　「就業の場所」及び「従事すべき業務の内容」の欄については、雇入れ直後のものを記載することで足りるが、将来の就業場所や従事させる業務を併せ網羅的に明示することは差し支えないこと。
6　「始業、終業の時刻、休憩時間、就業時転換、所定時間外労働の有無に関する事項」の欄については、当該労働者に適用される具体的な条件を明示すること。また、変形労働時間制、フレックスタイム制、裁量労働制等の適用がある場合には、次に留意して記載すること。
・変形労働時間制：適用する変形労働時間制の種類（1年単位、1か月単位等）を記載すること。その際、交替制でない場合、「・交替制」を＝で抹消しておくこと。
・フレックスタイム制：コアタイム又はフレキシブルタイムがある場合はその時間帯の開始及び終了の時刻を記載すること。コアタイム及びフレキシブルタイムがない場合、かっこ書きを＝で抹消しておくこと。
・事業場外みなし労働時間制：所定の始業及び終業の時刻を記載すること。
・裁量労働制：基本とする始業・終業時刻がない場合、「始業……を基本とし、」の部分を＝で抹消しておくこと。
・交替制：シフト毎の始業・終業の時刻を記載すること。また、変形労働時間制でない場合、「（　　　）単位の変形労働時間制・」を＝で抹消しておくこと。
7　「休日又は勤務日」の欄については、所定休日又は勤務日について曜日又は日を特定して記載すること。
8　「休暇」の欄については、年次有給休暇は6か月間勤続勤務し、その間の出勤率が8割以上であるときに与えるものであり、その付与日数を記載すること。また、その他の休暇については、制度がある場合に有給、無給別に休暇の種類、日数（期間等）を記載すること。

9 　前記6、7及び8については、明示すべき事項の内容が膨大なものとなる場合においては、所定時間外労働の有無以外の事項については、勤務の種類ごとの始業及び終業の時刻、休日等に関する考え方を示した上、当該労働者に適用される就業規則上の関係条項名を網羅的に示すことで足りるものであること。
10　「賃金」の欄については、基本給等について具体的な額を明記すること。ただし、就業規則に規定されている賃金等級等により賃金額を確定し得る場合、当該等級等を明確に示すことで足りるものであること。
・法定超えとなる所定時間外労働については2割5分、法定休日労働については3割5分、深夜労働については2割5分、法定超えとなる所定時間外労働が深夜労働となる場合については5割、法定休日労働が深夜労働となる場合については6割を超える割増率とすること。
・破線内の事項は、制度として設けている場合に記入することが望ましいこと。
11　「退職に関する事項」の欄については、退職の事由及び手続、解雇の事由等を具体的に記載すること。この場合、明示すべき事項の内容が膨大なものとなる場合においては、当該労働者に適用される就業規則上の関係条項名を網羅的に示すことで足りるものであること。なお、定年制を設ける場合は、60歳を下回ってはならないこと。
12　「その他」の欄については、当該労働者についての社会保険の加入状況及び雇用保険の適用の有無のほか、労働者に負担させるべきものに関する事項、安全及び衛生に関する事項、職業訓練に関する事項、災害補償及び業務外の傷病扶助に関する事項、表彰及び制裁に関する事項、休職に関する事項等を制度として設けている場合に記入することが望ましいこと。
13　各事項について、就業規則を示し当該労働者に適用する部分を明確にした上で就業規則を交付する方法によることとした場合、具体的に記入することを要しないこと。

※この通知書はモデル様式であり、労働条件の定め方によっては、この様式どおりとする必要はないこと。

（厚生労働省HPより）

【解説コーナー】

ポイント1

この通知書は、厚生労働省のモデルです。一般社員の労働条件通知書と若干体裁が異なっていますが、大きな違いはありません。

パートタイマー契約の場合は、最低労働賃金に注意しましょう。次ページに、全国の最低賃金一覧（平成18年度）を掲載していますので参考にしてください。

また、割増賃金については、下記のとおりとなっています。残業や深夜労働をさせる場合、通常の賃金に下記割合で増額しなければなりません。深夜労働なのに、一般のアルバイト従業員と同じ条件で雇用していると、後で「労働基準法違反だ！」と言われトラブルになりますので、注意しましょう。ほかに、産業別最低賃金も定められています。

時間外労働割増賃金	法定時間外労働（1日8時間を超える労働・1週40時間を超える労働等）をした場合	×0.25以上
休日労働割増賃金	法定休日労働（1週1日の休日に労働）をした場合	×0.25以上
深夜労働割増賃金	深夜時間帯（午後10時から翌午前5時までの間）に労働した場合	×0.25以上

ポイント2

一般の労働者と労働能力などが異なるため、最低賃金を一律に適用するとかえって雇用機会を狭める可能性がある下記の労働者については、使用者が都道府県労働局長の許可を受けることを条件として、個別に最低賃金の適用除外が認められています。

一　精神または身体の障害により著しく労働能力の低い労働者
二　試用期間中の労働者
三　認定職業訓練を受けている労働者
四　所定労働時間が特に短い労働者
五　軽易な業務に従事する労働者
六　断続的労働に従事する労働者

この最低賃金の適用除外許可を受けようとする場合、使用者は事業所の所在地を管轄する労働基準監督署に最低賃金適用除外許可申請書を提出する必要があります。

印紙税　非課税

都道府県名	最低賃金時間額 （単位：円）	発効年月日
北海道	644	平成18年10月1日
青森	610	平成18年10月1日
岩手	610	平成18年10月1日
宮城	628	平成18年10月1日
秋田	610	平成18年10月1日
山形	613	平成18年10月1日
福島	618	平成18年10月1日
茨城	655	平成18年10月1日
栃木	657	平成18年10月1日
群馬	654	平成18年10月1日
埼玉	687	平成18年10月1日
千葉	687	平成18年10月1日
東京	719	平成18年10月1日
神奈川	717	平成18年10月1日
新潟	648	平成18年9月30日
富山	652	平成18年10月1日
石川	652	平成18年10月1日
福井	649	平成18年10月1日
山梨	655	平成18年10月1日
長野	655	平成18年10月1日
岐阜	675	平成18年10月1日
静岡	682	平成18年10月1日
愛知	694	平成18年10月1日
三重	675	平成18年10月1日
滋賀	662	平成18年10月1日
京都	686	平成18年10月1日
大阪	712	平成18年9月30日
兵庫	683	平成18年9月30日
奈良	656	平成18年10月1日
和歌山	652	平成18年10月1日
鳥取	614	平成18年10月1日
島根	614	平成18年10月1日
岡山	648	平成18年10月1日
広島	654	平成18年10月1日
山口	646	平成18年10月1日
徳島	617	平成18年10月1日
香川	629	平成18年10月1日
愛媛	616	平成18年10月1日
高知	615	平成18年10月1日
福岡	652	平成18年10月1日
佐賀	611	平成18年10月1日
長崎	611	平成18年10月1日
熊本	612	平成18年10月1日
大分	613	平成18年10月1日
宮崎	611	平成18年10月1日
鹿児島	611	平成18年10月1日
沖縄	610	平成18年10月1日

短期パート労働条件通知書

⑬ 雇用契約書

雇用契約書

　A株式会社（以下「甲」）と、_____（以下「乙」）との間において、次の通り雇用契約（以下「本契約」）を締結した。

第1条【雇用】
　甲は乙を雇用し、乙は甲に労務を提供することに合意した。

第2条【労働条件】
　賃金及び休暇等、乙の労働条件については、本契約に定める他、労働条件通知書及び就業規則に定めるところによる。

第3条【雇用期間及び試用期間】
　雇用期間の定めは置かず、契約日より6か月間は試用期間とする。

第4条【服務】
　乙は甲の就業規則他、社内諸規則及び上席の指揮命令に従い、誠実に職務に従事することを約す。

第5条【身元保証人】
　乙の入社に際し、甲に対し身元保証人による連帯保証を別途「身元保証書」を甲に差入れすることにより行う。但し、身元保証人は乙の同居親族を除くものとする。

以上、本契約の成立を証するため本書二通を作成し、甲乙各一通を保有する。

平成○○年○月○日

甲（雇用主）　住所

　　　　　　　氏名　　　　　　　　　　　　　　印

乙（社員）　　住所

　　　　　　　氏名　　　　　　　　　　　　　　印

（13.雇用契約書ひな型）

【解説コーナー】

ポイント1

雇用契約書と労働条件通知書、就業規則その他社内規定が組み合わさって、従業員の労働環境が整備されます。最近では社内の個人情報や機密事項の漏洩が問題となっており、これに関する誓約書を取らなければならないケースも増えています。

また、労働契約に関しては、単に書面を交わすだけではなく、場合によっては研修会等を開催して、就業規制等の周知徹底をすることも必要です。

ポイント2

雇用期間については、一定の要件を備えた場合を除いて、期間の定めのない契約、もしくは1年以内の契約としなければなりません。また、外国人労働者を雇用する場合は、会社が在留許可取得の支援をすることになります。このときは、在留期限に従った契約書を交わすとよいでしょう。

雇用に伴い、通常は雇用保険・労災保険・厚生年金保険等の加入手続も行います。初めて雇用が発生する会社は煩雑な手続ばかりですが、遺漏のないように進めていきましょう。

印紙税

非課税

⑭ 短期パートタイマー雇用契約書

短期パートタイマー雇用契約書

　A株式会社（以下「甲」）と、＿＿＿＿＿＿＿＿（以下「乙」）との間において、次の通り短期パートタイマー雇用契約（以下「本契約」）を締結した。

第1条【雇用】
　甲は乙を雇用し、乙は甲に労務を提供することに合意した。

第2条【労働条件】
　賃金及び休暇等、乙の労働条件については、本契約に定める他、労働条件通知書及びパートタイマー就業規則等に定めるところによる。

第3条【服務】
　乙は甲の社内諸規則及び上席の指揮命令に従い、誠実に職務に従事することを約す。

以上、本契約の成立を証するため本書二通を作成し、甲乙各一通を保有する。

平成〇〇年〇月〇日

甲（雇用主）　住所

　　　　　　　氏名　　　　　　　　　　　　　　　印

乙（社員）　住所

　　　　　　　氏名　　　　　　　　　　　　　　　印

（14.短期パートタイマー雇用契約書ひな型）

【解説コーナー】

ポイント1

⑬の雇用契約書と同様、個人情報や機密事項に関する誓約書を取ることも必要です。

また、パートタイマー労働者に重要物件を扱わせる場合は、管理体制をきちんと整えてから、雇用に踏み切るとよいでしょう。

ポイント2

パートタイマー雇用で問題となるのが、最低賃金です。都道府県ごとの最低賃金や深夜労働の割増賃金については決まりがあります（206ページ参照）。法廷のルールに従って、雇用を行いましょう。

印紙税　非課税

⑮ 誓約書

誓約書

A株式会社　御中

　このたび貴社に従業員として入社するにあたり、下記事項を遵守することをここに誓約します。

記

一　貴社の就業規則および服務に関する諸規則に従い誠実に勤務すること

二　履歴書、入社志願書の記載事項は真実に相違ないこと

三　貴社従業員としての体面を汚すような行為をしないこと

四　貴社の営業機密、個人情報の持ち出し及び漏洩、業務外使用をしないこと

五　故意または重過失により損害を及ぼしたときはその責任を負うこと

以上

平成○○年○月○日

（従業員）住所

　　　　氏名　　　　　　　　　　　　　印

（15.誓約書ひな型）

【解説コーナー】

ポイント1

最近では個人情報・機密漏洩など、従業員の不祥事が見られるため、誓約書を取る会社が増えてきました。必要に応じて項目を追加し、使用してください。

書面を取ることが目的ではなく、会社の規定に反する行動をさせないようにするのがポイントです。ですから、書面に加えて研修会の開催や、就業規則等の周知徹底を行うことが重要です。

ポイント2

従業員の身元を明らかにさせるためには、運転免許証、住民票や印鑑証明書で確認することになります。その人が確かに履歴書に書かれた本人なのか、目の前に存在する人が誰なのか、きちんと把握しなければなりません。当たり前のようですが、会社としては従業員に責任を持って働いてもらわなければ困りますので、これは重要です。

一方で、これら確認資料の管理の問題が出てきます。個人情報保護法です。従業員の家族構成や嗜好など、厳格に管理すべき個人情報の取扱いルールも、明確に定めておきたいものです。

印紙税　非課税

⑯ 秘密保持に関する誓約書(入社時)

秘密保持に関する誓約書

○○株式会社　御中

私は貴社に採用されるに際し、下記事項を遵守することを誓約致します。

第1条【秘密保持】
　貴社の就業規則その他社内規則を遵守し、次各号に掲げる貴社の秘密情報について、開示、漏洩もしくは使用しないことを誓約致します。

　一　製品開発、製造及び販売における、企画、技術資料、原価、価格等の情報
　二　貴社の財務、総務、人事、社員等に関する情報
　三　関連会社の情報又はクライアントに関する情報
　四　貴社で保有する個人情報
　五　前各号に附帯関連するインサイダー情報
　六　その他貴社が秘密情報と定める情報

第2条【秘密情報の取得】
　秘密情報の開発や取得に関与した場合もしくは関与することが予想されるとき、直ちに貴社に報告致します。
　2　秘密情報については、私がその秘密の開発や取得に関与した場合であっても、貴社の業務上作成したものであることを確認し、当該秘密情報の帰属が貴社にあることを確認致します。
　3　秘密情報について私に帰属する一切の権利を貴社に譲渡し、その権利が私に帰属する旨の主張をいたしません。但し、貴社の職務発明規定に該当するものはこの限りではありません。

第3条【退職後の秘密情報管理】
　貴社を退職した後も、本誓約書を遵守することを誓約致します。

第4条【損害賠償】
　本誓約書のいずれかに違反して、貴社の秘密情報を開示及び漏洩または使用した場合、損害賠償責任を負うことを確認し、貴社が被った一切の損害を賠償することを誓約致します。

　　　　　　　　　　　　　　　　　　　　　　　　　　　　　　以上

平成○○年○月○日

（社員）　住所

　　　　　氏名　　　　　　　　　　　　　　　　印

（16.秘密保持に関する誓約書（入社時）ひな型）

【解説コーナー】

ポイント1

最近では個人情報・機密漏洩など、従業員の不祥事が見られるため、誓約書を取る会社が増えてきました。特に知的財産権で溢れているような会社では、秘密保持に関する誓約書を別途締結することがあります。

入社時は労使双方が良好な関係であることが多く、手続も簡素化される傾向にありますが、それでも自社の情報管理を徹底する意味で、何らかの誓約書は交わしておいたほうがよいでしょう。

ポイント2

この誓約書では、第3条に退職後の秘密情報管理方法を定めています。「貴社を退職した後も、本誓約書を遵守することを誓約致します。」という規定ですが、実際に退社するときにも別途誓約書をもらいたいところです。

他にも、退職後遵守してほしいことが、就業規則等に記載されています。例えば、同一営業地域内の数年間の競業禁止規定などです。これらをまとめて、退社時に誓約書として提示し、ルールを守ってもらうことが重要です。

印紙税　非課税

⑰ 身元保証書

身元保証書

A株式会社　御中

　今般貴社が＿＿＿＿＿＿＿＿（以下「甲」）をご採用されたことにつきまして、私＿＿＿＿＿＿＿＿（以下「乙」）は以下に従い、貴社に対して責を負うことを保証します。

記

第1条【損害賠償】
　甲が故意もしくは過失によって貴社に損害を与えたときは、直ちに貴社に損害額を賠償いたします。私はこの保証について催告の抗弁権を放棄します。

第2条【期間】
　保証期間は、契約日より5年間とします。期間満了後甲が引き続き貴社に勤務している場合、期間満了の際に改めて更新するものとします。

以上

平成○○年○月○日

甲（社員）　　住所

　　　　　　　氏名＿＿＿＿＿＿＿＿＿＿＿＿＿＿＿＿

乙（身元保証人）住所

　　　　　　　氏名＿＿＿＿＿＿＿＿＿＿＿＿＿＿　印

（17.身元保証書ひな型）

【解説コーナー】

ポイント1

　身元保証については、入社時に一般的に行われるものです。私も新入社員として入社したときに提出しました。身元保証に関しては、「身元保証ニ関スル法律」という法律があり、全6条と短い定めではありますが、昭和8年に制定された歴史のある法です。第6条に、身元保証の契約期間は6年を超えてはならないとされており、これに反するものは第6条により、無効となってしまいます。

　参考までに、原文を掲載しておきます。

●身元保証ニ関スル法律

第一条　引受、保証其ノ他名称ノ如何ヲ問ハズ期間ヲ定メズシテ被用者ノ行為ニ因リ使用者ノ受ケタル損害ヲ賠償スルコトヲ約スル身元保証契約ハ其ノ成立ノ日ヨリ三年間其ノ効力ヲ有ス　但シ商工業見習者ノ身元保証契約ニ付テハ之ヲ五年トス

第二条　身元保証契約ノ期間ハ五年ヲ超ユルコトヲ得ズ若シ之ヨリ長キ期間ヲ定メタルトキハ其ノ期間ハ之ヲ五年ニ短縮ス

2　身元保証契約ハ之ヲ更新スルコトヲ得　但シ其ノ期間ハ更新ノ時ヨリ五年ヲ超ユルコトヲ得ズ

第三条　使用者ハ左ノ場合ニ於テハ遅滞ナク身元保証人ニ通知スベシ

　一　被用者ニ業務上不適任又ハ不誠実ナル事跡アリテ之ガ為身元保証人ノ責任ヲ惹起スル虞アルコトヲ知リタルトキ

　二　被用者ノ任務又ハ任地ヲ変更シ之ガ為身元保証人ノ責任ヲ加重シ又ハ其ノ監督ヲ困難ナラシムルトキ

第四条　身元保証人前条ノ通知ヲ受ケタルトキハ将来ニ向テ契約ノ解除ヲ為スコトヲ得　身元保証人自ラ前条第一号及第二号ノ事実アリタルコトヲ知リタルトキ亦同ジ

第五条　裁判所ハ身元保証人ノ損害賠償ノ責任及其ノ金額ヲ定ムルニ付被用者ノ監督ニ関スル使用者ノ過失ノ有無、身元保証人ガ身元保証ヲ為スニ至リタル事由及之ヲ為スニ当リ用ヰタル注意ノ程度、被用者ノ任務又ハ身上ノ変化其ノ他一切ノ事情ヲ斟酌ス

第六条　本法ノ規定ニ反スル特約ニシテ身元保証人ニ不利益ナルモノハ総テ之ヲ無効トス

【解説コーナー】

ポイント2

身元保証をする場合、単純保証にするか連帯保証にするかを選択できます。

連帯保証は、次の抗弁権を保証人が持たないことが特徴です。通常「保証人」と言われているものは、連帯保証人であることが大半です。

身元保証を連帯保証とするためには、連帯保証である旨を契約書に明記するか、下記のように抗弁権を放棄する旨を定めるか、いずれかの方法によります。

一　催告の抗弁権
　債権者が保証人に債務の履行を請求したとき、保証人は、まず主たる債務者に催告をすべき旨を請求することができる権利
二　検索の抗弁権
　保証人が債権者に対し、主たる債務者の財産につき執行をするまで自己の保証債務の履行を拒むことができる権利

印紙税　　非課税

⑱ 製造委託契約書

製造委託契約書

　Ａ株式会社（以下「甲」）と、Ｂ株式会社（以下「乙」）は、次の通り製造委託契約（以下「本契約」）を締結した。

第1条【目的】
　甲は乙に対して、製品の製造及びこれに伴う加工、保管、輸送の業務（以下「委託業務」）を委託し、乙はこれを受託することを約した。

第2条【対象製品】
　　対象製品は、_____（以下「製品」）とする。

第3条【製造にかかる原材料】
　甲は乙に対し、前条の委託業務に必要な原材料を継続的に供給する。
2　乙は、前項の原材料をもって、委託業務を遂行する。
3　原材料の供給価格については別に定めるところによる。
4　甲は乙に対し、毎月15日までに、翌月製造の製品の数量を指示し、それに必要な原材料、荷造材料を送付する。
5　製品の出荷、輸送方法、輸送先については、甲は、その都度乙に対し、指示書にて通知するものとする。
6　甲の支給材料が滅失または毀損したとき及び盗難に遭ったときは、乙は直ちに甲にその事実を通知し、甲の指示に従わなければならない。

第4条【報酬】
　製造委託にかかる報酬は、製品一単位あたり金五十円とし、甲は毎月末日締翌々月末日払で乙に対し支払うものとする。
2　前項の報酬支払のために、乙は甲に翌月10日までに請求書を送付しなければならない。

第5条【経費負担】
　乙は、甲の支給原材料、荷造材料の受領後、製品を甲に納品するまでの一切の費用を負担する。

第6条【再下請】
　乙は、本業務を第三者に下請（以下「再下請」）させるときは、事前に甲の書面による承諾を必要とする。
2　乙は、再下請を行う第三者に連帯して責任を負わなければならない。
3　再下請に起因して甲に損害が発生した場合、甲は乙に対して損害賠償請求をすることができるものとする。

第7条【輸送方法】
　乙が製品の輸送をするにあたり、第三者と運送契約等を締結する場合、事前に

甲の承諾を得なければならない。

第8条【付保】
　乙は、甲より受領し保管している原材料及び製品等について、自己の費用をもって、甲の承認した保険会社に付保しなければならない。

第9条【解除権の留保】
　甲が、経済情勢の変動等により製品の製造を停止し、出荷制限を行う場合、乙は甲の指示に忠実に従うものとする。

第10条【個人情報保護】
　甲及び乙は、相手方の個人情報を厳重に管理し、これを外部に漏洩させてはならない。
　2　甲及び乙は、相手方の個人情報を委託先等に配布する際は、事前に相手方の承諾を得なければならない。

第11条【秘密保持】
　甲及び乙は、本契約により知り得た相手方の秘密を、本契約に定める目的以外に第三者に漏洩し、利用してはならないものとする。これは本契約終了後も同様とする。
　2　前項にかかわらず、契約時に既に公開となっている情報及び相手方の許可を得た情報、独自に開発または取得した情報についてはこの限りではない。

第12条【契約終了時の取り扱い】
　本契約終了後も、甲及び乙は引き続き5年間、本契約により知り得た相手方の秘密を同様に管理しなければならない。

第13条【権利の質入及び譲渡】
　乙は、本契約において保有する権利及び義務の全部又は一部を、甲の書面による事前の承諾なく第三者に譲渡及び質入することができない。

第14条【権利放棄】
　甲及び乙の一方が、相手方の特定の契約違反を許容し、その違反により発生する損害賠償請求権等の放棄をしても、その後の違反に対する権利を放棄するものではないことを甲乙双方は確認する。
　2　特定の条項の権利放棄を契約期限まで認める場合は、権利を持つ契約当事者が書面にて放棄する旨を承諾しなければならない。

第15条【債務不履行】
　甲及び乙は、相手方が本契約に違反したときは、書面による通知により本契約を解除することができる。但し、違反内容に関し相手方に正当な事由がある場合はこの限りではない。

2 乙が正当な事由なく債務の履行を遅延した場合は、甲に対し契約金額に加え、支払日までの遅延損害利息年率10％を加えた額を支払わなければならない。

第16条【期限の利益喪失】
　甲及び乙は、相手方に次の各号の一に該当する事由が生じたときは、相手方に通知することなく本契約を直ちに解除することができる。
　　一　差押え、仮差押え、仮処分、租税滞納処分、その他公権力の処分を受け、または整理、会社更生手続及び民事再生手続の開始、破産もしくは競売を申し立てられ、または自ら、整理、会社更生手続、民事再生手続の開始もしくは破産申立てをしたとき、または第三者からこれらの申立てがなされたとき
　二　資本減少、営業の廃止もしくは変更、または解散の決議をしたとき
　　三　公租公課の滞納処分を受けたとき
　　四　その他相手方に前各号に準ずる信用の悪化と認められる事実が発生したとき

第17条【損害賠償】
　乙が債務不履行その他、本契約上の義務の履行を怠ったときは、甲は乙に通知することにより本契約を解除し、甲は原材料及び製造、加工されたものの即時返還を求めることができる。
2　前項の場合、乙は、直ちに甲の被った損害額を賠償しなければならない。

第18条【第三者からの損害賠償】
　製品の品質、規格、及び輸送方法等の瑕疵により、第三者から返品、交換、賠償の要求等があったときは、乙の費用と責任にて対応しなければならない。
2　甲に対し直接前項の請求があり、甲がこれを解決するために金員の支払等を行った場合は、乙に対しこの金額を求償することができる。

第19条【不可抗力】
　本契約上の義務を、以下に定める不可抗力に起因して遅滞もしくは不履行となったときは、甲乙双方本契約の違反とせず、その責を負わないものとする。
　　一　自然災害
　　二　伝染病
　　三　戦争及び内乱
　　四　革命及び国家の分裂
　　五　暴動
　　六　火災及び爆発
　　七　洪水
　　八　ストライキ及び労働争議
　　九　政府機関による法改正
　　十　その他前各号に準ずる非常事態
2　前項の事態が発生したときは、被害に遭った当事者は、相手方に直ちに不可抗力の発生の旨を伝え、予想される継続期間を通知しなければならない。

3 不可抗力が90日以上継続した場合は、甲及び乙は、相手方に対する書面による通知にて本契約を解除することができる。

第20条【合意管轄】
　本契約につき甲及び乙に疑義が発生した場合、互いに誠実に話し合い、解決に向けて努力しなければならないものとする。
2　本契約につき裁判上の争いとなったときは、東京地方裁判所を第一審の合意管轄裁判所とすることに甲及び乙は合意する。

第21条【準拠法】
　本契約は日本法に準拠し、同法によって解釈されるものとする。

以上、本契約の成立を証するため本書二通を作成し、甲乙各一通を保有する。

平成○○年○月○日

甲（委託者）住所

　　　　　氏名　　　　　　　　　　　　　　　印

乙（受託者）住所

　　　　　氏名　　　　　　　　　　　　　　　印

（18.製造委託契約書ひな型）

【解説コーナー】

ポイント1

　製造委託に関して、契約当事者は、法律上「親事業者」と「下請事業者」という分類となります。「下請代金支払遅延等防止法」（通称「下請法」）第4条により、親事業者は、次の行為を行ってはならないと定められています。

> 一　下請事業者の責に帰すべき理由がないのに、下請事業者の給付の受領を拒むこと。
> 二　下請代金をその支払期日の経過後なお支払わないこと。
> 三　下請事業者の責に帰すべき理由がないのに、下請代金の額を減ずること。
> 四　下請事業者の責に帰すべき理由がないのに、下請事業者の給付を受領した後、下請事業者にその給付に係る物を引き取らせること。
> 五　下請事業者の給付の内容と同種又は類似の内容の給付に対し通常支払われる対価に比し著しく低い下請代金の額を不当に定めること。
> 六　下請事業者の給付の内容を均質にし又はその改善を図るため必要がある場合その他正当な理由がある場合を除き、自己の指定する物を強制して購入させ、又は役務を強制して利用させること。
> 七　親事業者が第一号若しくは第二号に掲げる行為をしている場合若しくは第三号から前号までに掲げる行為をした場合又は親事業者について次項各号の一に該当する事実があると認められる場合に下請事業者が公正取引委員会又は中小企業庁長官に対しその事実を知らせたことを理由として、取引の数量を減じ、取引を停止し、その他不利益な取扱いをすること。

　親事業者に対して立場が低い下請事業者は、代金支払の遅延をはじめ、不当な条件にさらされることが多いので、法が保護しています。㉚製造物責任（110ページ）で下請法上問題となる行為を掲げていますので、参考にしてください。

ポイント2

　下請業務を委託する場合は、その業務をさらに再下請することが可能かどうかも、あらかじめ決めておきます。また、再下請する場合は、情報の一部が第三者に渡ることになるので、「乙は、本業務を第三者に下請させるときは、事前に甲の書面による承諾を必要とする。」などと定め、秘密保持などを遵守させましょう。

　下請業者や外部委託先の従業員が情報を流出させるという事故が発生しています。製造の工程で、どの会社のどのような人が関与するのか、きちんと把握しておくことは大事です。

印紙税

第7号文書に該当

⑲債権譲渡契約書

債権譲渡契約書

　債務者B株式会社（以下「甲」）は、債権者A株式会社（以下「乙」）に対し、現に負担し、または将来負担すべき債務（以下「原債務」）を担保するために、甲が第三債務者に対して有する債権（以下「譲渡債権」）を、次に従い乙に譲渡することを約した。

第1条【通知義務】
　甲は、本契約締結後、第三債務者に対し、速やかに確定日付ある証書をもって債権譲渡の通知をし、または第三債務者の承諾を得なければならない。

第2条【担保責任】
　甲は、別紙の譲渡債権につき、相殺その他第三債務者から甲に対抗すべき事由のないことを保証する。
2　甲は、譲渡債権に瑕疵がないことを保証する。
3　甲は、前条に基づく通知の効力発生に至るまで、乙の権利行使を妨げる行為をしてはならない。

第3条【付随費用】
　乙が第三者から譲渡債権を回収したときは、書類作成費用等、回収に要した実費を甲に請求することができる。

第4条【不足額】
　前条の回収後なお不足額のあるときは、甲は乙の指示する日時までに、不足額を乙の指定口座に振込にて支払わなければならない。振込手数料は、甲の負担とする。

第5条【合意管轄】
　本契約につき甲及び乙に疑義が発生した場合、互いに誠実に話し合い、解決に向けて努力しなければならないものとする。
2　本契約につき裁判上の争いとなったときは、乙の本店所在地を管轄する裁判所を第一審の合意管轄裁判所とすることに甲及び乙は合意する。

第6条【準拠法】
　本契約は日本法に準拠し、同法によって解釈されるものとする。

以上、本契約の成立を証するため、本書二通を作成し、甲乙各一通を保有する。

平成〇〇年〇月〇〇日

甲（債務者）　住所

　　　　　　　氏名　　　　　　　　　　　　　　　　　印

乙（債権者）　住所

　　　　　　　氏名　　　　　　　　　　　　　　　　　印

（19.債権譲渡契約書ひな型）

（別紙）譲渡債権の表示

甲が保有する債権	平成〇〇年〇月分のC株式会社に対して保有する売掛債権　金〇〇万円
甲の乙に対する原債務	平成〇〇年〇月〇日付「商品売買基本契約書」に基づく買掛債務
第三債務者の表示	（住所）〒000-0000　〇〇県〇〇市〇〇町〇番地 （名称）C株式会社 （代表者）代表取締役　〇〇　〇〇
弁済期日	平成〇〇年〇月〇〇日
弁済方法	第三債務者より、乙の金融機関口座に振込にて支払
指定口座	（金融機関）　　　銀行　　支店 （口座種類）普通預金 （口座番号）0000000 （口座名義）A株式会社

【解説コーナー】

ポイント1

1．債権譲渡とは？

　世の中には、いろいろな債権があります。貸付金や商品を売り上げたことによる売掛金など、身近なところで多くの債権を目にします。

　「債権譲渡」とは、この債権を別の人（組織）に譲渡する、ということです。契約によって、債権を移転させるわけです。債権者から見れば、債権を売り渡したことであり、債務者から見れば、債権者が交替したことを表しています。通常、「指名債権譲渡」をすることになります。

（図1）

```
貸主A：債権者 ──貸金契約── 500万円
                            貸主B：債務者
```

　（図1）を見てください。債権者Aと債務者Bの間には貸金契約があることを表しています。難しい言葉を使うと、「金銭消費貸借契約」と言います。債務者Bは金銭でこれを返還することができない状況にあるため、自らが保有している債権をAに譲渡することで決着を図ることにしました。

（図2）

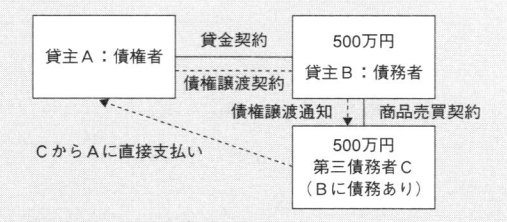

```
貸主A：債権者 ──貸金契約──  500万円
              ─債権譲渡契約─ 貸主B：債務者
                            債権譲渡通知↓　商品売買契約
CからAに直接支払い           500万円
                            第三債務者C
                            （Bに債務あり）
```

　これを合わせたものが（図2）です。本来第三債務者CからBに支払われる債権を、Cから（Bを経由せず）Aに直接支払うように契約を交わすのです。これが債権譲渡です。

2．債権譲渡をするための手続き

譲渡人と譲受人の合意で、債権譲渡は成立します。

ただし、扶養の権利などの一身専属権等、債権の種類によってはこれを譲渡することができません。

(1) 債権譲渡契約書

契約書を交わすのが安全であることは当然です。このとき、確かにその債権が存在しており、別の当事者に債権譲渡されていないことを調べなければなりません。また、契約書上指定されている債権が明確に当該債権であることを示しているか、締結前にチェックしましょう。

(2) 債権譲渡通知書

債権譲渡契約書とセットになっているのが「債権譲渡通知書」です。これは以下で述べる「第三者対抗要件」となりますので、送付することを失念しないよう、注意してください。

(3) 債権譲渡を第三者に対抗するための条件

債権譲渡を第三者に対抗する場合、次のいずれかの手順を踏むことが必要です。

①譲渡人である債務者Bが、第三債務者Cに債権譲渡の旨通知する
②第三債務者Cが、債権譲渡について承諾する

これに加えて、以下の条件があります。

③上記の通知または承諾が、確定日付のある証書で行われていること

確定日付というのは、公証役場で取得することが一般的ですが、実は郵便局より内容証明郵便を送付する際にも確定日付が付与されます。単なる配達記録ではいけません。同じ文面を3通作って送付する、あの内容証明郵便で送ります。

3．確定日付が二重になされている場合の先後は？

同一の債権を二重に譲渡しているときはどうなるのでしょう？ これは、確定日付のある通知が第三債務者に到達した日時もしくは確定日付のある承諾日時の先後によって決定されます（最判昭和49.3.7）。

債権譲渡契約書

よく使われる契約書ひな型40

【解説コーナー】

ポイント2

　債権者の立場からは、実務上次の点に注意しましょう。
　　（1）債権譲渡契約書と債権譲渡通知書の整合性
　　（2）債務者に、同一債権の二重譲渡がないかどうか
　　（3）内容証明郵便等、確定日付を取って第三者に対抗できること
　　（4）譲受する債権が、回収可能なものであること
　　（5）債権譲渡通知を内容証明郵便で送る場合は、譲渡人から第三債務者への通知であること

　特に（5）は、譲受人の印のみ押している場合、譲渡人からの通知ではないために第三者対抗要件とならないことのないよう注意が必要です。なお、譲渡人の印鑑を押してもらい、譲受人である債権者Ａが使者として郵便局へ持ち込んで発送することは問題ないとされています。

印紙税

第15号文書に該当

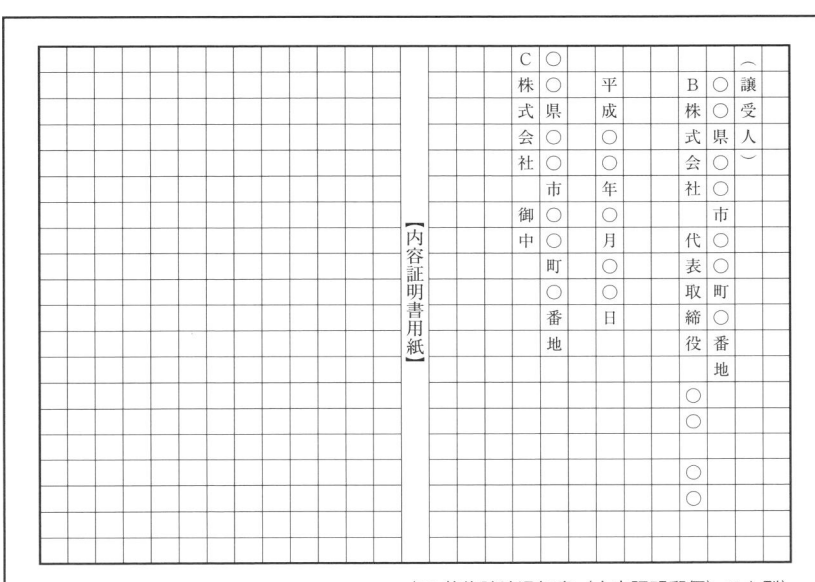

⑳ 債権譲渡通知書（内容証明郵便）

債権譲渡通知書

貴社に対し、A株式会社（以下「譲渡人」）は、B株式会社（以下「譲受人」）に平成○年○月○日付の売掛債権をもって、譲渡しました。もっとも、譲渡した通知致します。譲渡した債権の支払は民法第四六七条に基づき、本譲渡書をもって譲渡人及び譲受人が指定した後記金融機関口座にお支払い願います。

債権の表示
合計金 ○万円

譲渡人及び譲受人が指定した口座
（譲渡人）
A株式会社
○○県○○市○○町○番地
代表取締役 ○○
○○
○○
○○

名義人 B株式会社
口座番号 1111
○○銀行 ○○支店 1普通預金

（譲受人）
B株式会社
○○県○○市○○町○番地
代表取締役 ○○
○○
○○
○○

C株式会社 御中
○○県○○市○○町○番地

平成○○年○月○日

【内容証明書用紙】

（20.債権譲渡通知書（内容証明郵便）ひな型）

【解説コーナー】

ポイント1

内容証明郵便の形式については、次の表にまとめたとおりです。私も過去に文末の「。」が文字数オーバーとなり、文書を再作成したり、時効当日の内容証明郵便を、(電子内容証明で間違いがあってはいけないので)夜中に30分車を走らせて取扱局へ行き、送付したこともあります。内容証明郵便は、急いで送付しなければならない場合が非常に多いので、間違いのないようにしておきたいものです。

項目	説明
字数	1行20字、1枚26行まで。ただし、電子内容証明の場合は、異なります。
文字	句読点も1文字。英字はマンション名等の固有名詞にしか使用できません。特に文末に「、」「。」が重なり、1行が21字となってしまうことがよくあります。これは指定形式を満たさなくなるので、注意しましょう。
差出人	差出人の表示をします。債権譲渡通知書の場合は「債務者」です。「債権者」ではないので、注意してください(債権譲渡の第三者対抗要件を満たさなくなります)。
受取人	第三債務者です。こちらも文面に記載しましょう。なお、本文と封書の宛名は同一となります。本文の住所を1丁目3番と書いて、封書の住所を1-3と書くことはできません。
用紙	市販の内容証明郵便用紙でも、印刷したものでもかまいません。データはVECTOR等でダウンロードも可能です。
枚数	何枚でもかまいませんが、2枚以上となるときは、契印を押します。文字の面と文字の面に契印されるように綴じてください。
部数	同じものを3部作成します。もちろん、コピーでもかまいません。
印鑑	なくても有効ですが、窓口で訂正を求められたときに、印鑑がないと出直しとなります。押印するほうが無難でしょう。
送り方	配達証明を付けましょう。送達したことを証明してくれます。
出す場所	内容証明郵便を取り扱っている郵便局を事前に調べてから窓口に行きましょう。24時間対応の郵便局もあります。 ●ゆうびんホームページ http://www.post.japanpost.jp/

ポイント2

送達の先後が問題となるときは、同じものを3通ではなく、4通作成してください。3通は内容証明郵便の手続きどおりに、そして残り1通は、第三債務者のもとへ直接持参し、受領印をもらいます。

印紙税　非課税

㉑ 事業譲渡契約書

事業譲渡契約書

　A株式会社（以下「甲」）と、B株式会社（以下「乙」）は、次の通り事業譲渡契約（以下「本契約」）を締結した。

第1条【事業譲渡物件】
　甲は、乙に次の営業を譲渡することを約し、乙はこれを承諾した。

業務の種類	日用雑貨品販売
店舗所在地	○○県○○市○○町○番地　○○ビル201
店名	○○ショップ
事業譲渡物件	契約後乙の利用開始時に店舗に現存する商品、営業用動産、建物の造作全部、得意先及び仕入先に対する権利その他営業上の権利一切並びに店舗使用権

2　甲は、前項の店舗使用権については、店舗の賃貸人の承諾を得たことを乙に保証する。

第2条【譲渡金額】
　本契約の対価として、乙は第3条の譲渡日までに、甲の指定する口座に金○○万円を振込により支払う。但し、振込手数料は乙の負担とする。

第3条【譲渡日】
　甲は、乙に対し平成○○年○月○○日までに第1条の店舗を明け渡すと共に、営業に使用している帳簿及び書類を引き渡さなければならない。但し、前条の譲渡金額を甲が受領していない場合は、引き渡しを拒否することができる。

第4条【許認可等】
　乙が甲から譲受する業務に必要な許認可・登録等の承継手続については、本契約締結後速やかに甲乙が協力して行うものとする。
2　前項の手続きに要する費用は、甲の負担とする。

第5条【従業員の取扱い】
　本契約により譲渡する業務に従事する甲の従業員の取扱いについては、別途協議する。

第6条【善管注意義務】
　甲は、本契約締結後譲渡日まで、事業譲渡物件について善良なる管理者の注意をもって維持管理しなければならない。
　2　甲が事業譲渡物件に重要な変更を加えるときは、事前に乙の承認を得るものとする。

第7条【公租公課】
　本件営業に関する公租公課は、本契約成立の前月までの分は甲の負担とし、契約日を含む月以降の分は乙の負担とする。

第8条【個人情報保護】
　甲及び乙は、相手方の個人情報を厳重に管理し、これを外部に漏洩させてはならない。
　2　甲及び乙は、相手方の個人情報を委託先等に配布する際は、事前に相手方の承諾を得なければならない。

第9条【秘密保持】
　甲及び乙は、本契約により知り得た相手方の秘密を、本契約に定める目的以外に第三者に漏洩し、利用してはならないものとする。これは本契約終了後も同様とする。
　2　前項にかかわらず、契約時に既に公開となっている情報及び相手方の許可を得た情報、独自に開発または取得した情報についてはこの限りでない。

第10条【権利の質入及び譲渡】
　甲及び乙は、本契約において保有する権利及び義務の全部又は一部を、相手方の書面による事前の承諾なく第三者に譲渡及び質入することができない。

第11条【権利放棄】
　甲及び乙の一方が、相手方の特定の契約違反を許容し、その違反により発生する損害賠償請求権等の放棄をしても、その後の違反に対する権利を放棄するものではないことを甲乙双方は確認する。
　2　特定の条項の権利放棄を契約期限まで認める場合は、権利を持つ契約当事者が書面にて放棄する旨を承諾しなければならない。

第12条【債務不履行】
　甲及び乙は、相手方が本契約に違反したときは、書面による通知により本契約を解除することができる。但し、違反内容に関し相手方に正当な事由がある場合はこの限りではない。

第13条【期限の利益喪失】
　甲及び乙は、相手方に次の各号の一に該当する事由が生じたときは、相手方に通知することなく本契約を直ちに解除することができる。
　　一　差押え、仮差押え、仮処分、租税滞納処分、その他公権力の処分を受け、または整理、会社更生手続及び民事再生手続の開始、破産もしくは競売を申し立てられ、または自ら、整理、会社更生手続、民事再生手続の開始もしくは破産申立てをしたとき、または第三者からこれらの申立てがなされたとき
　　二　資本減少、営業の廃止もしくは変更、または解散の決議をしたとき
　　三　公租公課の滞納処分を受けたとき
　　四　その他相手方に前各号に準ずる信用の悪化と認められる事実が発生したとき

第14条【違約金】
　乙が正当な事由なく債務の履行を遅延した場合は、甲に対し契約金額に加え、支払日までの遅延損害利息年率10％を加えた額を支払わなければならない。

第15条【損害賠償】
　甲及び乙は、契約解除等により相手方に対して与えた損害の実費を賠償する義務を負う。

第16条【不可抗力】
　本契約上の義務を、以下に定める不可抗力に起因して遅滞もしくは不履行となったときは、甲乙双方本契約の違反とせず、その責を負わないものとする。
　　一　自然災害
　　二　伝染病
　　三　戦争及び内乱
　　四　革命及び国家の分裂
　　五　暴動
　　六　火災及び爆発
　　七　洪水
　　八　ストライキ及び労働争議
　　九　政府機関による法改正
　　十　その他前各号に準ずる非常事態
　2　前項の事態が発生したときは、被害に遭った当事者は、相手方に直ちに不可抗力の発生の旨を伝え、予想される継続期間を通知しなければならない。
　3　不可抗力が90日以上継続した場合は、甲及び乙は、相手方に対する書面による通知にて本契約を解除することができる。

第17条【合意管轄】

本契約につき甲及び乙に疑義が発生した場合、互いに誠実に話し合い、解決に向けて努力しなければならないものとする。

2　本契約につき裁判上の争いとなったときは、東京地方裁判所を第一審の合意管轄裁判所とすることに甲及び乙は合意する。

第18条【準拠法】

本契約は日本法に準拠し、同法によって解釈されるものとする。

以上、本契約の成立を証するため、本書二通を作成し、甲乙各一通を保有する。

平成○○年○月○日

甲（債務者）住所

　　　　　氏名　　　　　　　　　　　　　　印

乙（債権者）住所

　　　　　氏名　　　　　　　　　　　　　　印

（21.事業譲渡契約書ひな型）

【解説コーナー】

ポイント1

　事業譲渡に伴い、譲渡側の建物や駐車場の賃貸借契約も変更する必要が出てくる場合があります。連帯保証人を引き受ける人が変更となったり転貸にあたり、貸主の承諾が必要と解釈されたりすることがあるからです。
　譲渡の対象となっている業務については、想定される事態を洗い出し、対策を講じておくことが大事です。

ポイント2

　平成18年5月1日より、会社法が施行されました。これに伴い、商法上の「営業譲渡」という用語に対し、会社法で「事業譲渡」という用語が登場しました。個人事業主であれば、1つの営業を譲渡すると商号（屋号）は移転しますが、会社組織である場合、事業を譲渡しても商号は移転しないことから、営業譲渡と区別する意味で事業譲渡という用語が考案されたのです。

> ●商法第11条【商号の選定】
> 　商人（会社及び外国会社を除く。以下この編において同じ。）は、その氏、氏名その他の名称をもってその商号とすることができる。
> 2　商人は、その商号の登記をすることができる。

> ●会社法第467条【事業譲渡等の承認等】
> 　株式会社は、次に掲げる行為をする場合には、当該行為がその効力を生ずる日（以下この章において「効力発生日」という。）の前日までに、株主総会の決議によって、当該行為に係る契約の承認を受けなければならない。
> 一　事業の全部の譲渡　　（以下略）

　商法上、商号というのは法人だけではなく、個人事業主の屋号も含んでいます。あまり知られていませんが、個人事業主の屋号も、法務局で登記できます。

印紙税

第1号の1文書に該当

㉒ 合併契約書

合併契約書

A株式会社（以下「甲」）と、B株式会社（以下「乙」）は、次の通り合併契約（以下「本契約」）を締結した。

第1条【存続会社】
甲は乙を合併し存続し、乙は解散する。

第2条【商号変更】
甲は、合併期日をもって、次の通り商号を変更する。

> 商号：AB株式会社

2　甲は合併により、その発行可能株式総数を○株増加し、その総数を○株とする。

第3条【増資】
甲は合併に際し、普通株式○株を発行し、合併期日前日における乙の最終の株主名簿に記載された株主に対し、その所有する乙の普通株式1株に対し甲の普通株式1株の割合をもってこれを割当交付するものとする。
2　この合併により甲は資本金○円、資本準備金○円を増加する。但し、資本準備金については合併期日における乙の資産状態により変更することができるものとする。

第4条【帳簿】
乙は、契約日が属する月の前月末までの会計帳簿、財務諸表を基礎とし、これに合併期日前日までの増減を加除したその資産、負債及び権利義務一切を合併期日において甲に引き継ぐものとする。
2　乙は契約日が属する月の前月末以降、合併期日前日までの間においてその資産、負債に変動を生じた場合、その明細を添付して、直ちに甲に明示するものとする。

第5条【善管注意義務】
甲及び乙は、本契約締結後合併期日前日まで、善良な管理者の注意をもって業務を執行し、それぞれの保有する一切の財産を厳格に管理・運営しなければならない。

第6条【効力発生日】
合併の効力発生日は平成○○年○月○日とする。但し、効力発生日までに必要な手続を遂行することができないことが判明したときは、速やかに甲乙協議して、これを延期することができる。

第7条【配当】

甲及び乙は、平成○○年○月○○日の最終の株主名簿に記載された株主に対し、合併期日までにそれぞれ次の金額を限度として利益配当を行う。
一　甲　1株あたり　総額○円
二　乙　1株あたり　総額○円

第8条【従業員の引継】

乙の従業員は合併期日をもって甲に引き継ぎ、勤続年数は通算するものとする。

第9条【手続費用】

乙の解散に要する手続の費用は、乙の負担とする。

第10条【重大な瑕疵】

本契約締結日より合併期日前日までの間において、相手方に隠れた重大な瑕疵が発見された場合、甲及び乙は合併を取り消し、または合併条件を変更することができる。

第11条【株主総会】

甲及び乙は、平成○○年○月○日にそれぞれ株主総会を開催し、本契約内容の承認及び合併手続の遂行に必要な事項につき議決することを要し、承認後、互いにその旨を相手方に書面にて通知しなければならない。

第12条【発効条件】

本契約は、前条の株主総会の承認決議を得るまでは、その効力を生じないものとする。

第13条【個人情報保護】

甲及び乙は、相手方の個人情報を厳重に管理し、これを外部に漏洩させてはならない。
2　甲及び乙は、相手方の個人情報を委託先等に配布する際は、事前に相手方の承諾を得なければならない。

第14条【秘密保持】

甲及び乙は、本契約により知り得た相手方の秘密を、本契約に定める目的以外に第三者に漏洩し、利用してはならないものとする。これは本契約終了後も同様とする。
2　前項にかかわらず、契約時に既に公開となっている情報及び相手方の許可を得た情報、独自に開発または取得した情報についてはこの限りではない。

第15条【権利の質入及び譲渡】

甲及び乙は、本契約において保有する権利及び義務の全部又は一部を、相手方の書面による事前の承諾なく第三者に譲渡及び質入することができない。

第16条【権利放棄】
　甲及び乙の一方が、相手方の特定の契約違反を許容し、その違反により発生する損害賠償請求権等の放棄をしても、その後の違反に対する権利を放棄するものではないことを甲乙双方は確認する。
　2　特定の条項の権利放棄を契約期限まで認める場合は、権利を持つ契約当事者が書面にて放棄する旨を承諾しなければならない。

第17条【債務不履行】
　甲及び乙は、相手方が本契約に違反したときは、書面による通知により本契約を解除することができる。但し、違反内容に関し相手方に正当な事由がある場合はこの限りではない。

第18条【期限の利益喪失】
　甲及び乙は、相手方に次の各号の一に該当する事由が生じたときは、相手方に通知することなく本契約を直ちに解除することができる。
　一　差押え、仮差押え、仮処分、租税滞納処分、その他公権力の処分を受け、または整理、会社更生手続及び民事再生手続の開始、破産もしくは競売を申し立てられ、または自ら、整理、会社更生手続、民事再生手続の開始もしくは破産申立てをしたとき、または第三者からこれらの申立がなされたとき
　二　資本減少、営業の廃止もしくは変更、または解散の決議をしたとき
　三　公租公課の滞納処分を受けたとき
　四　その他相手方に前各号に準ずる信用の悪化と認められる事実が発生したとき

第19条【違約金】
　乙が正当な事由なく債務の履行を遅延した場合は、甲に対し契約金額に加え、支払日までの遅延損害利息年率10%を加えた額を支払わなければならない。

第20条【損害賠償】
　甲及び乙は、契約解除等により相手方に対して与えた損害の実費を賠償する義務を負う。

第21条【不可抗力】
　本契約締結日より合併期日に至る間において、以下に定める不可抗力に起因して甲または乙の資産状態及び経営状態に重大な変更を生じた場合、甲及び乙は、本契約の履行に向けて互いに協力しなければならない。
　一　自然災害
　二　伝染病
　三　戦争及び内乱
　四　革命及び国家の分裂
　五　暴動
　六　火災及び爆発

七　洪水
　　八　ストライキ及び労働争議
　　九　政府機関による法改正
　　十　その他前各号に準ずる非常事態
2　前項の事態が発生したときは、被害に遭った当事者は、相手方に直ちに不可抗力の発生の旨を伝え、予想される継続期間を通知しなければならない。
3　不可抗力が90日以上継続した場合は、甲及び乙は、相手方に対する書面による通知にて本契約を解除することができる。

第22条【合意管轄】
　本契約につき甲及び乙に疑義が発生した場合、互いに誠実に話し合い、解決に向けて努力しなければならないものとする。
2　本契約につき裁判上の争いとなったときは、東京地方裁判所を第一審の合意管轄裁判所とすることに甲及び乙は合意する。

第23条【準拠法】
　本契約は日本法に準拠し、同法によって解釈されるものとする。

以上、本契約の成立を証するため、本書二通を作成し、甲乙各一通を保有する。

平成〇〇年〇月〇日

甲（存続会社）住所

　　　　　　氏名　　　　　　　　　　　　　　　　印

乙（消滅会社）住所

　　　　　　氏名　　　　　　　　　　　　　　　　印

（22.合併契約書ひな型）

【解説コーナー】

ポイント1

第3条に「乙の普通株式1株に対し甲の普通株式1株の割合をもって」とあるのが合併比率で、ひな型では1：1となっています。双方の会社の株式の価値です。合併契約の協議段階で話し合われる重要な事項の1つです。

ポイント2

合併をするためには、「合併契約」が必要です。
合併契約については、以下のとおり定められています。

> ●会社法第748条【合併契約の締結】
> 　会社は、他の会社と合併をすることができる。この場合においては、合併をする会社は、合併契約を締結しなければならない。

そして、設例のような吸収合併で、株式会社が存続会社になる場合、それぞれの会社の商号や住所、合併が効力を生ずる日（効力発生日）などの事項を契約に掲載しなければならないとされています。

印紙税

第5号文書に該当

㉓ 特許権等譲渡契約書（職務発明）

特許権等譲渡契約書（職務発明）

　A株式会社（以下「甲」）と、○○○○（以下「乙」）は、次の通り特許権等譲渡契約（以下「本契約」）を締結した。

第1条【対象】
　乙は、乙の保有する次の特許権を甲に譲渡することを約した。

●対象特許(1)

発行国	日本国特許庁（JP）
公開番号	特許公開200X－○○○○○○
公開日	平成○○年○月○○日
発明の名称	

●対象特許(2)

発行国	日本国特許庁（JP）
公開番号	特許公開200X－○○○○○○
公開日	平成○○年○月○○日
発明の名称	

第2条【職務発明】
　甲及び乙は、前条の特許権の対象となる発明は、甲の従業員たる乙の職務発明であることを相互に確認する。

第3条【発明の対価】
　甲は特許権の譲渡に対する対価として、金○万円を本契約締結後6か月以内に乙に対して支払う。

第4条【権利移転手続】
　甲が前条の支払を完了したとき、乙は甲に対し速やかに特許権等の移転登録及び名義変更に必要な書類を交付するものとする。

第5条【登録費用】
　前条に規定した変更手続に要する一切の費用は甲の負担とする。

第6条【合意管轄】
　本契約につき甲及び乙に疑義が発生した場合、互いに誠実に話し合い、解決に向けて努力しなければならないものとする。
　2　本契約につき裁判上の争いとなったときは、東京地方裁判所を第一審の合意管轄裁判所とすることに甲及び乙は合意する。

第7条【準拠法】
　本契約は日本法に準拠し、同法によって解釈されるものとする。

以上、本契約の成立を証するため、本書二通を作成し、甲乙各一通を保有する。

平成○○年○月○○日

甲（譲受者）　　住所
　　　　　　　　――――――――――――――――――――
　　　　　　　　氏名　　　　　　　　　　　　　　　　　印

乙（譲渡者）　　住所
　　　　　　　　――――――――――――――――――――
　　　　　　　　氏名　　　　　　　　　　　　　　　　　印

（23.特許権等譲渡契約書ひな型）

【解説コーナー】

ポイント1

特許申請している場合、対象特許を特定する最も確実な方法は、公開特許公報に掲載された内容にて特許を特定する方法です。公開番号と発明の名称を記載すれば特定できます。これは、以下の「特許電子図書館」のウェブサイトにて検索可能です。

●特許電子図書館
http://www.ipdl.ncipi.go.jp/homepg.ipdl

あいまいな内容で、どの特許が対象となっているか、また、複数かどうかもわからない事態は避けたいものです。

ポイント2

近年、職務発明の対価に関する訴訟が起こっています。企業側としても、どのような対価を設定するか難しいところです。有名な「青色LED特許権持分移転登録手続等請求事件」では、社内規定の報奨金が2万円だったのに対し、8.4億円を対価とすることで和解となりました。

今後の裁判判決の蓄積により、一定のルールが形成されていくと思われますので、引き続き注目しましょう。

印紙税

第1号の1文書に該当

㉔特許権専用実施権売買契約書

特許権専用実施権売買契約書

　A株式会社（以下「甲」）と、B株式会社（以下「乙」）は、次の通りC株式会社（以下「丙」）が保有する特許権の専用実施権売買に関する契約（以下「本契約」）を締結した。

第1条【対象】
　甲は、次の特許権の専用実施権を乙に売渡し、乙はこれを買受けた。
●対象特許

発行国	日本国特許庁（JP）
公開番号	特許公開200×－○○○○○○○
公開日	平成○○年○月○○日
発明の名称	

第2条【丙の承諾】
　丙は、甲から乙への専用実施権の移転を承諾する。
2　乙は、第三者への通常実施権を許諾するときは、事前に丙の書面による承諾を得なければならない。

第3条【契約金額】
　乙は本契約の対価として金○円を甲に、金○円を丙に支払う。但し、振込手数料は乙の負担とする。
2　前項の甲及び丙への支払は、専用実施権の移転登録申請と同時に履行することとする。

第4条【権利の質入及び譲渡】
　乙は、第1条に定める特許権をはじめ、本契約において保有する権利及び義務の全部又は一部を、丙の書面による事前の承諾なく第三者に譲渡及び質入することができない。

第5条【違約金】
　乙が正当な事由なく債務の履行を遅延した場合は、甲及び丙に対し契約金額に加え、支払日までの遅延損害利息年率10％を加えた額を支払わなければならない。

第6条【合意管轄】
　本契約につき甲及び乙または丙に疑義が発生した場合、互いに誠実に話し合い、解決に向けて努力しなければならないものとする。
2　本契約につき裁判上の争いとなったときは、東京地方裁判所を第一審の合意管轄裁判所とすることに各契約当事者は合意する。

第7条【準拠法】
　本契約は日本法に準拠し、同法によって解釈されるものとする。

以上、本契約の成立を証するため、本書三通を作成し、甲乙丙各一通を保有する。

平成○○年○月○日

甲（譲渡人）　住所

　　　　　　　氏名　　　　　　　　　　　　　　　　印

乙（譲受人）　住所

　　　　　　　氏名　　　　　　　　　　　　　　　　印

丙（特許権者）住所

　　　　　　　氏名　　　　　　　　　　　　　　　　印

（24.特許権専用実施権売買契約書ひな型）

【解説コーナー】

ポイント1
「第三者への通常実施権」に関して、例えばB社が、特許権者C社と商売上ライバル関係にあるD社に通常実施権を許諾した場合、C社は不利益を被る可能性があります。このような事態を防ぐために、第2条を用意しています。

ポイント2
三者間契約の場合は、甲乙丙の三者が契約書内に登場します。このときは、三者の合意が必要となるにもかかわらず、ある契約当事者の署名欄が用意されていないことがよくあります。甲乙の署名欄だけを設けた契約書であると、契約は「甲乙の書面による合意＋丙と甲または乙の口約束」となり、極めて不安定な状況を生んでしまいます。丙からすれば、自社が勝手に義務を背負っているということにもなりかねませんし、実際このような契約書も拝見したことがあります。

印紙税　非課税

㉕ 特許権通常実施権設定契約書

特許権通常実施権設定契約書

　Ａ株式会社（以下「甲」）と、Ｂ株式会社（以下「乙」）は、次の通り通常実施権設定契約（以下「本契約」）を締結した。

第１条【対象】
　甲は、甲の所有する次の特許権（以下「対象特許」）につき、乙に対して通常実施権を設定する。

●対象特許

発行国	日本国特許庁（JP）
公開番号	特許公開200×ー○○○○○○
公開日	平成○○年○月○○日
発明の名称	

第２条【通常実施権の範囲】
　乙の通常実施権の範囲は次の通りとする。
　一　実施地域　　　日本国内
　二　実施期間　　　契約日から満５年間
　三　実施内容　　　対象特許を使用した携帯端末の製造及び販売

第３条【契約代金】
　実施料は金○万円とし、乙はこの契約締結と同時に、甲に対し支払うものとする。

第４条【資料提供】
　甲は、対象特許に関連する情報及び資料を乙に提供し、対象特許の技術面において、乙と協力し、乙を援助することを約す。

第５条【登録手続】
　本契約における通常実施権の設定登録申請手続は、甲の費用にて行うものとする。

第６条【秘密保持】
　甲及び乙は、本契約により知り得た相手方の秘密を、本契約に定める目的以外に第三者に漏洩し、利用してはならないものとする。これは本契約終了後も同様とする。
　２　前項にかかわらず、契約時に既に公開となっている情報及び相手方の許可を得た情報、独自に開発または取得した情報についてはこの限りではない。

第7条【契約終了時の取り扱い】

本契約終了後も、甲及び乙は引き続き5年間、本契約により知り得た相手方の秘密を同様に管理しなければならない。

第8条【権利の質入及び譲渡】

甲及び乙は、通常実施権他、本契約において保有する権利及び義務の全部又は一部を、相手方の書面による事前の承諾なく第三者に譲渡及び質入することができない。

第9条【権利放棄】

甲及び乙の一方が、相手方の特定の契約違反を許容し、その違反により発生する損害賠償請求権等の放棄をしても、その後の違反に対する権利を放棄するものではないことを甲乙双方は確認する。

2　特定の条項の権利放棄を契約期限まで認める場合は、権利を持つ契約当事者が書面にて放棄する旨を承諾しなければならない。

第10条【債務不履行】

甲及び乙は、相手方が本契約に違反したときは、書面による通知により本契約を解除することができる。但し、違反内容に関し相手方に正当な事由がある場合はこの限りではない。

第11条【期限の利益喪失】

甲及び乙は、相手方に次の各号の一に該当する事由が生じたときは、相手方に通知することなく本契約を直ちに解除することができる。
一　差押え、仮差押え、仮処分、租税滞納処分、その他公権力の処分を受け、または整理、会社更生手続及び民事再生手続の開始、破産もしくは競売を申し立てられ、または自ら、整理、会社更生手続、民事再生手続の開始もしくは破産申立てをしたとき、または第三者からこれらの申立てがなされたとき
二　資本減少、営業の廃止もしくは変更、または解散の決議をしたとき
三　公租公課の滞納処分を受けたとき
四　その他相手方に前各号に準ずる信用の悪化と認められる事実が発生したとき

第12条【違約金】

乙が正当な事由なく債務の履行を遅延した場合は、甲に対し契約金額に加え、支払日までの遅延損害利息年率10％を加えた額を支払わなければならない。

第13条【損害賠償】

甲及び乙は、契約解除等により相手方に対して与えた損害の実費を賠償する義務を負う。

第14条【不可抗力】

本契約上の義務を、以下に定める不可抗力に起因して遅滞もしくは不履行となったときは、甲乙双方本契約の違反とせず、その責を負わないものとする。

一　自然災害
　　二　伝染病
　　三　戦争及び内乱
　　四　革命及び国家の分裂
　　五　暴動
　　六　火災及び爆発
　　七　洪水
　　八　ストライキ及び労働争議
　　九　政府機関による法改正
　　十　その他前各号に準ずる非常事態
２　前項の事態が発生したときは、被害に遭った当事者は、相手方に直ちに不可抗力の発生の旨を伝え、予想される継続期間を通知しなければならない。
３　不可抗力が90日以上継続した場合は、甲及び乙は、相手方に対する書面による通知にて本契約を解除することができる。

第15条【合意管轄】
　本契約につき甲及び乙に疑義が発生した場合、互いに誠実に話し合い、解決に向けて努力しなければならないものとする。
　２　本契約につき裁判上の争いとなったときは、東京地方裁判所を第一審の合意管轄裁判所とすることに甲及び乙は合意する。

第16条【準拠法】
　本契約は日本法に準拠し、同法によって解釈されるものとする。

以上、本契約の成立を証するため本書二通を作成し、甲乙各一通を保有する。

平成○○年○月○日

甲（特許権者）住所

　　　　　氏名　　　　　　　　　　　　　　　　　　　印

乙（実施権者）住所

　　　　　氏名　　　　　　　　　　　　　　　　　　　印

（25.特許権通常実施権設定契約書ひな型）

【解説コーナー】

ポイント1

第3条に「実施料は金〇万円とし、乙はこの契約締結と同時に、甲に対し支払うものとする。」とありますが、実施料の支払方法は一括ではなく分割でもかまいません。また、通常実施権利用による売上に応じて支払う方法もありますが、この場合は売上報告等が必要となります。お互いに最高の成果が出るような支払方法を決定してください。

ポイント2

特許庁への通常実施権設定登録を行う際に、この契約書が必要となります。なお、簡易様式で特許庁が定めた書式（「通常実施権許諾証書」）もありますので、登録申請書の書式と合わせてご紹介します（251ページ参照）。

印紙税 非課税

収　入
印　紙
（15,000円）

様式見本

通常実施権設定登録申請書

平成　　年　　月　　日

特許庁長官　　　　　　殿

1．特許番号　　第　　　　　号

2．通常実施権の範囲
　　　地域
　　　期間
　　　内容

3．対　　　価
　　　対価の額
　　　支払の方法
　　　支払時期の定め
　　　（注）許諾証書に定めのある場合に限り記載すること。

4．登録の目的　　通常実施権の設定

5．申請人（登録権利者）
　　　住所（居所）
　　　氏名（名称）　　　　　　　　　　㊞
　　　（代表者）
　　　（国籍）

6．申請人（登録義務者）
　　　住所（居所）
　　　氏名（名称）　　　　　　　　　　㊞
　　　（代表者）

7．添付書面の目録
　　（1）通常実施権許諾証書　　　　1通

> [記載例]

通常実施権許諾証書

平成　年　月　日

通常実施権者
　　住所（居所）
　　氏名（名称）　　　　　　殿
　　（代表者）

特許番号　第　　　　　号

上記特許権について、下記の通常実施権を貴殿（貴社）に許諾します。

記

(1) 通常実施権の範囲
　　　地　域
　　　期　間
　　　内　容

(2) 対　価
　　　対価の額
　　　支払方法
　　　支払時期の定め
　　（注）対価を定める場合に記載すること。

　　　特許権者
　　　　住所（居所）
　　　　氏名（名称）　　　　　　㊞
　　　　（代表者）

＜印紙税＞
　非課税

実用新案権専用実施権設定契約書

　A株式会社（以下「甲」）と、B株式会社（以下「乙」）は、甲の保有する実用新案権に関し、次の通り専用実施権設定契約（以下「本契約」）を締結した。

第1条【対象】
　甲は、甲の所有する次の実用新案権（以下「対象実用新案権」）につき、乙に対して専用実施権を設定する。

●対象実用新案権

発行国	日本国特許庁（JP）
登録番号	登録実用新案0000000号
登録日	平成○○年○月○○日
発行日	平成○○年○月○○日
考案の名称	

第2条【専用実施権の範囲】
　乙の専用実施権の範囲は次の通りとする。
　一　実施地域　日本国内
　二　実施期間　契約日から満5年間
　三　実施内容　対象実用新案権を使用した○○製品の製造及び販売

第3条【契約代金】
　実施料は金○万円とし、乙はこの契約締結と同時に、甲に対し支払うものとする。

第4条【資料提供】
　甲は、対象実用新案権に関連する情報及び資料を乙に提供し、対象実用新案権の技術面において、乙と協力し、乙を援助することを約す。

第5条【登録手続】
　本契約における専用実施権の設定登録申請手続は、乙の費用にて行うものとする。

第6条【秘密保持】
　甲及び乙は、本契約により知り得た相手方の秘密を、本契約に定める目的以外に第三者に漏洩し、利用してはならないものとする。これは本契約終了後も同様とする。
　2　前項にかかわらず、契約時に既に公開となっている情報及び相手方の許可を得た情報、独自に開発または取得した情報についてはこの限りでない。

第7条【契約終了時の取り扱い】
　本契約終了後も、甲及び乙は引き続き5年間、本契約により知り得た相手方の秘密を同様に管理しなければならない。

第8条【権利の質入及び譲渡】
　甲及び乙は、専用実施権他、本契約において保有する権利及び義務の全部又は一部を、相手方の書面による事前の承諾なく第三者に譲渡及び質入することができない。

第9条【権利放棄】
　甲及び乙の一方が、相手方の特定の契約違反を許容し、その違反により発生する損害賠償請求権等の放棄をしても、その後の違反に対する権利を放棄するものではないことを甲乙双方は確認する。
　2　特定の条項の権利放棄を契約期限まで認める場合は、権利を持つ契約当事者が書面にて放棄する旨を承諾しなければならない。

第10条【債務不履行】
　甲及び乙は、相手方が本契約に違反したときは、書面による通知により本契約を解除することができる。但し、違反内容に関し相手方に正当な事由がある場合はこの限りではない。

第11条【期限の利益喪失】
　甲及び乙は、相手方に次の各号の一に該当する事由が生じたときは、相手方に通知することなく本契約を直ちに解除することができる。
　一　差押え、仮差押え、仮処分、租税滞納処分、その他公権力の処分を受け、または整理、会社更生手続及び民事再生手続の開始、破産もしくは競売を申し立てられ、または自ら、整理、会社更生手続、民事再生手続の開始もしくは破産申立てをしたとき、または第三者からこれらの申立てがなされたとき
　二　資本減少、営業の廃止もしくは変更、または解散の決議をしたとき
　三　公租公課の滞納処分を受けたとき
　四　その他相手方に前各号に準ずる信用の悪化と認められる事実が発生したとき

第12条【違約金】
　乙が正当な事由なく債務の履行を遅延した場合は、甲に対し契約金額に加え、支払日までの遅延損害利息年率10％を加えた額を支払わなければならない。

第13条【損害賠償】
　甲及び乙は、契約解除等により相手方に対して与えた損害の実費を賠償する義務を負う。

第14条【不可抗力】
　本契約上の義務を、以下に定める不可抗力に起因して遅滞もしくは不履行となったときは、甲乙双方本契約の違反とせず、その責を負わないものとする。
　一　自然災害
　二　伝染病
　三　戦争及び内乱

四　革命及び国家の分裂
五　暴動
六　火災及び爆発
七　洪水
八　ストライキ及び労働争議
九　政府機関による法改正
十　その他前各号に準ずる非常事態
2　前項の事態が発生したときは、被害に遭った当事者は、相手方に直ちに不可抗力の発生の旨を伝え、予想される継続期間を通知しなければならない。
3　不可抗力が90日以上継続した場合は、甲及び乙は、相手方に対する書面による通知にて本契約を解除することができる。

第１５条【合意管轄】
本契約につき甲及び乙に疑義が発生した場合、互いに誠実に話し合い、解決に向けて努力しなければならないものとする。
2　本契約につき裁判上の争いとなったときは、東京地方裁判所を第一審の合意管轄裁判所とすることに甲及び乙は合意する。

第１６条【準拠法】
本契約は日本法に準拠し、同法によって解釈されるものとする。

以上、本契約の成立を証するため本書二通を作成し、甲乙各一通を保有する。

平成○○年○月○日

甲（実用新案権者）　住所

　　　　　　　　　　氏名　　　　　　　　　　　　印

乙（実施権者）　　　住所

　　　　　　　　　　氏名　　　　　　　　　　　　印

（26.実用新案権専用実施権設定契約書ひな型）

【解説コーナー】

ポイント1

特許出願の場合のように出願審査請求制度はありません。実用新案権については、以下の点について審査されます。
　一　物品の形状、構造または組み合わせに係る考案であること
　二　公序良俗に反していないこと
　三　請求項の記載様式及び出願の単一性を満たしていること
　四　明細書もしくは図面に必要な事項が記載されており、その記載が著しく不明確ではないこと

ポイント2

特許庁への専用実施権設定登録申請を行う際に、この契約書が必要となります。なお、簡易様式で特許庁が定めた書式（「専用実施権設定契約証書」）もありますので、登録申請書の書式と合わせてご紹介します（257ページ参照）。

印紙税　非課税

```
┌─────────┐
│ 収  入  │                              ┌────────┐
│ 印  紙  │                              │ 様式見本 │
└─────────┘                              └────────┘
 （9,000円）
```

専用実施権設定登録申請書

　　　　　　　　　　　　　　　　　　　　　　平成　　年　　月　　日

　　特許庁長官　　　　　　　　　殿

1．実用新案登録番号　　第　　　　号

2．専用実施権の範囲
　　　地域
　　　期間
　　　内容

3．対　　　価
　　　対価の額
　　　支払の方法
　　　支払時期の定め
　　（注）設定契約（許諾）証書に定めのある場合に限り記載すること。

4．登録の目的　　専用実施権の設定

5．申請人（登録権利者）
　　　住所（居所）
　　　氏名（名称）　　　　　　　　　　　　㊞
　　　（代表者）
　　　（国籍）

6．申請人（登録義務者）
　　　住所（居所）
　　　氏名（名称）　　　　　　　　　　　　㊞
　　　（代表者）

7．添付書面の目録
　（1）　専用実施権設定契約証書　　　　　1通

記載例

専用実施権設定契約証書

平成　年　月　日

実用新案登録番号　　第　　　　号

上記実用新案権について、下記の専用実施権を設定することを契約します。

記

(1) 専用実施権の範囲
　　　地　域
　　　期　間
　　　内　容

(2) 対　価
　　　対価の額
　　　支払方法
　　　支払時期の定め
　　(注) 対価を定める場合に記載すること。

専用実施権者
　　　住所（居所）
　　　氏名（名称）　　　　　　　　㊞
　　　（代表者）
　　　（国籍）

　　　実用新案権者
　　　住所（居所）
　　　氏名（名称）　　　　　　　　㊞
　　　（代表者）

＜印紙税＞
　非課税

㉗ 実用新案権通常実施権設定契約書

実用新案権通常実施権設定契約書

　A株式会社（以下「甲」）と、B株式会社（以下「乙」）は、甲の保有する実用新案権に関し、次の通り通常実施権設定契約（以下「本契約」）を締結した。

第1条【対象】
　甲は、甲の所有する次の実用新案権（以下「対象実用新案権」）につき、乙に対して通常実施権を設定する。
●対象実用新案権

発行国	日本国特許庁（ＪＰ）
登録番号	登録実用新案0000000号
登録日	平成○○年○月○○日
発行日	平成○○年○月○○日
考案の名称	

第2条【通常実施権の範囲】
　乙の通常実施権の範囲は次の通りとする。
　一　実施地域　　日本国内
　二　実施期間　　契約日から満5年間
　三　実施内容　　対象実用新案権を使用した○○製品の製造及び販売

第3条【契約代金】
　実施料は金○万円とし、乙はこの契約締結と同時に、甲に対し支払うものとする。

第4条【資料提供】
　甲は、対象実用新案権に関連する情報及び資料を乙に提供し、対象実用新案権の技術面において、乙と協力し、乙を援助することを約す。

第5条【登録手続】
　本契約における通常実施権の設定登録申請手続は、乙の費用にて行うものとする。

第6条【秘密保持】
　甲及び乙は、本契約により知り得た相手方の秘密を、本契約に定める目的以外に第三者に漏洩し、利用してはならないものとする。これは本契約終了後も同様とする。
　2　前項にかかわらず、契約時に既に公開となっている情報及び相手方の許可を得た情報、独自に開発または取得した情報についてはこの限りでない。

第7条【契約終了時の取り扱い】
　本契約終了後も、甲及び乙は引き続き5年間、本契約により知り得た相手方の

秘密を同様に管理しなければならない。

第8条【権利の質入及び譲渡】
　甲及び乙は、通常実施権他、本契約において保有する権利及び義務の全部又は一部を、相手方の書面による事前の承諾なく第三者に譲渡及び質入することができない。

第9条【権利放棄】
　甲及び乙の一方が、相手方の特定の契約違反を許容し、その違反により発生する損害賠償請求権等の放棄をしても、その後の違反に対する権利を放棄するものではないことを甲乙双方は確認する。
　2　特定の条項の権利放棄を契約期限まで認める場合は、権利を持つ契約当事者が書面にて放棄する旨を承諾しなければならない。

第10条【債務不履行】
　甲及び乙は、相手方が本契約に違反したときは、書面による通知により本契約を解除することができる。但し、違反内容に関し相手方に正当な事由がある場合はこの限りではない。

第11条【期限の利益喪失】
　甲及び乙は、相手方に次の各号の一に該当する事由が生じたときは、相手方に通知することなく本契約を直ちに解除することができる。
　　一　差押え、仮差押え、仮処分、租税滞納処分、その他公権力の処分を受け、または整理、会社更生手続及び民事再生手続の開始、破産もしくは競売を申し立てられ、または自ら、整理、会社更生手続、民事再生手続の開始もしくは破産申立てをしたとき、または第三者からこれらの申立てがなされたとき
　　二　資本減少、営業の廃止もしくは変更、または解散の決議をしたとき
　　三　公租公課の滞納処分を受けたとき
　　四　その他相手方に前各号に準ずる信用の悪化と認められる事実が発生したとき

第12条【違約金】
　乙が正当な事由なく債務の履行を遅延した場合は、甲に対し契約金額に加え、支払日までの遅延損害利息年率10％を加えた額を支払わなければならない。

第13条【損害賠償】
　甲及び乙は、契約解除等により相手方に対して与えた損害の実費を賠償する義務を負う。

第14条【不可抗力】
　本契約上の義務を、以下に定める不可抗力に起因して遅滞もしくは不履行となったときは、甲乙双方本契約の違反とせず、その責を負わないものとする。

一　自然災害
　二　伝染病
　三　戦争及び内乱
　四　革命及び国家の分裂
　五　暴動
　六　火災及び爆発
　七　洪水
　八　ストライキ及び労働争議
　九　政府機関による法改正
　十　その他前各号に準ずる非常事態
2　前項の事態が発生したときは、被害に遭った当事者は、相手方に直ちに不可抗力の発生の旨を伝え、予想される継続期間を通知しなければならない。
3　不可抗力が90日以上継続した場合は、甲及び乙は、相手方に対する書面による通知にて本契約を解除することができる。

第15条【合意管轄】
　本契約につき甲及び乙に疑義が発生した場合、互いに誠実に話し合い、解決に向けて努力しなければならないものとする。
2　本契約につき裁判上の争いとなったときは、東京地方裁判所を第一審の合意管轄裁判所とすることに甲及び乙は合意する。

第16条【準拠法】
　本契約は日本法に準拠し、同法によって解釈されるものとする。

以上、本契約の成立を証するため本書二通を作成し、甲乙各一通を保有する。

平成〇〇年〇月〇日

甲（実用新案権者）　住所

　　　　　　　　　氏名　　　　　　　　　　　　　　　印

乙（実施権者）　　住所

　　　　　　　　　氏名　　　　　　　　　　　　　　　印

　　　　　　　　　　　　　　　（27.実用新案権通常実施権設定契約書ひな型）

【解説コーナー】

ポイント1

実用新案権の存続期間は出願日から10年です（2005年3月31日以前の出願は6年）。したがって、契約書の有効期間もこれに合わせたものにします。

●実用新案法第15条【存続期間】
　実用新案権の存続期間は、実用新案登録出願の日から十年をもって終了する。

ポイント2

特許庁への通常実施権設定登録申請を行う際に、この契約書が必要となります。なお、簡易様式で特許庁が定めた書式（「通常実施権許諾証書」）もありますので、登録申請書の書式と合わせてご紹介します（263ページ参照）。

印紙税　非課税

収 入 印 紙
（9,000円）

様式見本

通常実施権設定登録申請書

平成　年　月　日

特許庁長官　　　　　殿

1　実用新案登録番号　　第　　　　　号

2　通常実施権の範囲
　　　　地域
　　　　期間
　　　　内容

3　対　　　価
　　　　対価の額
　　　　支払の方法
　　　　支払時期の定め
　（注）　許諾証書に定めのある場合に限り記載すること。

4　登録の目的　　通常実施権の設定

5　申請人（登録権利者）
　　　住所（居所）
　　　氏名（名称）　　　　　　　　　　　㊞
　　　（代　表　者）
　　　（国　　　籍）

6　申請人（登録義務者）
　　　住所（居所）
　　　氏名（名称）　　　　　　　　　　　㊞
　　　（代　表　者）

7　添付書面の目録
　（1）　通常実施権許諾証書　　　　　　　1通

[記載例]

通常実施権許諾証書

平成　年　月　日

通常実施権者
　　住所（居所）
　　氏名（名称）　　　　　　殿
　　（代　表　者）

実用新案登録番号　第　　　　　号

上記実用新案権について、下記の通常実施権を貴殿（貴社）に許諾します。

記

(1)　通常実施権の範囲
　　　　　　地　域
　　　　　　期　間
　　　　　　内　容

(2)　対　価
　　　　　　対価の額
　　　　　　支払方法
　　　　　　支払時期の定め
　　　　　　(注)　対価を定める場合に記載すること。

　　　　実用新案権者
　　　　住所（居所）
　　　　氏名（名称）　　　　　　　　　　　㊞
　　　　（代　表　者）

＜印紙税＞
　非課税

㉘ OEM基本契約書

OEM基本契約書

A株式会社（以下「甲」）と、B株式会社（以下「乙」）は、次の通りOEM契約（以下「本契約」）を締結した。

第1条【目的】
甲は、別紙記載の自動車部品（以下「本製品」）の製造を乙に委託し、完成した製品を乙から買い取るものとする。

第2条【仕様】
本製品の仕様は、別途甲の承認を得た製品仕様書によるものとする。
2　法改正及び業界団体基準の変更その他の事情により本製品の仕様に変更の必要が生じたときは、甲乙協議の上仕様を変更することができる。
3　前項において、納入価格、納期等契約条件を変更する必要があるときは、甲乙協議してこれを定める。

第3条【製品の表示】
乙は、本製品及び梱包材等甲が定めたものにつき、甲の商標を表示しなければならない。
2　前項の商標の表示方法は、甲の定めるところによる。
3　乙は、本製品を甲以外の第三者に販売することができない。

第4条【相互保証】
甲は、本製品につき、年間〇万円以上の発注を乙に行うことを保証する。
2　乙は、前項の発注保証分につき、受注し製造を行うことを保証する。
3　本条の年間発注個数については、契約更新3か月前までに甲乙協議により翌年度の分を定める。

第5条【個別契約】
本契約は、本製品の生産に関して、個別契約に共通に適用されるものとする。
2　個別契約は甲が乙に注文書を発行し、乙がこれに対して注文請書を交付することにより成立する。
3　品名、数量、価格、納期、引渡条件その他必要な事項は、個別契約をもって定めるものとする。

第6条【荷造運賃】
本製品の納入価格には、荷造費及び運賃を含むものとする。

第7条【検査】
乙は本製品の納入に際し、甲の定める検査基準に基づき検査を実施しなければならない。
2　甲は、いつでも乙の製造工場において本製品の検査を行い、本製品が甲の定める基準に適合しているか否かを検査することができる。

第8条【納品】

乙は、個別契約の定めるところにより、本製品を甲の指定場所へ、指定された納期に納入しなければならない。

2　乙は、本製品を納期に納入できないおそれがあるときは、直ちにその旨を甲に通知し、甲の指示に従わなければならない。

第9条【引渡検査】

甲は、本製品の納入後7日以内に引渡検査を実施し、その結果を速やかに乙に通知するものとする。

2　前項の引渡検査に合格しなかったときは、乙は遅滞なく代品を納入し、もしくは、無償で補修するものとする。

第10条【所有権】

本製品の所有権は、前条に定める引渡検査完了時に、乙から甲に移転する。

第11条【危険負担】

本製品の引渡検査完了までに、本製品の全部又は一部が乙の責により滅失、毀損又は変質したときは、乙がその損害を負担しなければならない。

第12条【代金支払】

乙は、引渡検査を完了した本製品の当月分の代金を翌月5日までに請求書を発行することにより甲に通知する。

2　甲は請求書を受領した月の末日までに、前項の代金を乙の指定金融機関口座へ振り込み支払うものとする。

3　振込手数料は甲の負担とする。

第13条【瑕疵担保責任】

甲は、本製品の引渡検査完了のときから1年以内に本製品の隠れた瑕疵を発見した場合、乙の負担にて回収又は交換させ、若しくは代金の減額を請求することができる。

2　前項の回収又は交換は、甲から第三者へ出荷済の本製品については甲が実施するものとし、乙は自らの費用にて、必要な交換部品及び代品の供給並びに技術指導を行う。

第14条【アフターサービス】

本製品のアフターサービスは、原則甲の負担と責任において行う。但し、甲にて修補不能の場合は、乙に対し有償にて修補を依頼できるものとする。

2　乙は、前項のアフターサービスに必要な技術資料を甲に提供するとともに、甲に対し、サービスに関する技術教育並びに技術指導を行う。

3　乙は、本製品の修補用部品を甲に納入後5年間保有するものとし、甲に有償にてこれを供与するものとする。

第15条【製造物責任】
　本製品が第三者の身体及び財産に損害を及ぼした場合、または損害を及ぼすことが予想される場合、乙は直ちに甲に通知し、甲と協議して善後策を練らなければならない。
　2　甲が当該損害を発見した場合、乙は甲の指示に基づき甲の処理解決に協力するものとし、処理解決に要した費用の分担は次の通りとする。
　一　製品仕様書に起因する損害　全額甲が負担
　二　本製品の製造工程に起因する損害　全額乙が負担
　三　その他　甲乙協議して定める

第16条【知的財産権】
　本製品に関し、第三者との間で知的財産権に関する紛争を生じたときは、乙はその責任において解決にあたるものとし、これにより甲が損害を被ったとき、乙はその損害を賠償する。但し、製品仕様書及び商標による紛争は甲の責任において解決にあたるものとする。
　2　本製品について甲が提供した技術情報に基づき、乙が発明考案等をなしたとき、特許権等知的財産権の出願の可否及びその権利の帰属については、甲乙協議決定する。
　3　本条の規定は、本契約終了後も有効とする。

第17条【生産中止】
　乙が本製品を生産することが著しく困難又は不可能と判断したときは、生産中止の旨に理由を付して、生産中止6か月前までに甲に通知し、以後の対策について甲乙協議するものとする。

第18条【契約期間】
　本契約の契約期限は、契約日より2年間とし、契約期限の6か月前までに甲乙双方より特段の意思表示がないときは、自動的に2年間更新されるものとする。

第19条【個別契約の効力】
　本契約が解除又は終了した場合においても、本契約に基づき締結された個別契約については、甲乙いずれからも別段の意思表示のない限り存続し、本契約の規定が適用される。

第20条【個人情報保護】
　甲及び乙は、相手方の個人情報を厳重に管理し、これを外部に漏洩させてはならない。
　2　甲及び乙は、相手方の個人情報を委託先等に配布する際は、事前に相手方の承諾を得なければならない。

第21条【秘密保持】
　甲及び乙は、本契約により知り得た相手方の秘密を、本契約に定める目的以外

に第三者に漏洩し、利用してはならないものとする。これは本契約終了後も同様とする。
2　前項にかかわらず、契約時に既に公開となっている情報及び相手方の許可を得た情報、独自に開発または取得した情報についてはこの限りではない。

第２２条【契約終了時の取り扱い】
　本契約終了後も、甲及び乙は引き続き5年間、本契約により知り得た相手方の秘密を同様に管理しなければならない。

第２３条【権利の質入及び譲渡】
　甲及び乙は、本契約において保有する権利及び義務の全部又は一部を、相手方の書面による事前の承諾なく第三者に譲渡及び質入することができない。

第２４条【権利放棄】
　甲及び乙の一方が、相手方の特定の契約違反を許容し、その違反により発生する損害賠償請求権等の放棄をしても、その後の違反に対する権利を放棄するものではないことを甲乙双方は確認する。
2　特定の条項の権利放棄を契約期限まで認める場合は、権利を持つ契約当事者が書面にて放棄する旨を承諾しなければならない。

第２５条【債務不履行】
　甲及び乙は、相手方が本契約に違反したときは、書面による通知により本契約を解除することができる。但し、違反内容に関し相手方に正当な事由がある場合はこの限りではない。

第２６条【期限の利益喪失】
　甲及び乙は、相手方に次の各号の一に該当する事由が生じたときは、相手方に通知することなく本契約を直ちに解除することができる。
　　一　差押え、仮差押え、仮処分、租税滞納処分、その他公権力の処分を受け、または整理、会社更生手続及び民事再生手続の開始、破産もしくは競売を申し立てられ、または自ら、整理、会社更生手続、民事再生手続の開始もしくは破産申し立てをしたときまたは第三者からこれらの申立てがなされたとき
　　二　資本減少、営業の廃止もしくは変更、または解散の決議をしたとき
　　三　公租公課の滞納処分を受けたとき
　　四　その他相手方に前各号に準ずる信用の悪化と認められる事実が発生したとき

第２７条【損害賠償】
　甲及び乙は、契約解除等により相手方に対して与えた損害の実費を賠償する義務を負う。

第２８条【不可抗力】
　本契約上の義務を、以下に定める不可抗力に起因して遅滞もしくは不履行とな

ったときは、甲乙双方本契約の違反とせず、その責を負わないものとする。
  一　自然災害
  二　伝染病
  三　戦争及び内乱
  四　革命及び国家の分裂
  五　暴動
  六　火災及び爆発
  七　洪水
  八　ストライキ及び労働争議
  九　政府機関による法改正
  十　その他前各号に準ずる非常事態
2　前項の事態が発生したときは、被害に遭った当事者は、相手方に直ちに不可抗力の発生の旨を伝え、予想される継続期間を通知しなければならない。
3　不可抗力が90日以上継続した場合は、甲及び乙は、相手方に対する書面による通知にて本契約を解除することができる。

第29条【合意管轄】
　本契約につき甲及び乙に疑義が発生した場合、互いに誠実に話し合い、解決に向けて努力しなければならないものとする。
2　本契約につき裁判上の争いとなったときは、東京地方裁判所を第一審の合意管轄裁判所とすることに甲及び乙は合意する。

第30条【準拠法】
　本契約は日本法に準拠し、同法によって解釈されるものとする。

以上、本契約の成立を証するため本書二通を作成し、甲乙各一通を保有する。

平成○○年○月○日

甲（委託者）住所

　　　　　　氏名　　　　　　　　　　　　　　印

乙（受託者）住所

　　　　　　氏名　　　　　　　　　　　　　　印

（28.ＯＥＭ基本契約書ひな型）

【解説コーナー】

ポイント1

本契約のようなOEM契約では、継続的な信頼関係が必要です。必ず一定量の発注をかけるので、必ず製品を作るように約すことにより、お互いに安心して取引を進めるようにします。OEM契約により、請負者は設備や従業員を確保しなければならないでしょう。

なお、契約期間が短期ではこれらの投資が赤字となる可能性もあるので、3年や5年などの長期契約とすることもあります。

ポイント2

請負者としては、突然の大量注文に応えることができないリスクがあります。大量注文が想定されるか、それに対応できずにペナルティを課される可能性があるかどうか、契約締結時に考えておきましょう。

また、他にもリスクがありますので、具体的な取引のシーンを思い描き、解決すべき事項を契約書に反映させることが重要です。

印紙税

第7号文書に該当（第7号文書と第2号文書に該当し、課税は第7号文書として行われる）

㉙販売提携契約書

販売提携契約書

　A株式会社（以下「甲」）と、B株式会社（以下「乙」）は、次の通り販売提携に関する契約（以下「本契約」）を締結した。

第1条【目的】
　甲及び乙は、相互にその業務の発展を図るため、本契約を締結し、誠実にこれを履行するものとする。
　2　甲は、乙の販売会社として、乙の製造する商品（以下「本件商品」）を継続的に消費者に販売する。

第2条【販売地域】
　甲が販売権を有する地域は、下記の通りとする。

> （1）関東地方・　（2）東北地方・　（3）北海道

　2　甲は、乙の文書による許可のない限り、本販売区域外において、もしくはインターネット上で本件商品を販売してはならない。但し、乙が認めたときは、前項の地域以外にも直接販売することができる。

第3条【販売価格】
　乙が甲に対し販売する本件商品の販売価格は、乙の定める価格一覧表に基づく。

第4条【最低取扱数量】
　甲が年間（1月1日から同年の12月31日まで）で販売する本件商品の最低数は3千個とし、これを最低取扱数量とする。
　2　甲は乙に、10月末日までに翌年の年間販売予定商品数を提出する。
　3　第1項の最低取扱数量に満たない場合、乙は本契約を解除することができる。

第5条【引渡し及び検収】
　本件商品の配送場所は、甲が乙に書面にて指定した場所とする。但し、特に乙が認める場合を除き、第2条第1項の各地域に1か所までとする。
　2　甲は、本件商品到着後5日以内に検収をし、乙に検収完了報告書を提出しなければならない。
　3　本件商品に数量不足、破損等があった場合、直ちに乙に通知する。
　4　輸送中の事故その他乙の責任による損害は乙の負担とする。但し、本件商品到着後の保管及び運搬等に起因して生じた場合は甲の負担とする。
　5　第2項の検収完了報告書を乙が受領したときに引渡しが完了したものとする。但し、乙への代金の支払が完了するまでは、本件商品の所有権は乙が保有する。

第6条【支払】
　甲は、毎月15日到着分を締切とし、当月分の商品代金を、翌月末日までに乙の指定する方法により支払うものとする。

第7条【専従者】
　甲は専従者を1名以上選任し、乙は専従者の商品知識習得に協力しなければならない。
　2　宣伝広告方法については、甲の費用と責任でこれを行い、事前に乙の承諾を要する。但し、乙が独自に行う宣伝広告については、この限りでない。

第8条【契約期間】
　本契約の契約期限は、契約日より1年間とし、契約期限の3か月前までに甲乙双方より特段の意思表示がないときは、自動的に1年間更新されるものとする。

第9条【個人情報保護】
　甲及び乙は、相手方の個人情報を厳重に管理し、これを外部に漏洩させてはならない。
　2　甲及び乙は、相手方の個人情報を委託先等に配布する際は、事前に相手方の承諾を得なければならない。

第10条【秘密保持】
　甲及び乙は、本契約により知り得た相手方の秘密を、本契約に定める目的以外に第三者に漏洩し、利用してはならないものとする。これは本契約終了後も同様とする。
　2　前項にかかわらず、契約時に既に公開となっている情報及び相手方の許可を得た情報、独自に開発または取得した情報についてはこの限りではない。

第11条【契約終了時の取り扱い】
　本契約終了後も、甲及び乙は引き続き5年間、本契約により知り得た相手方の秘密を同様に管理しなければならない。

第12条【権利の質入及び譲渡】
　甲及び乙は、本契約において保有する権利及び義務の全部又は一部を、相手方の書面による事前の承諾なく第三者に譲渡及び質入することができない。

第13条【権利放棄】
　甲及び乙の一方が、相手方の特定の契約違反を許容し、その違反により発生する損害賠償請求権等の放棄をしても、その後の違反に対する権利を放棄するものではないことを甲乙双方は確認する。
　2　特定の条項の権利放棄を契約期限まで認める場合は、権利を持つ契約当事者が書面にて放棄する旨を承諾しなければならない。

第14条【債務不履行】
　甲及び乙は、相手方が本契約に違反したときは、書面による通知により本契約を解除することができる。但し、違反内容に関し相手方に正当な事由がある場合はこの限りではない。

第15条【期限の利益喪失】
　甲及び乙は、相手方に次の各号の一に該当する事由が生じたときは、相手方に通知することなく本契約を直ちに解除することができる。
　一　差押え、仮差押え、仮処分、租税滞納処分、その他公権力の処分を受け、または整理、会社更生手続及び民事再生手続の開始、破産もしくは競売を申し立てられ、または自ら、整理、会社更生手続、民事再生手続の開始もしくは破産申立てをしたとき、または第三者からこれらの申立てがなされたとき
　二　資本減少、営業の廃止もしくは変更、または解散の決議をしたとき
　三　公租公課の滞納処分を受けたとき
　四　その他相手方に前各号に準ずる信用の悪化と認められる事実が発生したとき

第16条【損害賠償】
　甲及び乙は、契約解除等により相手方に対して与えた損害の実費を賠償する義務を負う。

第17条【不可抗力】
　本契約上の義務を、以下に定める不可抗力に起因して遅滞もしくは不履行となったときは、甲乙双方本契約の違反とせず、その責を負わないものとする。
　一　自然災害
　二　伝染病
　三　戦争及び内乱
　四　革命及び国家の分裂
　五　暴動
　六　火災及び爆発
　七　洪水
　八　ストライキ及び労働争議
　九　政府機関による法改正
　十　その他前各号に準ずる非常事態
2　前項の事態が発生したときは、被害に遭った当事者は、相手方に直ちに不可抗力の発生の旨を伝え、予想される継続期間を通知しなければならない。
3　不可抗力が90日以上継続した場合は、甲及び乙は、相手方に対する書面による通知にて本契約を解除することができる。

第18条【合意管轄】
　本契約につき甲及び乙に疑義が発生した場合、互いに誠実に話し合い、解決に向けて努力しなければならないものとする。
2　本契約につき裁判上の争いとなったときは、乙の所在地を管轄する地方裁判所を第一審の合意管轄裁判所とすることに甲及び乙は合意する。

第19条【準拠法】
　本契約は日本法に準拠し、同法によって解釈されるものとする。

以上、本契約の成立を証するため本書二通を作成し、甲乙各一通を保有する。

平成〇〇年〇月〇日

甲（販売者）住所

　　　　　氏名　　　　　　　　　　　　　　　　印

乙（製造者）住所

　　　　　氏名　　　　　　　　　　　　　　　　印

（29.販売提携契約書ひな型）

【解説コーナー】

ポイント1
　第2条にて、独占的に販売権を与えるかどうかが問題となります。独占販売権を販売者に与える場合は、最低取扱数量のハードルを高くし、それをクリアできなければ「独占」の権利を失うなどのペナルティを設定しましょう。

ポイント2
　商品を継続的に提供する場合、品質の基準を設けておくことが双方にとって安全です。双方の考える品質基準が異なっている状態で取引が始まってしまうと、初回の納品時からトラブルが発生してしまいかねません。私自身も直面したことがあります。十分注意が必要です。

印紙税
第7号文書に該当

㉚ 技術提携契約書

技術提携契約書

A株式会社（以下「甲」）と、B株式会社（以下「乙」）は、次の通り甲が保有する特許権及びノウハウ（以下「特許権等」）につき、次の通り技術提携契約（以下「本契約」）を締結した。

第1条【対象】
甲は、次の特許権等を独占的に実施する権利を乙に許諾する。
(1) 特許権

発行国	日本国特許庁（JP）
公開番号	特許公開200×ー〇〇〇〇〇〇
公開日	平成〇〇年〇月〇〇日
発明の名称	

(2) ノウハウ

概要	

2　乙は、前項の特許権等を利用して製品の開発、販売を行うことができる。

第2条【契約金額】
乙は本契約の対価として、本契約締結後1か月以内に契約金として金〇円を甲の指定する金融機関口座に電信振込にて支払う。
2　乙は特許実施料として、次の金員を甲に支払うものとする。

> 乙が販売する製品売上高〇〇％の実施料率を乗じて算出される額

3　前項の特許実施料は、毎年1月から6月、7月から12月の2期に分け、それぞれ7月末、翌年1月末に甲に支払うものとする。
4　特許実施料を算定するための様式は、甲が別途定め、乙は前項の支払期日までに甲に提出しなければならない。
5　振込手数料は乙の負担とする。

第3条【権利の質入及び譲渡】
乙は、第1条に定める特許権等をはじめ、本契約において保有する権利及び義務の全部又は一部を、甲の事前の承諾なく第三者に譲渡及び質入することができない。

第4条【契約金の不返還】
本契約に定める特許権等の無効が確定した場合でも、本契約によりすでに乙から支払われた対価は返還されないものとする。

第5条【備付帳簿の検査】
　乙は、本契約の発効日以降に製造した製品の生産及び販売につき記録した帳簿を備え付けておくものとし、甲は必要に応じ、当該帳簿を検査することができる。

第6条【実施権の制限】
　乙は、特許等の実施権の一部又は全部を第三者に再許諾し、又は担保に供してはならない。

第7条【通報】
　乙は、第三者が甲の特許権等を侵害し、又は侵害しようとしていることを知った場合、速やかに甲に通知し、甲と協力してその排除に当たるよう努めるものとする。

第8条【権利の非共有】
　乙の役員又は被用者が特許権等の改良または拡張に係る新しい発明又は考案をなした場合、当該発明又は考案に関する特許若しくは実用新案登録を受ける権利は、甲及び乙の共有としない。

第9条【不実施】
　乙が正当の理由なく本契約締結の日から3か月以内に特許発明を実施せず、又は引続き6か月以上にわたり特許発明を実施しないときは、甲は、前条の規定にかかわらず直ちにこの契約を解除することができる。

第10条【有効期間】
　本契約の有効期間は、平成○年○月○日から平成○年○月○日までとする。但し、第1条の特許権については、特許発明の権利存続期間満了の日までとする。

第11条【個人情報保護】
　甲及び乙は、相手方の個人情報を厳重に管理し、これを外部に漏洩させてはならない。
　2　甲及び乙は、相手方の個人情報を委託先等に配布する際は、事前に相手方の承諾を得なければならない。

第12条【秘密保持】
　甲及び乙は、本契約により知り得た相手方の秘密を、本契約に定める目的以外に第三者に漏洩し、利用してはならないものとする。これは本契約終了後も同様とする。
　2　前項にかかわらず、契約時に既に公開となっている情報及び相手方の許可を得た情報、独自に開発または取得した情報についてはこの限りではない。

第13条【契約終了時の取り扱い】
　本契約終了後も、甲及び乙は引き続き5年間、本契約により知り得た相手方の秘密を同様に管理しなければならない。

技術提携契約書

第14条【権利の質入及び譲渡】
甲及び乙は、本契約において保有する権利及び義務の全部又は一部を、相手方の書面による事前の承諾なく第三者に譲渡及び質入することができない。

第15条【権利放棄】
甲及び乙の一方が、相手方の特定の契約違反を許容し、その違反により発生する損害賠償請求権等の放棄をしても、その後の違反に対する権利を放棄するものではないことを甲乙双方は確認する。
2 特定の条項の権利放棄を契約期限まで認める場合は、権利を持つ契約当事者が書面にて放棄する旨を承諾しなければならない。

第16条【債務不履行】
甲及び乙は、相手方が本契約に違反したときは、書面による通知により本契約を解除することができる。但し、違反内容に関し相手方に正当な事由がある場合はこの限りではない。

第17条【期限の利益喪失】
甲及び乙は、相手方に次の各号の一に該当する事由が生じたときは、相手方に通知することなく本契約を直ちに解除することができる。
一 差押え、仮差押え、仮処分、租税滞納処分、その他公権力の処分を受け、または整理、会社更生手続及び民事再生手続の開始、破産もしくは競売を申し立てられ、または自ら、整理、会社更生手続、民事再生手続の開始もしくは破産申立てをしたとき、または第三者からこれらの申立てがなされたとき
二 資本減少、営業の廃止もしくは変更、または解散の決議をしたとき
三 公租公課の滞納処分を受けたとき
四 その他相手方に前各号に準ずる信用の悪化と認められる事実が発生したとき

第18条【違約金】
乙が正当な事由なく債務の履行を遅延した場合は、甲に対し契約金額に加え、支払日までの遅延損害利息年率10％を加えた額を支払わなければならない。

第19条【損害賠償】
甲及び乙は、契約解除等により相手方に対して与えた損害の実費を賠償する義務を負う。

第20条【不可抗力】
本契約上の義務を、以下に定める不可抗力に起因して遅滞もしくは不履行となったときは、甲乙双方本契約の違反とせず、その責を負わないものとする。
一 自然災害
二 伝染病
三 戦争及び内乱
四 革命及び国家の分裂

五　暴動
　　六　火災及び爆発
　　七　洪水
　　八　ストライキ及び労働争議
　　九　政府機関による法改正
　　十　その他前各号に準ずる非常事態
2　前項の事態が発生したときは、被害に遭った当事者は、相手方に直ちに不可抗力の発生の旨を伝え、予想される継続期間を通知しなければならない。
3　不可抗力が90日以上継続した場合は、甲及び乙は、相手方に対する書面による通知にて本契約を解除することができる。

第21条【合意管轄】
　本契約につき甲及び乙に疑義が発生した場合、互いに誠実に話し合い、解決に向けて努力しなければならないものとする。
2　本契約につき裁判上の争いとなったときは、東京地方裁判所を第一審の合意管轄裁判所とすることに甲及び乙は合意する。

第22条【準拠法】
　本契約は日本法に準拠し、同法によって解釈されるものとする。

以上、本契約の成立を証するため本書二通を作成し、甲乙各一通を保有する。

平成○○年○月○日

甲（特許権者）住所

　　　　　氏名　　　　　　　　　　　　　　　印

乙（実施権者）住所

　　　　　氏名　　　　　　　　　　　　　　　印

（30.技術提携契約書ひな型）

【解説コーナー】

ポイント1
法的保護を受けていないノウハウの取扱いについては、第1条を見てください。特許権の特定は容易ですが、ノウハウの特定は非常に難しい問題を抱えています。言葉だけでは説明できないことも多いので、必要に応じて別紙を添付することもあります。

ポイント2
特許権者が実施権者に独占権を与えることにより、独占ではない場合よりも対価が大きくなることや、独占ではないと契約が成立しない可能性があります。その反面、他に実施したい第三者が現れたときに、既存の独占契約に拘束されるというデメリットもあります。
このような契約で損をしないためには、自社で保有する知的財産権、ノウハウ等の価値がどの程度であるか、「目利きの能力」が求められます。

印紙税 非課税

㉛ 業務提携基本契約書

業務提携基本契約書

A株式会社（以下「甲」）と、B株式会社（以下「乙」）は、次の通り業務提携契約（以下「本契約」）を締結した。

第1条【目的】
本契約は、甲乙相互が発展するために、新製品・新技術の開発を甲及び乙が協力して推進することを目的とする。

第2条【業務の範囲】
本契約において業務とは、甲及び乙が共同又は協力して行う新製品開発のための企画・研究・開発・設計・生産、販売業務とする。
2　本契約は甲及び乙が単独で遂行可能な新製品開発等を規制するものではないことを、甲乙双方は確認する。

第3条【業務推進方法】
本契約において甲及び乙は、原則として対等の権利を有するものとする。
2　個々の業務については、提案した当事者が業務の主導をするものとする。
3　前項の主導をなした当事者は、これによって生じた費用及びリスクを負担するものとし、相手方にその負担の一部を依頼する場合は、文書にて事前に通知しなければならない。

第4条【設備の利用】
甲及び乙は、事前に相互の利用可能設備リストを相手方に提示し、互いの施設に立ち入り、設備の利用をすることができるものとする。

第5条【知的財産権】
本契約に基づいて行う個々の業務の過程で発生する知的財産権については、原則として発明又は考案した者の所属する企業に帰属するものとする。
2　発明又は考案した者が甲及び乙双方に存在する場合は、両社の共同出願とする。
3　前二項の場合において、甲及び乙が第三者に知的財産権の実施を許諾するときは、事前に甲乙協議の上決定するものとする。

第6条【競合製品取扱いの禁止】
甲及び乙は本契約により開発した製品等と同一又は類似した製品の開発、販売をしてはならない。
2　甲及び乙は、同一又は類似の製品の取扱いを行う場合は、相手方の書面による承諾を得なければならない。

第7条【製造物責任】
　甲及び乙が、共同開発した製品の欠陥に起因して第三者の財産及び身体に損害を及ぼし、または及ぼす可能性が生じた場合、相互に速やかに連絡し、製品の回収、原因の検査、修理、交換その他により、適切に処理解決しなければならない。
　2　甲及び乙は、前項の損害につき紛争が発生した場合、その処理解決に協力するものとし、これら処理解決に要した費用の分担は甲乙協議して定める。

第8条【個人情報保護】
　甲及び乙は、相手方の個人情報を厳重に管理し、これを外部に漏洩させてはならない。
　2　甲及び乙は、相手方の個人情報を委託先等に配布する際は、事前に相手方の承諾を得なければならない。

第9条【秘密保持】
　甲及び乙は、本契約により知り得た相手方の秘密を、本契約に定める目的以外に第三者に漏洩し、利用してはならないものとする。これは本契約終了後も同様とする。
　2　前項にかかわらず、契約時に既に公開となっている情報及び相手方の許可を得た情報、独自に開発または取得した情報についてはこの限りではない。

第10条【契約終了時の取り扱い】
　本契約終了後も、甲及び乙は引き続き5年間、本契約により知り得た相手方の秘密を同様に管理しなければならない。

第11条【権利の質入及び譲渡】
　甲及び乙は、本契約において保有する権利及び義務の全部又は一部を、相手方の書面による事前の承諾なく第三者に譲渡及び質入することができない。

第12条【権利放棄】
　甲及び乙の一方が、相手方の特定の契約違反を許容し、その違反により発生する損害賠償請求権等の放棄をしても、その後の違反に対する権利を放棄するものではないことを甲乙双方は確認する。
　2　特定の条項の権利放棄を契約期限まで認める場合は、権利を持つ契約当事者が書面にて放棄する旨を承諾しなければならない。

第13条【債務不履行】
　甲及び乙は、相手方が本契約に違反したときは、書面による通知により本契約を解除することができる。但し、違反内容に関し相手方に正当な事由がある場合はこの限りではない。

第14条【期限の利益喪失】

甲及び乙は、相手方に次の各号の一に該当する事由が生じたときは、相手方に通知することなく本契約を直ちに解除することができる。

一　差押え、仮差押え、仮処分、租税滞納処分、その他公権力の処分を受け、または整理、会社更生手続及び民事再生手続の開始、破産もしくは競売を申し立てられ、または自ら、整理、会社更生手続、民事再生手続の開始もしくは破産申立をしたとき、または第三者からこれらの申立てがなされたとき
二　資本減少、営業の廃止もしくは変更、または解散の決議をしたとき
三　公租公課の滞納処分を受けたとき
四　その他相手方に前各号に準ずる信用の悪化と認められる事実が発生したとき

第15条【損害賠償】

甲及び乙は、契約解除等により相手方に対して与えた損害の実費を賠償する義務を負う。

第16条【不可抗力】

本契約上の義務を、以下に定める不可抗力に起因して遅滞もしくは不履行となったときは、甲乙双方本契約の違反とせず、その責を負わないものとする。

一　自然災害
二　伝染病
三　戦争及び内乱
四　革命及び国家の分裂
五　暴動
六　火災及び爆発
七　洪水
八　ストライキ及び労働争議
九　政府機関による法改正
十　その他前各号に準ずる非常事態

2　前項の事態が発生したときは、被害に遭った当事者は、相手方に直ちに不可抗力の発生の旨を伝え、予想される継続期間を通知しなければならない。
3　不可抗力が90日以上継続した場合は、甲及び乙は、相手方に対する書面による通知にて本契約を解除することができる。

第17条【合意管轄】

本契約につき甲及び乙に疑義が発生した場合、互いに誠実に話し合い、解決に向けて努力しなければならないものとする。
2　本契約につき裁判上の争いとなったときは、東京地方裁判所を第一審の合意管轄裁判所とすることに甲及び乙は合意する。

第18条【準拠法】

本契約は日本法に準拠し、同法によって解釈されるものとする。

以上、本契約の成立を証するため本書二通を作成し、甲乙各一通を保有する。

平成○○年○月○日

甲　住所

　　氏名　　　　　　　　　　　　　　　印

乙　住所

　　氏名　　　　　　　　　　　　　　　印

（31.業務提携基本契約書ひな型）

【解説コーナー】

ポイント1
契約当事者が対等な関係となっている契約書はあまり多くありません。業務提携の契約は、数少ない対等な契約の1つでしょう。本契約書でも、甲乙を入れ替えてもまったく内容が同じものになっています。
もちろん、甲と乙の役割が違えば、契約書の文言も違ってきますので、契約の前に十分考慮してください。

ポイント2
業務提携を進めるにあたり、情報管理は近年最も重要な課題の1つです。相手方に機密情報を提供したときに、その情報がどのようなルートで伝達されるか、誰が管理するか、万が一外部に漏れたときはどのような責任を取るのか、しっかり決めておきましょう。
場合によっては、ある特定の情報のためだけに秘密保持契約書などの書面を交わすことも必要でしょう。

印紙税　非課税

㉜ 請負秘密保持契約書

請負秘密保持契約書

A株式会社（以下「甲」）と、B株式会社（以下「乙」）は、乙が甲より請け負う商品製造の業務（以下「請負業務」）に関して、次の通り秘密保持契約（以下「本契約」）を締結した。

第1条【対象】
乙は、甲から開示を受けた請負業務に関する一切の情報（以下、「秘密情報」）を、甲乙間で締結された平成〇〇年〇月〇〇日付請負契約書の目的にのみ使用できるものとする。

第2条【開示の禁止】
乙は秘密情報を厳格に管理し、これを第三者に開示してはならない。
2　前項にかかわらず、既に公開となっている情報及び甲の許可を得た情報、独自に開発または取得した情報についてはこの限りではない。

第3条【誓約書】
乙は、その役職員に対し、秘密情報を管理するのに必要な社内規定の作成、秘密保持誓約書の徴収その他の措置を講じなければならない。
2　甲が指定する者については、前項の秘密保持誓約書の写しを甲に送付しなければならない。

第4条【下請の禁止】
乙は、甲の書面による事前の同意なく、請負業務の全部又は一部を第三者に請け負わせてはならない。
2　乙が、甲の書面による事前の同意を得て、請負業務の全部又は一部を第三者に請け負わせる場合、乙は、当該第三者に対し、本契約における乙の義務と同様の義務を負わせるものとする。

第5条【類似業務の禁止】
乙は、甲の書面による事前の同意なく、請負業務と類似の製品を製造してはならない。

第6条【期間満了時の取り扱い】
本契約は、平成〇〇年〇月〇〇日付請負契約書に定めるところにより終了するものとする。
2　契約終了後、乙は甲に対し、秘密情報に関係する書面、フロッピーディスク、設計図、電磁的記録その他秘密情報の全部又は一部が表示されたものを全て引き渡さなければならない。
3　本契約終了後も、乙は引き続き5年間、本契約により知り得た秘密情報を終了前と同様に管理しなければならない。

第7条【権利放棄】
　甲が乙の特定の契約違反を許容し、その違反により発生する損害賠償請求権等の放棄をしても、その後の違反に対する権利を放棄するものではないことを甲乙双方は確認する。
2　特定の条項の権利放棄を契約期限まで認める場合は、甲が書面にて放棄する旨を承諾しなければならない。

第8条【合意管轄】
　本契約につき甲及び乙に疑義が発生した場合、互いに誠実に話し合い、解決に向けて努力しなければならないものとする。
2　本契約につき裁判上の争いとなったときは、甲の所在地を管轄する地方裁判所を第一審の合意管轄裁判所とすることに甲及び乙は合意する。

第9条【準拠法】
　本契約は日本法に準拠し、同法によって解釈されるものとする。

以上、本契約の成立を証するため本書二通を作成し、甲乙各一通を保有する。

平成○○年○月○日

甲（委託者）住所

　　　　　　氏名　　　　　　　　　　　　　　　　印

乙（受託者）住所

　　　　　　氏名　　　　　　　　　　　　　　　　印

　　　　　　　　　　　　　　　　　（32.請負秘密保持契約書ひな型）

【解説コーナー】

ポイント1

このひな型では、「請負契約書」が別途締結されている場合を想定しています。「平成○○年○月○○日付請負契約書」に関連して、秘密保持のみ特に書面を用意しています。長年使用している契約書のひな型が現実の取引リスクと適合していない場合など、別途書面を用意してリスクを軽減するのです。また、相手方に「秘密保持の重要性」を認識してもらうという意味でも活用できます。

単に契約書の条項の1つではなく、お互いが秘密保持のためだけに署名押印することにより、義務の遵守を促すことになります。

ポイント2

下請企業が個人情報や営業機密を漏洩させるケースが問題となっています。情報がお金になる時代だからでしょう。下請会社にどのような情報を開示して、どのように使用し、契約終了後はどのような取扱いとするのか、明確にしておきましょう。

また、再下請（下請の下請、孫請）も視野に入れなければなりません。1社に依頼したはずが、関与していた会社が5社あり、自社の情報を5社が保有していたなどということがあってはなりません。再下請を許すのであれば、そのルールを事前に決めておかないと、営業機密を守ることが困難になります。

印紙税

非課税

33 秘密保持契約書（ライセンス契約）

秘密保持契約書（ライセンス契約）

A株式会社（以下「甲」）と、B株式会社（以下「乙」）は、甲乙間で締結された平成○○年○月○○日付ライセンス契約（以下「原契約」）に定める業務（以下「本件業務」）に関して、次の通り秘密保持契約（以下「本契約」）を締結した。

第1条【使用目的】

乙は、甲から開示を受けた原契約に関する一切の情報（以下、「秘密情報」）を、本件業務の目的にのみ使用できるものとする。

第2条【開示の禁止】

乙は秘密情報を厳格に管理し、これを第三者に開示してはならない。

2 前項にかかわらず、既に公開となっている情報及び甲の許可を得た情報、独自に開発または取得した情報についてはこの限りではない。

第3条【誓約書】

乙は、その役職員に対し、秘密情報を管理するのに必要な社内規定の作成、秘密保持誓約書の徴収その他の措置を講じなければならない。

第4条【下請の禁止】

乙は、甲の書面による事前の同意なく、本件業務の全部又は一部を第三者に請け負わせてはならない。

2 乙が、甲の書面による事前の同意を得て、本件業務の全部又は一部を第三者に請け負わせる場合、乙は、当該第三者に対し、本契約における乙の義務と同様の義務を負わせるものとする。

第5条【期間満了時の取扱い】

本契約は、原契約に定めるところにより終了するものとする。

2 契約終了後、乙は甲に対し、秘密情報に関係する書面、フロッピーディスク、設計図、電磁的記録その他秘密情報の全部又は一部が表示されたものを全て引き渡さなければならない。

3 本契約終了後も、乙は引き続き5年間、本契約により知り得た秘密情報を終了前と同様に管理しなければならない。

第6条【権利放棄】

甲が乙の特定の契約違反を許容し、その違反により発生する損害賠償請求権等の放棄をしても、その後の違反に対する権利を放棄するものではないことを甲乙双方は確認する。

2 特定の条項の権利放棄を契約期限まで認める場合は、甲が書面にて放棄する旨を承諾しなければならない。

第7条【合意管轄】
　本契約につき甲及び乙に疑義が発生した場合、互いに誠実に話し合い、解決に向けて努力しなければならないものとする。
　2　本契約につき裁判上の争いとなったときは、甲の所在地を管轄する地方裁判所を第一審の合意管轄裁判所とすることに甲及び乙は合意する。

第8条【準拠法】
　本契約は日本法に準拠し、同法によって解釈されるものとする。

以上、本契約の成立を証するため本書二通を作成し、甲乙各一通を保有する。

平成〇〇年〇月〇日

甲　住所

　　　氏名　　　　　　　　　　　　　　印

乙　住所

　　　氏名　　　　　　　　　　　　　　印

　　　　　　　　　　　　　　　（33.秘密保持契約書（ライセンス契約）ひな型）

【解説コーナー】

このひな型では、第3条で社内規定や誓約書をつくらせるという義務のみを課しています。

> 第3条【誓約書】
> 乙は、その役職員に対し、秘密情報を管理するのに必要な社内規定の作成、秘密保持誓約書の徴収その他の措置を講じなければならない。

ポイント1

さらにこれを厳格にするのであれば、それぞれフォーマットを用意し、写しもしくは原本を提出してもらうのです。社内規定はともかく、役職員が記名押印した秘密保持誓約書を提出させましょう。

情報の漏洩は、組織的に行われることもありますが、個人が行うこともあります。個人に対して抑止策を考えるのであれば、責任者本人に署名押印をしてもらうことです。これで責任感を大きく感じ、情報を厳格に管理することでしょう。ただし、常識の範囲を超えるような要求を相手方にしてしまうと、契約自体が流れてしまいますので、サジ加減を間違えないようにしてください。

ポイント2

契約締結時ではなく、最初に商談をするときに秘密保持契約書を取り交わす、もしくは相手方に差し入れることがあります。ある会社と共同で技術開発をしたいものの、自社で特許出願をしていない技術を相手に盗まれたくない場合、最初の面談のときから秘密を守ってもらわないと困ってしまうでしょう。技術開発のヒントを得て、相手だけで単独特許申請してしまうおそれがあります。

秘密保持を相手方に誓約させたにもかかわらず、既に公知となっていたり、特許申請（審査請求）済みの技術であることが判明したり、恥ずかしい思いをするのは嫌ですね。事前にしっかり当該技術等の情報を調べて、商談に持ち込みましょう。

参考までに特許や実用新案を検索できるウェブサイトを紹介しておきます。

●特許電子図書館
http://www.ipdl.ncipi.go.jp/homepg.ipdl

印紙税 非課税

㉞ 個人情報適正管理規程

個人情報適正管理規程

第1条【取扱者】
　個人情報を取り扱う事業所内の部署の範囲は、＿＿＿＿＿課及び＿＿＿＿＿課とする。個人情報取扱責任者は＿＿＿＿＿＿＿（氏名）とする。

第2条【派遣元責任者】
　派遣元責任者は、個人情報を取り扱う職員に対し、個人情報の取扱いに関する教育・指導を年1回以上実施することとする。
2　派遣元責任者は少なくとも5年に1回は派遣元責任者講習を受講し、個人情報の保護に関する事項等の知識・情報を得るよう努めなければならない。

第3条【開示請求】
　個人情報取扱責任者は、派遣労働者等から本人の個人情報について開示の請求があった場合、その情報の開示を遅滞なく行わなければならない。
2　派遣労働者等から訂正、削除の請求があった場合は、当該請求の内容が客観的事実に合致するときは、遅滞なく訂正及び削除を行わなければならない。
3　個人情報の開示又は訂正及び削除に係る取扱につき、派遣元責任者は研修会を実施する等、派遣労働者等への周知に努めなければならない。
4　派遣労働者等の個人情報に関して、当該情報に係る本人からの苦情の申出があった場合については、苦情処理担当者は誠意を持って適切な処理をしなければならない。
5　前項の個人情報に係る苦情処理担当者は派遣元責任者とする。

平成〇〇年〇月〇日　制定
平成〇〇年〇月〇日　改訂

　　　　住所

　　　　氏名＿＿＿＿＿＿＿＿＿＿＿＿＿＿＿＿

（34.個人情報適正管理規程ひな型）

【解説コーナー】

ポイント1

　このひな型は、厚生労働省の公表するモデルであり、労働者派遣事業の申請の際に必要となるものです（汎用的に使用するようにレイアウトは若干加工している）。当然ながら、自社に適合するように作成してください。必要最小限の内容しか記載していませんので、他にも個人情報を管理する仕組みを書き加えていきましょう。
　あくまで社内に保管する書類であり、厚生労働省その他の確認印が必要ということはありません。

ポイント2

　いつ作成して（判定日）、いつ変更があったのか（改訂日）を記載しておくと、管理上便利です。下記のように記載し、できれば変更点がわかるように記録を残しておくことが望ましいでしょう。

```
平成○○年○月○日　制定
平成○○年○月○日　改訂
平成○○年○月○日　改訂
```

印紙税　非課税

㉟ 労働者派遣契約書

労働者派遣契約書

　〇〇〇〇株式会社（甲）は、□□□□株式会社（乙）に対し、次の就業条件のもとに、労働者派遣を行うものとする。

1　業務内容
　A　日本語ワードプロセッサー業務。作成すべき書類は、会計書類とする。なお、この業務に従事するためには、1分間60ワード以上を操作できる程度の能力を必要とする。なお、労働者派遣事業の適正な運営の確保及び派遣労働者の就業条件の整備等に関する法律施行令第4条第5号事務用機器操作に該当。付随業務として、帳票を打ち出し、営業所の宛先別に仕訳する業務を行う。付随的な業務として、営業所宛てに当該帳票の梱包、発送の業務を行う。また、繁忙期（3月後半）には、所属部署内の電話応対の業務あり。
　B　営業業務。環境関連機器の顧客への販売、折衝、相談及び新規顧客の開拓を行う業務並びにそれらに付帯する業務とする。
　C　営業業務。情報関連機器の顧客への販売、折衝、相談及び新規顧客の開拓を行う業務並びにそれらに付帯する業務とする。
　D　製造業務。情報関連機器の部品の製造を行う業務。

2　就業場所
　乙の本社（〒100-8916 千代田区霞が関1-2-2 〇〇ビル　TEL 5253-1111）
　A　業務総務部経理課経理係（14階）内線6666
　B　業務国内マーケティング部営業課販売促進班（17階）内線5555
　C　業務情報通信部営業課販売促進係（16階）内線4444
　D　業務製造部情報関連機器課部品製造係（本社工場2階）内線3333

3　指揮命令者
　A　業務総務部経理課経理係長　　△△△△△
　B　業務国内マーケティング部営業課販売促進班長　★★★★★
　C　業務情報通信部営業課販売促進係長　　〇〇〇〇〇
　D　業務製造部情報関連機器課部品製造係長　×××××

4　派遣期間
　A業務　平成〇〇年10月1日から平成××年3月31日まで
　B業務　平成〇〇年10月1日から平成××年3月31日まで
　C業務　平成〇〇年10月1日から平成××年3月31日まで
　D業務　平成〇〇年10月1日から平成××年3月31日まで

5　就業日　　土、日を除く毎日

6　就業時間　　9時から18時まで
　A業務のうち付随的な業務（帳票の梱包、発送）に従事する時間は、毎週木曜日の午前中3時間とする。

7　休憩時間　　12時から13時まで

8　安全及び衛生
　ワードプロセッサーを連続して操作する時間は１時間までとする。１時間連続して操作したときには少なくとも10分間の休憩時間を与える。また、Ｄ業務については以下による。

・危険有害業務の内容並びに危険及び健康障害を防止するための措置
　プレス機械を用いた金属の打抜き業務を行う。プレスによるはさまれ災害を防止するため、光線式安全装置と両手操作式安全装置を併用する。また、プレスによる騒音障害防止のため、防音保護具（耳栓又はイアーマフ等）を支給する。
・換気、採光、照明等作業環境管理に関する事項
　乙において、６か月に１回、作業場の騒音レベルの測定を行う。乙は、測定結果に基づき、必要な措置を講ずる。
・安全衛生教育に関する事項
　甲は、派遣労働者を派遣する前に、雇入れ時安全衛生教育を実施する。
　乙は、派遣労働者をプレス業務に従事させる前に、その危険性及び機械・安全装置の取扱い方法等について安全衛生教育を実施する。また、作業内容の変更を行う際には、乙において必要な安全衛生教育を実施する。
・その他
　派遣労働者が労働災害に被災した場合は、乙は遅滞なく派遣元責任者の○○へ連絡すると共に、労働者死傷病報告の写しを甲に送付する。

9　派遣労働者からの苦情の処理
(1) 苦情の申出を受ける者
　甲においては、派遣事業運営係主任　☆☆☆☆☆　TEL 3597-0000 内線102
　乙においては、総務部秘書課人事係主任　※※※※※　TEL 5253-1111 内線8888
(2) 苦情処理方法、連携体制等
　①甲における（１）記載の者が苦情の申出を受けたときは、ただちに派遣元責任者の◎◎◎◎◎◎へ連絡することとし、当該派遣元責任者が中心となって誠意をもって遅滞なく、当該苦情の適切かつ迅速な処理を図ることとし、その結果について必ず派遣労働者に通知することとする。
　②乙における（１）記載の者が苦情の申出を受けたときは、ただちに派遣先責任者の●●●●●●へ連絡することとし、当該派遣先責任者が中心となって誠意をもって遅滞なく、当該苦情の適切かつ迅速な処理を図ることとし、その結果について必ず派遣労働者に通知することとする。
　③甲及び乙は、自らその解決が容易であり、即時に処理した苦情の他は相互に遅滞なく通知すると共に、その結果について必ず派遣労働者に通知することとする。

10　労働者派遣契約の解除に当たって講ずる派遣労働者の雇用の安定を図るための措置

(1) 労働者派遣契約の解除の事前の申入れ
　　乙は、専ら乙に起因する事由により、労働者派遣契約の契約期間が満了する前の解除を行おうとする場合には、甲の合意を得ることはもとより、あらかじめ相当の猶予期間をもって甲に解除の申入れを行うこととする。
(2) 就業機会の確保
　　甲及び乙は、労働者派遣契約の契約期間が満了する前に派遣労働者の責に帰すべき事由によらない労働者派遣契約の解除を行った場合には、乙の関連会社での就業をあっせんする等により、当該労働者派遣契約に係る派遣労働者の新たな就業機会の確保を図ることとする。
(3) 損害賠償等に係る適切な措置
　　乙は、乙の責に帰すべき事由により労働者派遣契約の契約期間が満了する前に労働者派遣契約の解除を行おうとする場合には、派遣労働者の新たな就業機会の確保を図ることとし、これができないときには労働者派遣契約の解除を行おうとする日の少なくとも30日前に甲に対しその旨の予告を行うこととする。当該予告を行わない場合には、乙は速やかに、当該派遣労働者の少なくとも30日分以上の賃金に相当する額についての損害賠償を行うこととする。乙が予告をした日と労働者派遣契約の解除を行おうとする日の間の期間が30日に満たない場合には、少なくとも派遣労働者の当該予告の日と労働者派遣契約の解除を行おうとする日の30日前の日との間の期間の日数分以上の賃金に相当する額についての損害の賠償を行うこととする。その他乙は甲と十分に協議したうえで適切な善後処理方策を講ずることとする。また、甲及び乙の双方の責に帰すべき事由がある場合には、甲及び乙のそれぞれの責に帰すべき部分の割合についても十分に考慮することとする。
(4) 労働者派遣契約の解除の理由の明示
　　乙は、労働者派遣契約の契約期間が満了する前に労働者派遣契約の解除を行おうとする場合であって、甲から請求があったときは、労働者派遣契約の解除を行った理由を甲に対し明らかにすることとする。
11　派遣元責任者甲の派遣事業運営係長○○○○○ TEL 3597-0000 内線101
　（D業務については、甲の製造専門派遣元責任者である派遣事業運営第2係長×× ×××× TEL 3597-0000 内線103)

12　派遣先責任者乙の総務部秘書課人事係長　●●●●● TEL 5253-1111 内線9999（D業務については、乙の製造専門派遣先責任者である人事第2係長　○○○○○　TEL 5253-1111 内線7777）

13　時間外労働
　　6の就業時間外の労働は1日2時間、週6時間の範囲で命ずることができるものとする。

14　派遣人員
　A業務　2人
　B業務　1人

C業務　1人
　　D業務　8人

15　便宜供与
　乙は、派遣労働者に対し、乙が雇用する労働者が利用する診療所、給食施設、レクリエーション施設等の施設又は設備について、利用することができるよう便宜供与することとする。また、乙がC業務に従事する乙の労働者を対象として行う最新情報通信機器に関する教育訓練については同業務に従事する派遣労働者についても受講できることとする。

(35.労働者派遣契約書ひな型)

【解説コーナー】

ポイント1
　このひな型は、厚生労働省の公表するモデル契約書です。労働者派遣事業は、一般派遣の場合は許可申請が必要です。特定派遣の場合も届出が必要です。適正な派遣契約を交わすために、厚生労働省が、このようなひな型を用意しています。ぜひご活用ください。

ポイント2
　労働者派遣契約書の内容と、実際の業務がかけ離れていてはなりません。労働条件通知書に明記された就業条件と合致した内容であるかどうか、書類相互間で矛盾がないかどうか、しっかりチェックしておきましょう。

印紙税　非課税（委任契約であるとされている）

㊱ プライバシー・ポリシー（個人情報保護方針）

プライバシー・ポリシー（個人情報保護方針）

　当社は、現代の情報通信社会における個人情報保護の重要性を認識し、以下の方針に基づき個人情報の保護に努めます。

記

第1条【個人情報の取得】
　当社は、適法かつ公正な手段によって、個人情報を取得致します。
2　インターネット経由で取得した個人情報はＳＳＬにて暗号化され、サーバに送信されます。
3　機微な個人情報（センシティブ情報）については、当社の業務の遂行上必要な範囲外のものを取得しません。

第2条【個人情報の利用】
　当社は、個人情報を、取得の際に示した利用目的の範囲内で、業務の遂行上必要な限りにおいて、利用します。
2　当社は、個人情報を第三者との間で共同利用し、または、個人情報の取扱いを第三者に委託する場合には、当該第三者につき厳正な調査を行ったうえ、秘密を保持させるために、適正な監督を行います。

第3条【個人情報の第三者提供】
　当社は、法令に定める場合を除き、個人情報を、事前に本人の同意を得ることなく、第三者に提供しません。

第4条【個人情報の管理】
　当社は、個人情報の正確性を保ち、これを安全に管理致します。
2　当社は、個人情報の紛失、破壊、改ざん及び漏えいなどを防止するため、不正アクセス、コンピュータウイルス等に対する適正な情報セキュリティ対策を講じます。
3　当社は、個人情報を持ち出し、外部へ送信する等により漏えいさせません。
4　サーバ管理は当社が責任を持ってプロバイダに委託します。

第5条【個人情報の開示・訂正・利用停止・消去】
　当社は、本人が自己の個人情報について、開示・訂正・利用停止・消去等を求める権利を有していることを確認し、これらの要求ある場合には、異議なく速やかに対応します。
2　当社の個人情報の取扱いにつきましてご意見、ご質問がございましたら、当社担当までご連絡くださいますようお願い申し上げます。

第6条【組織・体制】
　当社は、個人情報保護管理者を任命し、個人情報の適正な管理を実施致します。

2 当社は、役員及び従業員に対し、個人情報の保護及び適正な管理方法についての研修を実施し、日常業務における個人情報の適正な取扱いを徹底します。

第7条【コンプライアンス・プログラム】
　当社は、この方針を実行するため、コンプライアンス・プログラム（本方針、「個人情報保護規程」及びその他の規程、規則を含む）を策定し、これを当社従業員その他関係者に周知徹底させて実施し、維持し、継続的に改善致します。

以上

　　　年　　月　　日制定
　　　年　　月　　日改訂
　　　年　　月　　日改訂

（会社名）住所

　　　　氏名　_____

（36.プライバシー・ポリシー（個人情報保護方針）ひな型）

【解説コーナー】

ポイント1

　会員制度を設けているウェブサイトでは、氏名や生年月日、趣味等の情報を収集することがあります。このとき、収集する個人情報をどのように利用するかを明示するためのものが「プライバシー・ポリシー」（個人情報保護方針）です。

　メールアドレスを収集して営業のダイレクトメールを送りたい事業者は、プライバシー・ポリシーを用意すべきです。個人情報保護法が施行され、利用者も敏感になっています。プライバシー・ポリシーが明記されていないことによるマイナスも発生しますので、早めの対応が必要と言えるでしょう。

ポイント2

　プライバシー・ポリシーや秘密保持契約に関連して、公権力が情報開示請求をしてくるケースが問題となります。例えば、裁判所の命令により開示したが、その開示行為が契約違反となってしまう場合がありますし、警察や行政機関からの照会なども想定されます。

　このような場合に備え、個人情報や機密事項を例外的に開示することがある旨、記載しておくことがあります。

> 　裁判所及び警察その他公権力からの適法な請求、法的手続の遵守、緊急の被害防止等の状況においては、甲が第三者に対し情報を開示することがあることにつき、乙は合意する。

印紙税　非課税

㊲オンラインショップ利用規約

オンラインショップ利用規約

　A株式会社（以下「弊社」）が運営するオンラインショップ（以下「ショップ」）を利用する全てのお客様（以下「利用者」）及びサイトを閲覧した全てのお客様（以下「閲覧者」）は、以下に記載する利用規約に同意したものと致します。未成年の利用者は、保護者に読んでいただき、保護者の方が同意できましたらサイトをご利用下さい。また、利用者以外の閲覧者も、著作権法違反行為など、本規約の適用がありますのでご注意下さい。利用規約に違反した場合、利用を即時停止及び当方に損害が発生した場合に損害賠償請求させていただきます。

第1条【サービス】
　弊社は、ショップ商品の提供及び付随するサービスに対する保証行為を一切しておりません。また、弊社は利用者がサービスを利用したことに起因する直接的または間接的な損害に関して一切責任を負わないものとします。

第2条【プライバシーポリシー】
(1) 弊社は、利用者から開示された情報（以下「個人情報」）を利用者等の事前の同意なく第三者に対して開示することはありません。但し次各号の場合、利用者等の事前の同意を待たずに顧客情報を開示できるものとします。
　一　法令に基づき開示を求められた場合
　二　弊社、他の利用者及び第三者の権益を保護するために必要と弊社が判断した場合
　三　弊社の協力会社と提携して業務を行う場合
(2) 顧客情報については、弊社が管理します。
(3) クッキーは、顧客等がショップを再度訪問した時に、一層便利にショップを閲覧するためのものであり、顧客のプライバシーを侵害するものではなく、また顧客のコンピュータへ悪影響を及ぼすことはありません。弊社では、ショップの訪問者から、クッキーに含まれるサイト上での全体傾向や嗜好等の情報を収集することがあります。収集した情報は、弊社が傾向を分析し、サービス向上を図るために使用致します。情報については、顧客の個人情報同様、外部に公開することなく秘密として扱われます。
(4) 顧客が情報の収集を希望しない場合、ブラウザの設定により、クッキーの受け取りを拒否することも可能です。

第3条【著作権等知的財産権】
　弊社サイト内のプログラム、商品写真その他の知的財産権は弊社に帰属するものとし、予め弊社の書面による承諾を得たときを除き、営利か否かにかかわらず、これらの複製、二次利用を禁じます。

第4条【禁止事項】
(1) 弊社は、利用者が以下の行為を行うことを禁じます。
　①弊社または第三者に損害を与える行為

②弊社及び第三者の財産、名誉、プライバシー等を侵害する行為
　　③法令に違反する行為
　　④情報送信時の虚偽の申告
　　⑤サービスの利用に関する権利を第三者に譲渡する行為
　　⑥弊社及び第三者の著作権を侵害する行為
　　⑦本規約の複製及び二次利用
　　⑧その他弊社が不適切と判断する行為
(2) 上記に違反した場合、弊社は利用者に対し損害賠償請求をすることができることに利用者は同意します。
(3) 損害賠償請求の有無にかかわらず、違反行為及び違反のおそれがあると認められるときは、弊社は利用者及び第三者に警告をすることがあります。

第5条【免責事項】
(1) 商品については現状渡しとさせていただきます。返品は商品の外観が明らかに異なる場合しか応じられませんので、購入前によくご確認のうえご利用ください。
(2) 当サイトを利用したことにより直接的または間接的に利用者に発生した損害については、一切賠償いたしません。

第6条【契約解除】
(1) 利用者は注文の取り消し（クーリングオフ）をすることができません。ご注文の際は対応機種や動作環境など、十分に商品をご確認ください。
(2) 弊社は、利用者が本規約に反する行為をした場合、即時にサービスを停止することができます。
(3) 前項の事由が発生したとき、弊社は利用者に損害賠償をすることができます。

第7条【損害賠償】
　本規約に違反した場合、弊社に発生した損害を賠償していただきます。

第8条【合意管轄】
　万が一裁判所での争いとなったときは、東京簡易裁判所又は東京地方裁判所を第一審の専属的合意管轄裁判所とします。

第9条【改訂】
　本規約は将来改定されることがあります。このとき、附則に改定の日時と改定内容を掲載します。弊社サイト、電子メールにてご案内することがあります。事前の通知は原則行いませんので、ご了承下さい。

第10条【特例】
(1) 本規約に基づき、特別の規定が別途定められている場合があります。
(2) 弊社の各サービスの説明のページに本規約と相反する規定があった場合は、各サービスの説明ページに記載してある規定を適用します。

(附則)
　本規約は、　　年　　月　　日より施行致します。

　　　　年　　月　　日制定
　　　　年　　月　　日改訂
　　　　年　　月　　日改訂

　（会社名）住所

　　　　　　氏名＿＿＿＿＿＿＿＿＿＿＿＿＿＿＿

　　　　　　　　　　　　　　（37.オンラインショップ利用規約ひな型）

【解説コーナー】

ポイント1

個人情報を多くの場面で活用したいと考えているのであれば、プライバシー・ポリシーを利用規約とは別に用意してください。そして、個人情報の利用に関して明確な同意を得るような仕組みが必要です。

例えば、チェックボックスを用意する方法があります。データの送信を受けたときに、個人情報の利用についても、ハッキリと同意の意思表示をいただくのです。トラブル防止の観点と、自社の防衛のために重要です。

ポイント2

通信販売では、一部の例外（学習塾やエステの継続的サービスなど）を除き、クーリングオフ期間を設ける必要がありません。しかし、現実にはテレビショッピング等で返品受付を許容している会社があることから、買い物ならなんでもクーリングオフできると思いこんでいる方も少なくありませんので、クーリングオフできない商品の場合はその旨、明確に記載しておきましょう。もし受け付けるのであれば、売上げを伸ばすよう、その旨をアピールしてみるのも一策です。良心的な会社という評価は受けるかもしれません。

ただし、返品を受け付けなければならない場合もあります。違う商品を送付してしまった場合や破損していた場合です。中古品の販売で「ノークレーム・ノーリターン」と明記していたとしても、返品に応じることがあります。継続的な商売を進めるにあたり、信用を維持しなければなりません。インターネットはよくも悪くも自由に意見が言える場所を多くつくっているので、お客さまと良好な関係を築くことができるように、販売方法を工夫する必要があります。

印紙税 非課税

38 特定商取引に関する法律に基づく表示

特定商取引に関する法律に基づく表示

販売者（会社名）	
運営責任者	（役職：　　　　　氏名：　　　　　　）
所在地	〒　―
問い合わせ先	e-mail
	TEL
	FAX
申込有効期限	
商品の価格	
代金支払方法	
代金支払時期	
商品代金以外の費用	
商品の配送方法	
送料	
返品の条件と期限	
その他特記事項	

（38.特定商取引に関する法律に基づく表示ひな型）

【解説コーナー】

ポイント1

通信販売は、クーリングオフの規定を置かなくてもよい代わりに（業種により一部例外あり）、特定商取引法に基づく表記が必要です。法定の最低限必要な表記ですので、実際には商品を買ってもらえるように、見せ方を工夫していただきたいものです。

ポイント2

送料を明確にすることによって、購入側としては全体の費用が明確になります。住所を登録すると自動的に送料が計算されるショップも多く見られます。また、一定金額以上の購入だと送料無料となることを売りにしているショップもあります。

逆に送料を書かないと、法律上必要な表記をしていないどころか、見込み客を不安にさせてしまいます。他にも代引手数料や振込手数料など、細々とした料金が加わります。結局トータルでいくら支払わなければならないのか、わかりやすいショップ運営が、これからは求められるのではないでしょうか。

印紙税 非課税

39 ホームページ制作契約書

ホームページ制作契約書

委託者A株式会社(以下「甲」)と受託者B株式会社(以下「乙」)は、次の通りホームページ制作(以下「委託業務」)に関する契約(以下「本契約」)を締結した。

第1条【定義】
本契約書上の用語の定義は以下の通りとする。

No	用語	定義
一	ウェブサイト	トップページ(【ウェブページ】のうち、甲が対外的に公表するURLを入力すると表示されるページ)と、トップページからリンクされた他のページから構成される【ウェブページ】の機能的集合体
二	ウェブページ	テキストデータ、CGI(PHP)などのインターネット上で動作するプログラム、画像、音楽など、HTML言語を用いてレイアウトしたもので、ブラウザ(インターネット上のHTMLによりレイアウトされたテキストデータやプログラム、画像、音楽などをPC上で再現するソフトウェア)の1画面上に1度で表示される単位
三	コンテンツ	インターネット上に公開する表現や仕組み

第2条【委託業務の範囲】
甲は乙に対し、以下に定める業務を委託し、乙はこれを受託する。

No	委託業務	数量等	備考
一	プロジェクト企画	ウェブサイト全体	基本設計・スケジュール管理等
二	ウェブページ作成	別紙に内容・数量記載	HTMLデザイン・コーディング
三	イラスト作成	○○点	ロゴ、イラスト・写真画像加工
四	プログラム作成	1点	CGIによる問い合わせフォーム
五	転送設定	1サーバ	指定ドメインにデータ転送

2 前項の業務範囲を超えるとき、甲は乙の定める追加料金を支払うものとする。
3 乙が制作するウェブサイトの構成及び機能の詳細は別紙設計図に記載の通りとする。
4 納期は、平成○○年○○月○○日までとする。

第3条【資料の提出】
乙は甲に対して、本契約に基づくウェブサイト制作に必要な資料の提出を求めることができる。
2 甲は、前項の要求を受けた資料に、機密情報等外部に提出することが適当でないものが含まれている場合には、その部分に関して乙に対する提出を拒むことができる。
3 乙は、甲より提出された資料について、厳重にこれを管理する義務を負う。

第4条【ウェブサイトの制作】

　乙は、HTML言語等を用いてウェブページをデザインし、デザインが事前に打合せされたものに準じていることを甲に確認する。

2　乙は、第2条第4項に定める期日の○○日前にウェブサイトの稼動テストを行い、稼動テスト後速やかにウェブサイトを公開する。

3　前項の公開について甲が同意しない場合は、甲乙別途協議の上納期を変更する。

第5条【ウェブサイトの公開】

　乙は、本契約に基づき制作されたウェブサイトを指定されたウェブサーバーに転送し、公開する。

2　乙は、前項の公開を行った場合、転送した全てのウェブページのURLを甲に通知する。

3　甲は、前項の通知を受けた日から起算して5日以内に公開されたウェブサイトを検証し、異議がない場合には乙にその旨の通知をする。通知を受けた時点をもって正式公開とする。

4　甲が公開されたウェブサイトの変更を申し入れた場合には、再公開日を甲乙協議の上決定し、再公開したときは、乙は甲に対し再度本条第2項の通知（以下、「再通知」）をする。

5　第4項の申し入れにより変更をする際にコンテンツが増加し、第2条第1項に定める業務範囲を超える場合には、甲は乙に対して同条第2項に定める追加料金を支払うものとする。

第6条【納品】

　本契約に基づき制作されたウェブサイトの正式公開及びCD-ROM等の電子媒体によるウェブサイトデータの引渡しをもって、乙から甲への納品とする。

2　乙が前条第2項の通知（同条第4項の再通知を含む）を行った日から起算して14日を経過するまでに甲から変更申し入れの通知がなされない場合も、納品が完了したものとみなす。

第7条【無料サポート】

　乙は本契約に基づき制作されたウェブサイトにつき、納品日より起算して90日間の無料サポート期間を設け、期間内に限り以下の項目について甲に対し無料でサポートを行う。

　一　プログラムのバグの修正
　二　誤字の修正
　三　本契約に定める機能についての電話、電子メールによる質問

2　前項の無料サポート期間が終了した後は、乙は本契約に基づき制作したウェブサイトにつき一切のサポートを負わないものとする。

第8条【ウェブサイトの管理業務】

　乙は、本契約に基づき制作されたウェブサイトが納品された後は、一切の管理

業務を行わないものとし、甲がこれを管理する。

第9条【対価】
　甲は乙に対し、本契約の対価として以下の金員を支払うものとする。
　　契約締結時（着手金）　　税込金〇〇万円
　　納品後7日以内　　　　　税込金〇〇万円
　　合計　　　　　　　　　　税込金〇〇万円
 2　前項の金員は乙の指定する方法により支払うものとする。
 3　対価の支払にかかる手数料等は、甲の負担とする。
 4　着手金については、甲が乙に対する依頼を途中で取り下げた場合でもその返還を求めることはできないものとする。

第10条【著作権】
　本契約に基づき制作されたウェブサイト（ウェブサイトを構成するイラスト・ロゴ・音楽・写真（画像）・文章やプログラムなどを含む）の著作権は納品日まで乙がこれを留保し、甲が乙に対し対価の全額を支払い、乙がこれを確認した時点をもって甲に移転するものとする。
 2　乙は、前項の確認をした場合は、遅滞なく甲に通知する。
 3　甲は、著作権が甲に移転した場合を除き、本契約に基づき制作されたウェブサイト（ウェブサイトを構成するイラスト・ロゴ・音楽・画像やプログラムなどを含む）の一部または全部の複製・転写・転売・改変・営業利用等を行ってはならない。
 4　甲は、乙の制作したウェブサイトの技術を二次利用して再販売を行うことができない。

第11条【秘密保持】
　乙及び乙の従業員は、委託業務を行うにあたり知った甲の秘密を、本契約に定める目的以外に第三者に漏洩し、利用してはならないものとする。これは本契約終了後も同様とし、乙が業務を廃止した後、乙の従業員は乙を退職した後も同様とする。
 2　前項にかかわらず、契約時に既に公開となっている情報及び甲の許可を得た事項についてはこの限りではない。

第12条【個人情報保護】
　甲及び乙は、相手方の個人情報を厳重に管理し、これを外部に漏洩させてはならない。
 2　甲及び乙は、相手方の個人情報を委託先等に配布する際は、事前に相手方の承諾を得なければならない。

第13条【権利の質入及び譲渡】
　甲及び乙は、本契約において保有する権利及び義務の全部又は一部を、相手方の書面による事前の承諾なく第三者に譲渡及び質入することができない。

第14条【権利放棄】

甲及び乙の一方が、相手方の特定の契約違反を許容し、その違反により発生する損害賠償請求権等の放棄をしても、その後の違反に対する権利を放棄するものではないことを甲乙双方は確認する。

2　特定の条項の権利放棄を契約期限まで認める場合は、権利を持つ契約当事者が書面にて放棄する旨を承諾しなければならない。

第15条【債務不履行】

甲及び乙は、相手方が本契約に違反したときは、書面による通知により本契約を解除することができる。但し、違反内容に関し相手方に正当な事由がある場合はこの限りでない。

第16条【期限の利益喪失】

甲及び乙は、相手方に次の各号の一に該当する事由が生じたときは、相手方に通知することなく本契約を直ちに解除することができる。
一　差押え、仮差押え、仮処分、租税滞納処分、その他公権力の処分を受け、または整理、会社更生手続及び民事再生手続の開始、破産もしくは競売を申し立てられ、または自ら、整理、会社更生手続、民事再生手続の開始もしくは破産申立てをしたとき、または第三者からこれらの申立てがなされたとき
二　資本減少、営業の廃止もしくは変更、または解散の決議をしたとき
三　公租公課の滞納処分を受けたとき
四　その他相手方に前各号に準ずる信用の悪化と認められる事実が発生したとき

第17条【損害賠償】

甲及び乙は、契約解除等により相手方に対して与えた損害の実費を賠償する義務を負う。

第18条【不可抗力】

本契約上の義務を、以下に定める不可抗力に起因して遅滞もしくは不履行となったときは、甲乙双方本契約の違反とせず、その責を負わないものとする。
一　自然災害
二　伝染病
三　戦争及び内乱
四　革命及び国家の分裂
五　暴動
六　火災及び爆発
七　洪水
八　ストライキ及び労働争議
九　政府機関による法改正
十　その他前各号に準ずる非常事態

2　前項の事態が発生したときは、被害に遭った当事者は、相手方に直ちに不可

抗力の発生の旨を伝え、予想される継続期間を通知しなければならない。
3　不可抗力が90日以上継続した場合は、甲及び乙は、相手方に対する書面による通知にて本契約を解除することができる。

第１９条【合意管轄】
　本契約につき甲及び乙に疑義が発生した場合、互いに誠実に話し合い、解決に向けて努力しなければならないものとする。
2　本契約につき裁判上の争いとなったときは、東京地方裁判所を第一審の合意管轄裁判所とすることに甲及び乙は合意する。

第２０条【準拠法】
　本契約は日本法に準拠し、同法によって解釈されるものとする。

以上、本契約の成立を証するため本書二通を作成し、甲乙各一通を保有する。

平成○○年○月○日

甲（委託者）住所

　　　　　氏名　　　　　　　　　　　　　　　　印

乙（受託者）住所

　　　　　氏名　　　　　　　　　　　　　　　　印

　　　　　　　　　　　　　　　　　（39.ホームページ制作契約書ひな型）

【解説コーナー】

ポイント1

　ホームページ制作に付随して、利用規約やプライバシー・ポリシー（個人情報保護方針）も作成することがあります。また、ネットショップであれば、特定商取引法に基づく表示も必要です。トラブルを防ぐための仕組みも、ホームページ内に埋め込みたいものです。同意ボタンの設置や、確認画面を用意することなどにより、余分なトラブルを防ぐことができるでしょう。

ポイント2

　ホームページを制作を請け負うときは、デザインだけを制作するのかどうか、事前に確かめておく必要があります。ドメインを取得し、サーバを確保して、初めてホームページを公開することができます。さらに、アクセス解析を導入し、通信セキュリティを強化することもあります。これらの費用が含まれているのかそうではないのか、更新の費用がどの程度かかるのかを把握しておかなければなりません。

　なお、私は自分でホームページを制作しており、簡単なプログラムも組むことができるので、どこに手間がかかって、どんな所にリスクがあるのかもある程度把握できています。委託者側が、そういった基礎知識をある程度収集しておくことにより、よりよい契約を締結することができます。

印紙税

第2号文書に該当

㊵ フリーソフト利用規約

フリーソフト利用規約

　A株式会社（以下「弊社」）が運営するウェブサイト（以下「ウェブサイト」）上の無料ソフトウェア（以下「フリーソフト」）を利用またはフリーソフトを含むコンテンツを閲覧する全てのお客様（以下「利用者」）は、以下に記載する利用規約に同意したものと致します。未成年の利用者は、保護者に読んでいただき、保護者の方が同意できましたらフリーソフトをご利用下さい。利用規約に違反した場合、利用を即時停止及び当方に損害が発生した場合に損害賠償請求させていただきます。

第1条【サービス】
(1) 利用者は、弊社のフリーソフトをダウンロードして無償で利用することができます。本規約をよく読み、ご利用下さい。
(2) 本サービスの利用に際し、会員登録をしていただくことになりますが、いただいた個人情報は第2条に従い管理し、原則本サービスの利用及び弊社からのご案内以外には利用いたしません。

第2条【プライバシーポリシー】
(1) 弊社は、利用者から開示された情報（以下「個人情報」）を利用者の事前の同意なく第三者に対して開示することはありません。ただし、以下の場合は利用者の事前の同意を待たずに個人情報を開示できるものとします。
　一　法令に基づき開示を求められた場合
　二　弊社、他の利用者及び第三者の権益を保護するために必要と弊社が判断した場合
　三　弊社の協力会社と提携して業務を行う場合
(2) 個人情報については、弊社が管理します。
(3) クッキーは、利用者がウェブサイトを再度訪問したときに、一層便利にウェブサイトを閲覧するためのものであり、利用者のプライバシーを侵害するものではなく、また利用者のコンピュータへ悪影響を及ぼすことはありません。弊社では、ウェブサイトの訪問者から、クッキーに含まれるサイト上での全体傾向や嗜好等の情報を収集することがあります。収集した情報は、弊社が傾向を分析し、サービス向上を図るために使用致します。情報については、利用者の個人情報同様、外部に公開することなく秘密として扱われます。
(4) 利用者が情報の収集を希望しない場合、ブラウザの設定により、クッキーの受け取りを拒否することも可能です。

第3条【著作権等知的財産権】
　ウェブサイト内のフリーソフト、プログラム、画像その他の知的財産権は弊社に帰属するものとし、予め弊社の書面による承諾を得たときを除き、営利か否かにかかわらず、これらの複製、二次利用を禁じます。

第4条【禁止事項】
（1）弊社は、利用者が以下の行為を行うことを禁じます。
　　①弊社または第三者に損害を与える行為
　　②弊社及び第三者の財産、名誉、プライバシー等を侵害する行為
　　③法令に違反する行為
　　④個人情報送信時の虚偽の申告
　　⑤サービスの利用に関する権利を第三者に譲渡する行為
　　⑥弊社及び第三者の著作権を侵害する行為
　　⑦フリーソフト及びウェブサイト上のコンテンツの複製及び二次利用
　　⑧その他弊社が不適切と判断する行為
（2）上記に違反した場合、弊社は利用者に対し損害賠償請求をすることができます。
（3）損害賠償請求の有無にかかわらず、違反行為及び違反のおそれがあると認められるときは、弊社は利用者その他に警告をすることがあります。

第5条【免責事項】
（1）フリーソフトを利用したことにより直接的または間接的に利用者に発生した損害について、弊社は一切賠償責任を負いません。
（2）ウィルス対策は万全を期して行っておりますが、現時点で検知し得ないもの及び他のソフトウェア等に起因するものについては弊社では責任を負いません。
（3）弊社は、フリーソフト及びフリーソフトに付随するサービスに対する一切の保証行為を行っておりません。

第6条【合意管轄】
　弊社と利用者との間で係争が発生したときは、東京簡易裁判所又は東京地方裁判所を第一審の専属的合意管轄裁判所とします。

第7条【改訂】
　本規約は将来改定されることがあります。このとき、附則に改定の日時と改定内容を掲載します。ウェブサイト上でご案内します。

第 8 条【特例】
(1) 本規約以外に、特別の規定が別途定められている場合があります。
(2) 弊社のウェブサイト内に本規約と相反する規定があった場合は、解説ページ等に記載してある規定を優先的に適用します。

(附則)
　本規約は、　　　年　　月　　日より施行致します。

　　　　　年　　月　　日制定
　　　　　年　　月　　日改訂
　　　　　年　　月　　日改訂

　　（会社名）住所

　　　　　　氏名_____

(40.フリーソフト利用規約ひな型)

【解説コーナー】

ポイント1

　フリーソフトを利用させる側としては、ウイルスの感染やダウンロードによりコンピュータの不具合が起こるなどのリスクがあります。これらを防ぐために免責事項を用意します。
　ただし、フリーソフトを提供する以上は万全を期す必要がありますので、ウイルスチェックをこまめに行い、動作確認をしっかり行うことが大事です。

ポイント2

　このひな型では「ダウンロード」でフリーソフトを入手することが前提となっていますが、他にも次のような方法でフリーソフトを提供することがあります。適宜ひな型を修正し、利用してください。
　・電子メールによる送信
　・書籍や雑誌に付録CD-ROMとして添付
　・顧客に対し直接配布
　・ウェブサイトへのソースコードの全部または一部の掲載

印紙税

非課税

CD-ROMご利用上の注意点

付属のCD-ROMで、本書で紹介した文書の作成をしていただくことができます。
必ず以下のご利用上の注意点をお読みになってから、お使いください。

1. 収録書式一覧

1. 土地売買契約書
2. 商品売買基本契約書
3. 販売代理店契約書
4. 金銭消費貸借契約書
5. 金銭消費貸借抵当権設定契約書
6. 債務承認契約書
7. 使用貸借契約書
8. 土地賃貸借契約書
9. 建物賃貸借契約書
10. リース契約書
11. 労働条件通知書
12. 短期パート労働条件通知書
13. 雇用契約書
14. 短期パートタイマー雇用契約書
15. 誓約書
16. 秘密保持に関する誓約書（入社時）
17. 身元保証書
18. 製造委託契約書
19. 債権譲渡契約書
20. 債権譲渡通知書（内容証明郵便）
21. 事業譲渡契約書
22. 合併契約書
23. 特許権等譲渡契約書（職務発明）
24. 特許権専用実施権売買契約書
25. 特許権通常実施権設定契約書
26. 実用新案権専用実施権設定契約書
27. 実用新案権通常実施権設定契約書
28. OEM基本契約書
29. 販売提携契約書
30. 技術提携契約書
31. 業務提携基本契約書
32. 請負秘密保持契約書
33. 秘密保持契約書（ライセンス契約）
34. 個人情報適正管理規程
35. 労働者派遣契約書
36. プライバシー・ポリシー（個人情報保護方針）
37. オンラインショップ利用規約
38. 特定商取引に関する法律に基づく表示
39. ホームページ制作契約書
40. フリーソフト利用規約

2. 利用規約

1. 著作権

本ソフトウェアおよび収録書式（以下「書式」）の著作権は小坂英雄および小坂行政書士事務所（以下「著作者」）にあります。転載を希望するときは著作者（info@toukai.biz）まで事前に連絡し、許諾を得てください。

2. 禁止行為

書式に関する次の行為は固く禁じます。以下の行為により著作権者および発行元に損害が発生した場合、損害賠償請求の対象となるので、ご注意ください。なお、事前に著作者の許諾を得ている場合はこの限りではありません。

①書式の無断複製

②書式の再配布（営利・非営利を問わない）
③書式の再販行為・二次利用
④書式の諸媒体（雑誌・ウェブサイト等）への無断掲載
⑤書式を利用した営業行為

3．免責事項

①書式を利用することにより生じた損害につき、著作権者および発行元は一切の責任を負いません。取引の実態に合わせて内容を編集し、ご利用ください。
②ファイルの利用に起因するコンピュータへの不具合について、著作権者および発行元は一切の責任を負いません。ウィルス感染等による被害防止については、各自が責任をもってご対応ください。

3．活用方法

1．法令との適合

書式は執筆時点の法令に基づき作成してありますが、法令の改正または社会経済情勢の変化により、内容が不相応となる場合があります。状況に合わせて内容を編集してご利用ください。

2．現実の取引との適合

書式をそのまま利用した場合、現実の取引に適合しない場合があります。むしろそのような場面のほうが多いでしょう。適宜内容を編集してご利用になることを強くお勧めします。「契約書のつくり方」の章を参考にしてください。

3．情報管理

書式を利用する際は、トラブル等でデータが消えてしまうこともありますので、必ずパソコン本体に保存してから使用してください。入力作業中は、適宜、上書保存をするなど、データを保存しておくようご注意ください。

4．フィードバック

書式の内容についてのご意見は、著作者（info@toukai.biz）まで、お送りください。法令の改正情報、本書へのご要望、応援などお待ちしております。次回作以降、みなさまの声を活かした書式作りをさせていただきます。

5．推奨環境

収載しているひな型は Microsoft® Office Word 2000 で作成したものです。使用される環境によって書式形態が崩れることもありますので、ご了承ください。

また、そのまま使用されるのではなく、みなさんの契約・取引内容・自社環境に応じて必ず作成し直しましょう。

索引

あ
相手方選択の自由	18
新たな申込	26

い
育成者権	98
遺言	55
遺言者	55
慰謝料	58
意匠権	50, 98
一括下請	22
一般派遣	294
委任	25, 29
委任契約書	49
委任者	29
違約金	57, 80, 83, 100, 102, 104, 133, 195
医療契約	56
印鑑	16, 27, 63, 68
印紙	16, 37, 49, 54, 64, 114, 133
印紙税	20, 37, 49, 50, 54, 61, 93, 114, 133
インターネット検索	146

う
ウイルスチェック	313
ウェブサイト	71
請負	25, 49, 50, 76
請負金額変更契約書	50
請負契約書	38, 285
請負に関する契約書	50
受取書	53
運送契約書	50

え
映画俳優専属契約書	50
営業機密	29, 81, 101, 132
営業譲渡	235
英文契約書	150
FOB	106

お
OEM契約	269
オートレスポンダー	46
All Risks	106
覚書	17
親事業者	110, 223
オンライン契約	20, 37

か
外国人登録証明書	189
外国通貨	51, 69, 73
介護サービス提供契約	56
海上保険	106
外部委託	223
カウンターオファー	26
価格	69, 73, 132
書留郵便	69, 74, 93, 94, 126
学習塾	83
角印	64, 65
確定日付	59, 60, 61, 62
確認メール	37, 46
革命	88
掛金通帳	53
瑕疵	44, 93, 94, 96
瑕疵担保	93, 96, 133
課税文書	50, 54
合併契約	240
合併契約書	52
合併比率	240
株券	51
株券預り証	52, 53
貨物運送引受書	50
貨物引換証	52
仮契約書	17, 54
仮文書	54

為替相場	69, 73
為替手形	51
管轄地	89, 130
完全合意	93, 116, 133
完全合意条項	116

き

期間	69, 72, 83, 132
期限の利益	85
期限の利益喪失	69, 85, 132
危険負担	93, 113, 133, 143
技術開発提携契約	23
技術提携契約	70
偽造	63, 65
寄託	25
休日労働割増賃金	206
強制執行	43, 44, 47, 55
強制執行認諾文言	47, 55
協定書	17
業務委託契約書	52
業務提携	282
銀行印	63, 65
銀行取引約定書	52
金銭借用証書	50
金銭消費貸借契約書	17, 50, 56, 86
金銭の受取通帳	53
金銭又は有価証券の寄託に関する契約書	52

く

クーリングオフ	22, 62, 83, 93, 102, 112, 133
クーリングオフ通知	62
口約束	16, 19, 36, 37
組合	25
クレジット決済	46
クロージング	149
クロスデフォルト	69, 86, 132

け

契印	37, 43, 62, 64
経営コンサルティング契約書	119, 133
継続的取引の基本となる契約書	52
芸能プロダクション所属契約	23
契約	14, 15, 18, 23, 26, 28, 30, 36, 39, 42, 45, 47, 49, 55, 59, 61, 62, 63
契約解除	30, 39, 74, 78, 80, 94
契約解除の効果	33
契約期限	28, 72, 125
契約自由の原則	14, 18
「契約自由の原則」の例外	20
契約成立時期	26
契約締結の自由	18
契約当事者	14, 19, 23, 31, 48, 68, 78, 83, 84, 87, 89, 90, 148
契約内容の自由	18, 19
契約の終了	28, 69, 81, 132
契約費用	93, 114, 133
契約方法の自由	18, 19, 22
月額リース料	195
検索エンジン	146
検索の抗弁権	105, 218
原状回復義務	33
現状渡し	76
検針	94
建設業法	22, 36, 115
源泉税	73
検認手続	55
検品	94, 96
権利・義務	19, 44, 69, 77, 132
権利金	104
権利の譲渡・質入	69, 87, 132
権利放棄	69, 84, 132

こ

合意解除	31, 40
合意管轄	89, 130
交換	25
後見人	56
広告契約書	50
工事請負契約書	50
工事注文請書	50
公証人	44, 52, 55, 59, 61
公証役場	44
公正証書	43, 44, 47, 55, 61
公正証書遺言	55
厚生年金保険	209
交代制	198, 204
合弁会社	90
誤字脱字	148
個人情報	29, 107, 127, 133
個人情報保護	93, 107, 133
個人情報保護規定	108
個人情報保護法	93, 107, 299
個人情報保護方針	297
固定資産税	195
古物営業法	22, 36
後文	16
雇用	25
雇用保険	209
コンプライアンス	146

さ

サーバ	20, 71, 309
債権譲渡	59, 226
債権譲渡契約書	227
債権譲渡通知	62
債権譲渡通知書	227
催告の抗弁権	105, 218
再下請	93, 115, 133, 223
最終販売価格	165
最低購入数量	165
最低取扱数量	159
最低販売金額	142
最低販売数量	142
最低労働賃金	206
裁判管轄	41, 68, 69, 89, 90, 130, 132
債務の保証に関する契約書	52
債務不履行	30, 40, 56, 69, 78, 93, 102, 132
在留許可証	189
裁量労働制	198, 204
サイン	63
産業別最低賃金	206
参照文書	38
残存リース料	195

し

CIF	106
時間外労働割増賃金	206
敷金	104
事業譲渡	235
時効	62, 230
時効の中断	62
事実の調査	149
自然災害	88
下請	93, 115, 133, 223
下請業者	110, 115
下請・再下請	93, 115, 133
下請事業者	223
下請代金支払遅延等防止法（下請法）	115, 223
示談書	17
実印	43, 63
実用新案権	50, 98, 261
自動更新	28, 72, 126
自動送信メール	46
支払方法	19, 69, 75, 132
自筆証書遺言	55
指名債権譲渡	59, 226
借地借家法	20, 183

借用書	15, 17, 56
就業規則	199
就業禁止規定	209
終身定期金	25
重要事項説明	22
酒税法	147
出資証券	51
出版契約	23
受任者	29
主要条項	68, 69
酒類販売	21, 146
準拠法	41, 68, 69, 89, 90, 130, 132
準消費貸借契約	176
試用期間	206
上限金利	58
上限利息	173
条・項・号	148
使用貸借	25
承諾	14, 15, 17, 18, 26, 36, 59, 62
譲渡人	228
消費者契約法	30, 57, 173
消費貸借	25, 50
消費貸借契約	176
商標権	50, 98
商品・役務の内容	69, 76, 132
情報開示請求	297
情報管理責任者	100, 127
情報漏洩	100
職務発明	243
署名	16, 20, 36, 37
署名者	37
信託行為に関する契約書	52
信託証書	52
信託通帳	53
深夜労働	211
深夜労働割増賃金	206
信用状	52, 95

す

ストライキ	88

せ

請求書	17, 63
製造委託	110, 223
製造下請契約	110
製造物	110
製造物責任	80, 93, 96, 109, 110, 133
製造物責任法	93, 110
製造物責任法に関する指針	110
製造元	110
成年後見制度	56
製本方法	37
戦争	88, 106
前文	16, 123
専用実施権	255
専用実施権許諾証書	255

そ

倉庫証券	52
双務契約	23
贈与	25
即時解除	31, 33, 129
損害賠償	39, 40, 69, 78, 80, 132
損害賠償額の制限	102
損害賠償請求	62, 78
損害保険	106, 113
損害保険契約	106

た

代金決済	46
代金引換	46
第三債務者	226
第三者に与えた損害	93, 109, 133
退職後の秘密情報管理	215
代表権	65

代表者	37, 43, 63, 65
代理人	19, 37
諾成契約	23
宅地建物取引業法	22, 36
タスクスケジュール	149
担当者リスト	149

ち

チェックシート	122, 131, 132, 135, 145, 148
知的財産権	93, 98, 133
中小小売商業振興法	22
中途解約	69, 83, 132
注文書	17
注文請書	17
貯金証書	52
著作権	50, 98
賃貸借	25, 50, 58, 61, 87, 104
賃料変更契約書	50

つ

通貨単位	73
通常実施権	245
通常実施権許諾証書	249
通信販売	146, 303
通知方法	69, 74, 132

て

定款	52
定款電子認証	61
定義	69, 71, 123, 129, 132
定期借地権	20, 42
定型条項	68, 69, 92
抵当権	173
抵当権設定契約	173
適用法	146
デジタルデータ	29, 98, 129
手渡し	93, 94
典型契約	23

電子証明書	20, 61
電磁的記録媒体	20, 37
電子認証	61
電子メール	37, 45, 47, 74, 94, 116, 124
伝染病	88
電話勧誘販売	22, 102, 112

と

動作確認	94
動産総合保険	195
独占代理店契約	104, 142
独占販売権	273
特定商取引に関する法律（特定商取引法）	22, 30, 36, 42, 102, 112, 147, 303
特定派遣	294
特定連鎖化事業	22
特約店契約	52
土地建物賃貸借契約書	58
土地賃貸借契約書	50
特許権	50
特許電子図書館	243, 288
ドメイン	20, 71, 309

な

内容証明郵便	59, 62, 228
内乱	88

に

二次利用	29, 81, 98
任意後見契約書	56
任意後見契約に関する法律	56
任意後見制度	56

ね

ネットショップ	309
念書	17, 20, 37

の

ノークレーム・ノーリターン	96, 301
ノウハウ	29, 93, 98, 278

は

パートタイマー雇用	211
配当金振込通知書	53
配当金領収書	53
売買	25, 76, 87
売買取引基本契約書	52
判取帳	53
販売代理店契約	18, 73, 141, 142
販売店	28

ひ

引渡し方法	93, 94, 96, 132
非定型条項	68, 92, 93
非典型契約	23
秘密保持	27, 93, 100, 127, 133
表記ゆれ	148
表見代理	65

ふ

不可抗力	69, 88, 132
不完全履行	78
袋とじ	37
不動産売渡証書	50
不動産交換契約書	50
不動産担保	173
不動産売買契約書	50
船荷証券	52
付保	93, 106, 133
不法滞在者	87
プライバシー・ポリシー	297
フランチャイザー	22
フランチャイズ	22, 28
フランチャイズ契約	23, 104, 142
フリーソフト	313

振込口座	75
振込手数料	73, 75, 127
プレスリリース	100
フレックスタイム制	198, 204
分割計画書	52
分割契約書	52

へ

別紙	16, 17, 38, 69, 75
変形労働時間制	198, 204
変更契約	38
変更契約証書	17
片務契約	23

ほ

ホームページ	71, 76, 309
ボイラープレート	68, 69
法人の印鑑	63
法定解除権	30, 40
法定の終了	29
訪問販売	22, 34, 103, 112
法令順守	146
法令データ提供システム	147
保証期間	97
保証金	82, 93, 104, 133, 142
保証人	93, 105, 133
ホッチキス	37
保険証券	52
保険約款	111
本人性確認	46
本文	16

み

見積書	15, 17, 63
認め印	64
身元保証	20, 37, 217
身元保証ニ関スル法律	52, 217
民事訴訟法	89

む

無過失責任	80
無償契約	23
無体財産権	50

め

メーカー希望価格	165
免責	93, 109, 111, 128, 133
免責条項	111

も

申込	14, 15, 17, 18, 26
目的	29, 69, 70, 132, 144

や

約定解除権	30, 40
約定書	17
役職印	64
約束手形	51
約款	17, 26, 111

ゆ

有価証券の預り通帳	53
融資契約	105
有償契約	23
譲受人	228

よ

養育費	55, 58
要物契約	23, 56, 169
預金証書	52
預金通帳	53
預託金	104

ら

落款印	64

り

リース契約	23, 94, 195
履行遅滞	32, 78
履行不能	31, 78
離婚協議書	58
リスクテイク	143
利息制限法	57, 173
リフォーム工事	34
利用規約	80, 109, 111, 301

れ

連帯保証	93, 105, 218
連帯保証人	37, 85, 105

ろ

労災保険	209
労働基準法	200
労働者派遣事業	290, 294
労働条件通知書	200

わ

和解	25
割印	37, 64

参考文献一覧

契約書書籍一覧（タイトル・著者・出版社）

『The Elements of Contract Drafting』George W. Kuney（Thomson West）
『英文ビジネス契約書大辞典』山本 孝夫（日本経済新聞社）
『A DICTIONARY OF MODERN LEGAL USAGE SECOND EDITION』Bryan A. Garner（Oxford UNIVERSITY PRESS）
『英文契約書ドラフティングハンドブック』宮野 準治・飯泉 恵美子（ジャパンタイムズ）
『現代契約書式要覧１～６』契約法研究会（新日本法規出版）
『註解　書式全書　契約編』大野 文雄・矢野 正則（酒井書店）
『契約の時代　日本社会と契約法』内田 貴（岩波書店）
『リース契約法』梶村 太市・深澤 利一・石田 賢一（青林書院）
『エンタテインメント契約法』内藤 篤（商事法務）
『契約・法律用語　英和辞典』菊池 義明（IBCパブリッシング）
『国際取引契約　実務マニュアル』日商岩井株式会社　法務・リスクマネジメント部（中央経済社）
『実務　契約法講義』佐藤 孝幸（民事法研究会）
『中小会社・有限会社の新・会社法』郡谷 大輔（商事法務）
『民法 Ⅰ～Ⅳ』内田 貴（東京大学出版会）
『特定商取引法ハンドブック』齋藤 雅弘・池本 誠司・石戸谷 豊（日本評論社）
『特定商取引に関する法律の解説』経済産業省商務情報政策局消費経済部消費経済政策課（経済産業調査会）
『消費者相談マニュアル』東京弁護士会消費者問題特別委員会（商事法務）
『IT企業のための【個人情報保護法】がわかる本』社団法人日本パーソナルコンピュータソフトウェア協会（翔泳社）

参考サイト一覧（URL・タイトル）

- 法令データ提供システム（総務省　電子政府の総合窓口）
  http://law.e-gov.go.jp/cgi-bin/idxsearch.cgi
- 法令翻訳データ集
  http://www.cas.go.jp/jp/seisaku/hourei/data1.html
- 契約書ＷＥＢ（小坂行政書士事務所）
  http://www5.ocn.ne.jp/~setocity/keiyaku/
- 契約書の辞書（小坂行政書士事務所）
  http://kosaka.main.jp/contract/
- ＫＩＤＳ契約書（小坂行政書士事務所）
  http://www5.ocn.ne.jp/~setocity/goma/
- 下請法トップページ（公正取引委員会）
  http://www.jftc.go.jp/sitauke/
- JISAソフトウェア開発委託モデル契約／JISA「ASPサービスモデル利用規約」
  http://www.jisa.or.jp/legal/commerce.html
- 労働者派遣事業について（厚生労働省）
  http://www.mhlw.go.jp/general/seido/anteikyoku/manual/index.html

著者略歴

小坂 英雄（こさか　ひでお）

1974年生まれ。京都大学経済学部経営学科卒業後、東海銀行（現：三菱東京UFJ銀行）に入社し、法人営業、外国為替業務に携わる。2002年に退職後、翌年に行政書士試験に合格（愛知県行政書士会所属）。現在は、（有）東海総合経営代表取締役、小坂行政書士事務所代表、（株）タクミコンサルティング常務取締役、（財）あいち産業振興機構新事業コーディネーター、NPO法人MeDICC監事、商店街活性化委嘱診断員（愛知県犬山市、三好町）として、会社設立、契約書作成、経営コンサルティングやWEB戦略支援、新事業支援等を行う。また、名古屋商工会議所をはじめとする団体、企業、学校でのセミナー講師のほか、契約学習ネットワーク東海（NPO）主宰、金城学院大学非常勤講師、Dream Gateアドバイザー（OB）を務めるなど、幅広く活躍している。
主な著作に『これってどーなの？～身近な法律Q＆A』（Z会）、『身近な法律クイズ』（http://www5.ocn.ne.jp/~setocity/quiz/）などがある。

●小坂行政書士事務所
　http://www5.ocn.ne.jp/~setocity/

これ1冊でわかる
契約書の読み方・つくり方

2007年 3月22日　第1刷発行

著　者――小坂　英雄（こさか・ひでお）

発行者――佐藤　和夫

発行所―― 株式会社あさ出版
　　　〒171-0022　東京都豊島区南池袋2-47-2 ワイズビル6F
　　　電　話　03（3983）3225（代表）
　　　ＦＡＸ　03（3983）3226
　　　ＵＲＬ　http://www.asa21.com/
　　　E-mail　info@asa21.com
　　　振　替　00160-1-720619

印刷・製本　（株）シナノ
乱丁本・落丁本はお取替え致します。

©Hideo Kosaka 2007 Printed in Japan
ISBN978-4-86063-195-6 C2034